Couvertures supérieure et inférieure
manquantes

HISTOIRE

DES

CARTHAGINOIS

PAR ROLLIN

LIMOGES

ANCIENNE MAISON BARBOU FRÈRES

Charles BARBOU, IMPRIMEUR-LIBRAIRE

Avenue du Crucifix.

Je diviserai en deux parties ce que j'ai à dire sur les Carthaginois. Dans la première, je donnerai une idée générale des mœurs de ce peuple, de son caractère, de son gouvernement, de sa religion, de sa puissance, et de ses richesses. Dans la seconde, après avoir indiqué en peu de mots la manière dont Carthage s'établit et s'accrut, je rapporterai les guerres qui l'ont rendue si célèbre.

PREMIÈRE PARTIE

CARACTÈRE, MŒURS, RELIGION, GOUVERNEMENT DES CARTHAGINOIS

§ I

CARTHAGE

Les Carthaginois ont reçu des Tyriens, non-seulement leur origine, mais leurs mœurs, leur langage, leurs usages, leurs lois, leur religion, leur goût et leur industrie pour le commerce, comme toute la suite le fera connaître. Ils parlaient le même langage que les Tyriens, et ceux-ci le même que les Cananéens et les Israélites, c'est-à-dire la langue hébraïque, ou du moins une langue qui en était entièrement dérivée. Leurs noms avaient pour l'ordinaire une signification particulière. Hannon, signifie *gracieux, bienfaisant*; Didon, *aimable* ou *bien-aimée*; Sophonisbe, *elle gardera bien le secret de son mari*. Ils se plaisaient aussi, par esprit de religion, à faire entrer le nom de Dieu dans les noms qu'ils portaient, selon le génie des Hébreux. Annibal, qui répond à Ananias, signifie *Baal (ou le Seigneur) m'a fait grâce*; Asdrubal, qui répond à Azarias, signifie *le Seigneur sera notre secours*. Il en est ainsi des autres noms: Adherbal, Maharbal, Mastanabal, etc. Le mot *Pœni*, d'où vient *Punique*, est le même que *Phœni* ou *Phéniciens*, parce qu'ils tiraient leur origine de la Phénicie. On a dans le *Pœnulus*, de Plaute, une scène en langue Punique, qui a fort exercé les savants.

Mais, ce qu'il y a de plus remarquable ici, c'est l'union étroite qui a toujours subsisté entre les Phéniciens et les Carthaginois. Lorsque Cambyse voulut porter la guerre contre ces derniers, les Phéniciens, qui faisaient la principale force de son armée navale, lui déclarèrent nettement qu'ils ne pouvaient pas le servir contre leurs compatriotes; et ce prince fut obligé de renoncer à son dessein. Les Carthaginois, de leur côté, n'oublièrent jamais d'où ils étaient sortis, et à qui ils devaient leur origine. Ils envoyaient régulièrement à Tyr, tous les ans, un vaisseau chargé de présents, qui étaient comme un cens et une redevance qu'ils payaient à leur ancienne patrie, et ils faisaient offrir un sacrifice annuel aux dieux tutélaires du pays, qu'ils regardaient aussi comme leurs protecteurs. Ils ne manquaient jamais à y envoyer les prémices de leurs revenus, aussi bien que la dime des dépouilles et du butin qu'ils faisaient sur leurs ennemis, pour les offrir à Hercule, une des principales divinités de Tyr et de Carthage. Lorsque Tyr fut assiégée par Alexandre, les Tyriens, pour mettre en sûreté ce qu'ils avaient de plus cher, envoyèrent leurs femmes, leurs enfants, qui y furent reçus et entretenus, quoique dans le temps d'une guerre fort pressante, avec une bonté et une générosité telles qu'on aurait pu les attendre des pères et des mères les plus tendres et les plus opulents. Ces marques constantes d'une vive et sincère reconnaissance font plus d'honneur à une nation que les plus grandes conquêtes et les plus heureuses victoires.

§ II

RELIGION

Il paraît, par plusieurs traits de l'histoire de Carthage, que ses généraux regardaient comme un devoir essentiel de commencer et de finir leurs entreprises par le culte des dieux. Amilcar, père du grand Annibal, avant que d'entrer en Espagne pour y faire la guerre, eut soin d'offrir des sacrifices aux dieux. Son fils, marchant sur ses traces, avant que de partir de l'Espagne, et de marcher contre les

Romains, se transporte jusqu'à Cadix, pour s'acquitter des vœux qu'il avait faits à Hercule, et il lui en fait de nouveaux, si ce Dieu favorise son entreprise. Après la bataille de Cannes, lorsqu'il fit savoir cette heureuse nouvelle à Carthage, il recommanda surtout qu'on eût soin de rendre aux dieux immortels de solennelles actions de grâces pour toutes les victoires qu'il avait remportées.

Ce n'étaient pas seulement les particuliers qui se piquaient ainsi de faire paraître en toute occasion un soin religieux d'honorer la Divinité. On voit que c'était le génie et le goût de la nation entière.

Polybe nous a conservé un traité de paix entre Philippe, roi de Macédoine, et les Carthaginois, où l'on voit d'une manière bien sensible le respect de ceux-ci pour la Divinité, et leur intime persuasion que les dieux assistaient et présidaient aux actions humaines, et surtout aux traités solennels, qui se faisaient en leur nom, sous leurs yeux, et en leur présence. Il y est fait mention de cinq ou six ordres différents de divinités, et ce dénombrement paraît bien extraordinaire dans un acte public comme est un traité de paix entre deux empires. J'en rapporterai les termes mêmes, qui peuvent servir à nous donner quelque idée de la Théologie des Carthaginois. *Ce traité a été conclu en présence de Jupiter, de Junon et d'Apollon ; en présence du démon ou du génie des Carthaginois, d'Hercule et d'Iolaüs ; en présence de Mars, de Triton, de Neptune ; en présence des dieux qui accompagnent les Carthaginois, et du soleil, de la lune et de la terre; en présence des rivières, des prairies et des eaux ; en présence de tous les dieux qui possèdent Carthage.* Que dirons-nous maintenant d'un pareil acte, où l'on ferait intervenir les anges et les saints, protecteurs d'un royaume?

Il y avait chez les Carthaginois deux divinités qui y étaient particulièrement adorées, et dont il est à propos de dire ici un mot.

La première était la déesse *Céleste*, appelée aussi *Uranie*, qui est la lune, dont on implorait le secours dans les grandes calamités, surtout dans les sécheresses pour obtenir de la pluie. C'est en parlant de cette déesse et d'Esculape, que Tertullien fait aux païens de son temps un défi bien hardi, mais bien glorieux au christianisme, en déclarant que le premier venu des chrétiens obligera ces faux dieux d'avouer hautement qu'ils ne sont que des démons; et consentant qu'on fasse mourir sur-le-champ ce chrétien, s'il ne vient à bout de tirer cet aveu de la bouche même de leurs dieux. Saint Augustin parle souvent aussi de cette divinité : « Céleste, dit-il, autrefois régnait souverainement » à Carthage. Qu'est devenu son règne depuis Jésus-» Christ? » C'est sans doute la même divinité que Jérémie appelle *la Reine du ciel*, à laquelle les femmes juives avaient grande dévotion, lui adressant des vœux, lui faisant des libations, lui offrant des sacrifices, et lui préparant de leurs propres mains des gâteaux, et dont elles se vantaient d'avoir reçu toutes sortes de biens, pendant qu'elles étaient exactes à lui rendre ce culte, au lieu que depuis qu'il avait cessé, elles s'étaient vu accablées de toutes sortes de malheurs.

La seconde divinité, honorée particulièrement chez les

Carthaginois, et à qui l'on offrait des victimes humaines, c'est *Saturne*, connu sous le nom de *Moloch* dans l'Ecriture ; et ce culte avait passé de Tyr à Carthage. Philon cite un passage de Sanchoniaton, où l'on voit que c'était une coutume à Tyr, que dans les grandes calamités les rois immolassent leurs fils pour apaiser la colère des dieux ; et que l'un d'eux, qui l'avait fait, fut depuis honoré comme un dieu sous le nom de la constellation appelée Saturne ; ce qui a sans doute donné occasion à la fable, qui dit que Saturne avait dévoré ses enfants. Les particuliers, quand ils voulaient détourner quelque grand malheur, en usaient de même, et n'étaient pas moins superstitieux que leurs princes ; en sorte que ceux qui n'avaient point d'enfants en achetaient des pauvres, pour n'être point privés du mérite d'un tel sacrifice. Cette coutume se conserva longtemps chez les Phéniciens et les Cananéens, de qui les Israélites l'empruntèrent, quoique Dieu le leur eût défendu bien expressément. On brûlait d'abord inhumainement ces enfants, soit en les jetant au milieu d'un brasier ardent, tels qu'étaient ceux de la vallée d'Ennon, dont il est si souvent parlé dans l'Ecriture ; soit en les enfermant dans une statue de Saturne, qui était tout enflammée. Pour étouffer les cris que poussaient ces malheureuses victimes, on faisait retentir, pendant cette barbare cérémonie, le bruit des tambours et des trompettes. Les mères se faisaient un honneur et un point de religion d'assister à ce cruel spectacle l'œil sec et sans pousser aucun gémissement ; et s'il leur échappait quelque larme ou quelque soupir, le sacrifice en était moins agréable à la divinité, et elles en perdaient le fruit. Elles portaient la fermeté d'âme, ou plutôt la dureté et l'inhumanité, jusqu'à caresser et baiser leurs enfants pour apaiser leurs cris, de peur qu'une victime offerte de mauvaise grâce et au milieu des pleurs, ne déplût à Saturne. Dans la suite, on se contenta de faire passer les enfants à travers le feu, comme cela paraît par plusieurs endroits de l'Ecriture, et très-souvent ils y périssaient.

Les Carthaginois retinrent jusqu'à la ruine de leur ville cette coutume barbare d'offrir à leurs dieux des victimes humaines, action qui méritait bien plus le nom de sacrilége que de sacrifice. Ils la suspendirent seulement pendant quelques années pour ne pas s'attirer la colère et les armes de Darius Ier, roi de Perse, qui leur fit défendre d'immoler des victimes humaines, et de manger de la chair de chiens. Mais ils revinrent bientôt à leur génie, puisque du temps de Xerxès, qui succéda à Darius, Gélon, tyran de Syracuse, ayant remporté en Sicile une victoire considérable sur les Carthaginois, parmi les conditions de paix qu'il leur prescrivit, y inséra celle-ci : qu'ils n'immoleraient plus de victimes humaines à Saturne. Et sans doute que ce qui l'obligea à prendre cette précaution fut ce qui avait été mis en pratique dans cette occasion-là, même par les Carthaginois. Car, pendant tout le temps du combat, qui dura depuis le matin jusqu'au soir, Amilcar, fils d'Hannon, leur général, ne cessa point de sacrifier aux dieux des hommes tout vivants, et en grand nombre, en les faisant jeter dans un bûcher ardent ; et, voyant que ses troupes étaient mises en fuite et en déroute, il s'y précipita lui-même pour ne point survivre à sa honte ; et, comme le dit saint Ambroise en rapportant cette action, pour éteindre par son propre sang ce feu sacrilége qu'il voyait ne lui avoir servi de rien.

Dans des temps de peste, ils sacrifiaient à leurs dieux un grand nombre d'enfants, sans pitié pour un âge qui excite la compassion des ennemis les plus cruels, cherchant un remède à leurs maux dans le crime, et usant de barbarie pour attendrir les dieux.

Diodore rapporte un exemple de cette cruauté qui fait frémir. Dans le temps qu'Agathocle était près de mettre le siége devant Carthage, les habitants de cette ville, se voyant réduits à la dernière extrémité, imputèrent leur malheur à la juste colère de Saturne contre eux, parce qu'au lieu des enfants de la première qualité qu'on avait coutume de lui sacrifier, on avait mis frauduleusement à leur place des enfants d'esclaves et d'étrangers. Pour réparer cette faute, ils immolèrent à Saturne deux cents enfants des meilleures maisons de Carthage ; et, outre cela, plus de trois cents citoyens, qui se sentaient coupables de ce prétendu crime, s'offrirent volontairement en sacrifice. Diodore ajoute qu'il y avait une statue d'airain, de Saturne, dont les mains étaient penchées vers la terre, de telle sorte que l'enfant qu'on posait sur ces mains tombait aussitôt dans une ouverture et une fournaise pleine de feu.

Est-ce là, dit Plutarque, adorer les dieux ? Est-ce avoir d'eux une idée qui leur fasse beaucoup d'honneur, que de les supposer avides de carnage, altérés du sang humain, et capables d'exiger et d'agréer de telles victimes ! La religion, dit cet auteur sensé, est environnée de deux

écueils , également dangereux à l'homme ; également in-
jurieux à la divinité : savoir de l'impiété et de la superstition. L'une , par affectation d'esprit fort ne croit rien ;
l'autre, par une aveugle faiblesse , croit tout. L'impiété ,
pour secouer un joug et une crainte qui la gêne , nie qu'il
y ait des dieux : la superstition, pour calmer aussi ses
frayeurs , se forge des dieux selon son caprice , non-seulement amis, mais protecteurs et modèles du crime. Ne
valait-il pas mieux , dit-il encore, que Carthage , dès le
commencement, prît pour législateur un Critias, un Diago-
ras, athées reconnus et se donnant pour tels, que d'adop-
ter une si grande et si perverse religion ? Les Typhons, les
Géants, ennemis déclarés des dieux, s'ils avaient triomphé
du ciel, auraient-ils pu établir sur la terre des sacrifices
plus abominables ?

Voilà ce que pensait un païen du culte carthaginois tel
que nous l'avons rapporté. En effet on ne croirait pas le
genre humain susceptible d'un tel excès de fureur et de
frénésin. Les hommes ne portent point communément dans
leur propre fond un renversement si universel de tout ce
que la nature a de plus sacré. Immoler, égorger soi-même
ses propres enfants , et les jeter de sang-froid dans un brasier ardent ! Des sentiments si dénaturés, si barbares,
adoptés cependant par des nations entières, et des nations
très-policées ; par les Phéniciens, les Carthaginois, les
Gaulois, les Scythes , les Grecs même, et les Romains,
et consacrés par une pratique constante de plusieurs siècles, ne peuvent avoir été inspirés que par celui qui a
été homicide dès le commencement, et qui ne prend

plaisir qu'à la dégration, à la misère et à la perte de l'homme.

§ III

FORME DU GOUVERNEMENT

Le gouvernement de Carthage était fondé sur des principes d'une profonde sagesse, et ce n'est point sans raison qu'Aristote met cette République au nombre de celles qui étaient les plus estimées dans l'antiquité, et qui pouvaient servir de modèles aux autres. Il appuie d'abord ce sentiment sur une réflexion qui fait beaucoup d'honneur à Carthage, en marquant que jusqu'à son temps, c'est-à-dire depuis plus de cinq cents ans, il n'y avait eu aucune sédition considérable qui en eût troublé le repos, ni aucun tyran qui en eût opprimé la liberté. En effet c'est un double inconvénient des gouvernements mixtes, tel qu'était celui de Carthage, où le pouvoir est partagé entre le peuple et les grands, de dégénérer ou en abus de la liberté par les séditions du côté du peuple, comme cela était ordinaire à Athènes et dans toutes les républiques grecques; ou en oppression de la liberté publique du côté des grands par la tyrannie, comme cela arriva à Athènes, à Syracuse, à Corinthe, à Thèbes, à Rome même du temps de Sylla et de César. C'est donc un grand éloge pour Carthage d'avoir su, par la sagesse de ses lois, et par l'heureux concert des différentes parties qui composaient son gouvernement, évitert pendant un si long espace d'années deux écueils si dangereux et si communs.

Il serait à souhaiter que quelque auteur ancien nous eût laissé une description exacte et suivie des coutumes et des lois de cette fameuse République. Faute de ce secours, on n'en peut avoir qu'une idée assez confuse et imparfaite, en ramassant différents traits qu'on trouve épars dans les auteurs. C'est un service qu'a rendu à la République des Lettres Christophe Hendrich. Son ouvrage m'a été d'un grand secours.

Le gouvernement de Carthage réunissait, comme celui de Sparte et de Rome, trois autorités différentes qui se balançaient l'une l'autre, et se présentaient un mutuel secours : celle des deux Magistrats suprêmes, appelés *Suffètes*, celle du Sénat, et celle du peuple. On y ajouta ensuite le Tribunal des Cent, qui eurent beaucoup de crédit dans la République.

SUFFÈTES. — Le pouvoir des Suffètes ne durait qu'un an, et ils étaient à Carthage ce que les consuls étaient à Rome. Souvent même les auteurs leur donnent les noms de rois, de dictateurs, ne consuls, parce qu'ils en remplissaient l'emploi. L'histoire de nous apprend pas par qui ils étaient choisis. Ils avaient droit et étaient chargés du soin d'assembler le Sénat ; ils en étaient les présidents et les chefs : ils y proposaient les affaires, et recueillaient les suffrages. Ils présidaient aussi aux jugements qui se rendaient sur les affaires importantes. Leur autorité n'était pas renfermée dans la ville, ni bornée aux affaires civiles : on leur confiait quelquefois le commandement des armées. Il paraît qu'au sortir de la dignité de suffètes on les nommait préteurs, qui était une charge considérable, puisqu'outre le droit de présidence dans certains jugements, elle leur donnait celui de proposer et de porter de nouvelles lois, et de faire rendre compte à ceux qui étaient chargés du recouvrement des deniers publics, comme on le voit dans ce que Tite-Live nous raconte d'Annibal à ce sujet, et que je rapporterai dans la suite.

LE SÉNAT. — Le Sénat, composé de personnes que leur âge, leur expérience, leur naissance, leurs richesses, et surtout leur mérite rendaient respectables, formait le conseil de l'État, et était comme l'âme de toutes les délibérations publiques. On ne sait point précisément quel était le nombre des sénateurs. Il devait être fort grand, puisqu'on voit qu'on en tira cent pour former une compagnie particulière, dont j'aurai bientôt lieu de parler. C'était dans le Sénat que se traitaient les grandes affaires, qu'on lisait les lettres des généraux, qu'on recevait les plaintes des provinces, qu'on donnait audience aux ambassadeurs, qu'on décidait de la paix ou de la guerre comme on le voit en plusieurs occasions.

Quand les sentiments étaient uniformes, et que tous les suffrages se réunissaient, alors le Sénat décidait souverainement et en dernier ressort. Lorsqu il y avait partage, et qu'on ne convenait point, les affaires étaient portées devant le peuple , et dans ce cas le pouvoir de décider lui était dévolu. Il est aisé de comprendre quelle sagesse il y avait dans ce règlement, et combien il était propre à arrêter les cabales , à concilier les esprits, à appuyer et à faire dominer les bons conseils, une compagnie, comme celle-là , étant extrèmement jalouse de son autorité , et ne consentant pas aisément à la faire passer à une autre. On en voit un exemple mémorable dans Polybe. Lorsqu'après la perte de la bataille donnée en Afrique , à la fin de la seconde guerre Punique , on fit dans le Sénat la lecture des conditions de paix qu'offrait le vainqueur, Annibal voyant qu'un des sénateurs s'y opposait, représenta vivement que s'agissant du salut de la République, il était de la dernière importance de se réunir, et de ne point renvoyer une telle délibération à l'assemblée du peuple : et il en vint à bout. Voilà sans doute ce qui dans les commencements de la République rendit le Sénat si puissant, et ce qui porta son autorité à un si haut point ; et le même auteur remarque dans un autre endroit, que tant que le sénat fut le maître des affaires , l'État fut gouverné avec beaucoup de sagesse , et que toutes les entreprises eurent un grand succès.

Le Peuple. — Il paraît par tout ce que nous avons dit jusqu'ici, que jusqu'au temps d'Aristote, qui faisait une si belle peinture et un si magnifique éloge du gouvernement de Carthage , le peuple se reposait volontiers sur

le Sénat du soin des affaires publiques, et lui laissait la
principale administration : et c'est là que la République
devint si puissante. Il n'en fut pas ainsi dans la suite. Le
peuple, devenu insolent par ses richesses et par ses conquêtes, et ne faisant pas réflexion qu'il en était redevable
à la prudente conduite du Sénat, voulut se mêler aussi du
gouvernement, et s'arrogea presque tout le pouvoir.
Tout se conduisit alors par cabales et par factions, ce qui
fut, selon Polybe, une des principales causes de la ruine
de l'Etat.

LE TRIBUNAL DES CENT. — C'était une compagnie composée de cent quatre personnes : quoique souvent, pour
abréger, il ne soit fait mention que de cent. Elle tenait lieu
à Carthage, selon Aristote, de ce qu'étaient les Ephores
à Sparte ; par où il paraît qu'elle fut établie pour balancer
le pouvoir des grands et du Sénat : mais avec cette différence, que les Ephores n'étaient qu'au nombre de cinq,
et qu'ils ne demeuraient qu'un an en charge, au lieu que
ceux-ci étaient perpétuels, et passaient le nombre de cent.
On croit que ces Centumvirs sont les mêmes que les cent
juges dont parle Justin, qui furent tirés du Sénat, et établis pour faire rendre compte aux généraux de leur conduite. Le pouvoir exorbitant de ceux de la famille de
Magon, qui occupant les premières places, et se trouvant
à la tête des armées, s'étaient rendus maîtres de toutes
les affaires, donna lieu à cet établissement. On voulut par
là mettre un frein à l'autorité des généraux, laquelle,
pendant qu'ils commandaient les troupes, était presque

sans bornes et souveraine ; et on la rendit soumise aux lois par la nécessité qu'on leur imposa de rendre compte de leur administration à ces juges au retour de leurs campagnes. Parmi ces cent quatre juges, il y en avait cinq qui avaient une juridiction particulière et supérieure à celle des autres : on ne sait pas combien elle durait de temps. Ce conseil des Cinq était comme le conseil des Dix dans le Sénat de Venise. Quand il y vaquait quelque place, c'é- taient eux seuls qui avaient le droit de la remplir. Ils avaient droit aussi de choisir ceux qui entraient dans le conseil des Cent. Leur autorité était fort grande : et c'est pour cela qu'on avait soin de ne mettre dans cette place que des hommes d'un rare mérite ; et l'on ne crut point devoir attacher à leur emploi aucune rétribution ni aucune récompense, le motif seul du bien public devant être assez fort dans l'esprit des gens de bien pour les engager à remplir leurs devoirs avec zèle et fidélité. Polype, en rapportant la prise de Carthagène par Scipion, distingue nettement deux compagnies de Magistrats établis à Carthage. Il dit que parmi les prisonniers qu'on fit dans Carthagène, il se trouva deux magistrats du Corps des Vieillards (on appelait ainsi la Compagnie des Cent) et quinze du Sénat. Tite-Live ne fait mention que de ces quinze derniers sénateurs. Mais dans un autre endroit il nomme les Vieillards, et marque qu'ils composaient le conseil le plus respectable de l'Etat, et qu'ils avaient une grande autorité dans le Sénat.

Les établissements les plus sages et les mieux concertés dégénèrent peu à peu, et font place enfin au désordre et à la licence qui percent et pénètrent partout. Ces juges, qui devaient être la terreur du crime, et le soutien de la justice, abusant de leur pouvoir qui était presque sans bornes, devinrent autant de petits tyrans, comme nous le verrons dans l'histoire du grand Annibal, qui pendant sa préture, lorsqu'il fut retourné en Afrique, employa tout son crédit pour réformer un abus si criant; et de perpétuelle qu'était l'autorité de ces juges, la rendit annuelle, environ deux cents ans depuis que la Compagnie des Cent avait été formée.

DÉFAUTS DU GOUVERNEMENT. — Aristote, entre quelques autres observations qu'il fait sur le gouvernement de Carthage, y remarque deux grands défauts, fort contraires, selon lui, aux vues d'un sage législateur, et aux règles d'une bonne et saine politique.

Le premier de ces défauts consiste en ce qu'on mettait sur la tête du même homme plusieurs charges, ce qui était considéré à Carthage comme la preuve d'un mérite non commun. Aristote regarde cette coutume comme très préjudiciable au bien public. En effet, dit-il, lorsqu'un homme n'est chargé que d'un seul emploi, il est beaucoup plus en état de s'en bien acquitter, les affaires pour lors étant examinées avec plus de soin, et expédiées avec plus de promptitude. On ne voit pas, ajoute-t-il, que ni dans les troupes, ni dans la marine, on en use de la sorte : un même officier ne commande pas deux corps différents; un même pilote ne conduit pas deux vaisseaux. D'ailleurs le bien de l'État demande que, pour exciter de l'émulation parmi les gens de mérite, les charges et les faveurs soient partagées : au lieu que, lorsqu'on les accumule sur un même sujet, souvent elles produisent en lui une sorte d'éblouissement par une distinction si marquée, et excitent toujours dans les autres la jalousie, les mécontentements, les murmures.

Le second défaut qu'Aristote trouva dans le gouvernement de Carthage, c'est que pour parvenir aux premiers postes il fallait, avec du mérite et de la naissance, avoir encore un certain revenu ; et qu'ainsi la pauvreté pouvait en exclure les plus gens de bien, ce qu'il regarde comme un grand mal dans un Etat. Car alors, dit-il, la vertu n'étant comptée pour rien, et l'argent pour tout parce qu'il conduit à tout, l'admiration et la soif des richesses saisit toute une ville et la corrompt : outre que les magistrats et les juges, qui ne le deviennent qu'à grands frais, semblent être en droit de s'en dédommager ensuite par leurs propres mains.

On ne voit point, je crois, dans l'antiquité aucune trace qui marque que les dignités, soit de l'Etat, soit de la judicature, y aient jamais été vénales, et ce que dit ici Aristote des dépenses qui se faisaient à Carthage pour y parvenir, tombe sans doute sur les présents, par lesquels on achetait les suffrages de ceux qui conféraient les charges, ce qui, comme le remarque aussi Polybe, était fort ordinaire parmi les Carthaginois, chez qui nul gain n'était honteux. Il n'est donc pas étonnant qu'Aristote condamne un usage dont il est aisé de voir combien les suites peuvent être funestes.

Mais s'il prétendait qu'on dût mettre également dans les premières dignités les riches et les pauvres, comme il semble l'insinuer, son sentiment serait réfuté par la pratique générale des Républiques les plus sages, qui, sans avilir ni déshonorer la pauvreté, ont cru devoir sur ce point donner la préférence aux richesses, parce qu'on a lieu de présumer que ceux qui ont du bien ont reçu une meilleure éducation, pensent plus noblement, sont moins exposés à se laisser corrompre et à faire des bassesses, et que la situation même de leurs affaires les rend plus affectionnés à l'Etat, plus disposés à y maintenir la paix et le bon ordre, plus intéressés à en écarter toute sédition et toute révolte.

Aristote, en finissant ses réflexions sur la république de Carthage, approuve fort la coutume qui y régnait d'envoyer de temps en temps des colonies en différents endroits, et de procurer ainsi aux citoyens des établissements honnêtes. Par là on avait soin de pourvoir aux nécessités des pauvres, qui sont, aussi bien que les riches, membres de l'Etat ; on déchargeait la capitale d'une multitude de gens oisifs et fainéants, qui la déshonorent, et souvent lui deviennent dangereux : on prévenait les mouvements et les troubles, en éloignant ceux qui y donnent lieu pour l'ordinaire, parce que, mécontents de leur fortune présente, ils sont toujours prêts à remuer et à innover.

§ IV

COMMERCE DE CARTHAGE

Le commerce était, à proprement parler, l'occupation de Carthage, l'objet particulier de son industrie, son caractère propre et dominant. C'en était la plus grande force et le principal soutien. En un mot, le commerce peut être regardé comme la source de la puissance, des conquêtes, du crédit et de la gloire des Carthaginois. Situés au centre de la Méditerranée, et prêtant une main à l'Orient et l'autre à l'Occident, ils embrassaient par l'étendue de leur commerce toutes les régions connues, et le portaient sur les côtes d'Espagne, de la Mauritanie, des Gaules, au-delà du détroit et des colonnes d'Hercule. Ils allaient partout acheter à bon marché le superflu de chaque nation, pour le convertir à l'égard des autres en un nécessaire qu'ils leur vendaient fort chèrement. Ils tiraient de l'Egypte le fin lin, le papier, le blé, les câbles et les voiles pour les vaisseaux ; des côtes de la mer Rouge, les épiceries, l'encens, les aromates, les parfums, l'or, les perles, et les pierres précieuses ; de Tyr et de la Phénicie, la pourpre et l'écarlate, les riches étoffes, les meubles somptueux, les tapisseries et les différents ouvrages curieux et d'un travail recherché : en un mot, ils allaient chercher en diverses contrées tout ce qui peut fournir aux commodités, au luxe, aux délices de la vie. A leur retour, ils rapportaient en échange le fer, l'étain, le plomb et le cuivre des côtes occidentales ; et par la vente de toutes ces marchandises, ils s'enrichissaient aux dépens de toutes les nations, et les mettaient à une espèce de contribution d'autant plus sûre, qu'elle était plus volontaire.

En se rendant ainsi les facteurs et les négociants de tous les peuples, ils étaient devenus les princes de la mer, le lien de l'Orient, de l'Occident, et du Midi, et le canal nécessaire de leur communication ; et avaient rendu Carthage la ville commune de toutes les nations que la mer avait séparées, et le centre de leur commerce.

Les plus considérables de la ville ne dédaignaient pas de faire le négoce. Ils s'y appliquaient avec le même soin que les moindres citoyens, et leurs grandes richesses ne les dégoûtaient jamais de l'assiduité, de la patience et du travail nécessaires pour les augmenter. C'est ce qui leur a donné l'empire de la mer, ce qui a fait fleurir leur république, et qui l'a mise en état de le disputer à Rome même, et qui l'a portée à un si haut degré de puissance, qu'il fallut aux Romains plus de quarante années d'une guerre cruelle et douteuse pour dompter cette fière rivale. Enfin, Rome triomphante ne crut pouvoir l'assujettir et la subjuguer entièrement, qu'en lui ôtant les ressources qu'elle eût encore pu trouver dans le négoce, qui pendant un si long temps l'avait soutenue contre toutes les forces de la République.

Au reste, il n'est pas étonnant que Carthage, sortie de la première école du monde pour le commerce, je veux dire de Tyr, y ait eu un succès si prompt et si constant. Les vaisseaux mêmes qui conduisirent ses fondateurs en Afrique, après le transport de la colonie, servirent pour le négoce. Ils commencèrent à s'établir sur les côtes d'Espagne dans quelques ports qui leur furent ouverts pour y débarquer leurs marchandises. Les commodités et les facilités qu'ils y trouvèrent, leur firent naître la pensée de conquérir ces vastes régions ; et, dans la suite, Carthage la Neuve, ou Carthagène, donna aux Carthaginois en ce pays-là un empire presque égal à celui que l'ancienne possédait en Afrique.

§ V

MINES D'ESPAGNE

Diodore remarque avec raison que les mines d'or et d'argent que les Carthaginois trouvèrent en Espagne, furent pour eux une source inépuisable de richesses, qui les mirent en état de soutenir de si longues guerres contre les Romains. Les naturels du pays avaient longtemps ignoré ces trésors cachés dans le sein de la terre ; ou du moins ils en connaissaient peu l'usage et le prix. Ce furent les Phéniciens qui en firent la première découverte; et par l'échange qu'ils faisaient de quelques marchandises de peu de valeur avec ce précieux métal, ils amassèrent des richesses immenses. Les Carthaginois surent bien profiter de leur exemple, quand ils se furent rendus maîtres du pays, et les Romains ensuite, quand ils l'eurent enlevé à ces derniers.

Le travail, pour parvenir à ces mines, et pour en tirer l'or et l'argent, était incroyable. Car les veines de ces métaux paraissent rarement sur la superficie : il fallait les chercher et les suivre dans des profondeurs affreuses, où souvent l'on trouvait de l'eau en quantité, qui arrêtait tout court les ouvriers, et semblait devoir les rebuter pour toujours. Mais la cupidité n'est pas moins patiente pour soutenir les fatigues, qu'ingénieuse pour trouver des ressources. Dans la suite, par le moyen des pompes qu'Archimède avait inventées dans son voyage en Egypte, ils venaient à bout d'élever en haut toute l'eau de ces espèces de puits, et de les mettre à sec. Pour enrichir les maîtres de ces mines, il en coûtait la vie à une infinité d'esclaves, qui étaient traités avec la dernière dureté, que l'on faisait travailler malgré eux à coups de bâtons, et à qui on ne donnait de repos ni jour ni nuit. Polybe, cité par Strabon, dit que de son temps il y avait quarante mille hommes occupés aux mines qui étaient dans le voisinage de Carthagène, et qu'ils fournissaient chaque jour au peuple romain vingt-cinq mille drachmes, c'est-à-dire douze mille cinq cents livres.

On ne doit pas être surpris de voir les Carthaginois,

après les plus grandes défaites, mettre en peu de temps sur pied de nombreuses armées, équiper de grosses flottes, et soutenir pendant plusieurs années des dépenses considérables pour les guerres qu'ils faisaient au loin. Mais il doit paraître bien surprenant que les Romains fissent la même chose, eux, dont les revenus étaient fort modiques avant ces grandes conquêtes qui leur assujettirent les peuples les plus puissants, et qui n'avaient aucune ressource ni du côté du trafic absolument inconnu à Rome, ni du côté des mines d'or et d'argent fort rares en Italie, supposé qu'il y en eût, et dont les frais par cette raison auraient absorbé tout le profit. Ils trouvaient dans leur vie simple et frugale, dans leur zèle pour le bien public, et dans l'amour du peuple pour la patrie, des fonds non moins prompts ni moins assurés que ceux de Carthage, mais plus honorables à la nation.

§ VI

LA GUERRE

Carthage doit être considérée comme une République marchande tout ensemble et guerrière. Elle était marchande par inclination et par état : elle devint guerrière, d'abord par la nécessité de se défendre contre les peuples voisins , et ensuite par le désir d'étendre son commerce et d'agrandir son empire. Cette double idée nous donne, ce me semble, le vrai plan et le vrai caractère de la République Carthaginoise. Nous avons parlé du commerce.

La puissance militaire de Carthage consistait en rois alliés, en peuples tributaires dont elle tirait des milices et de l'argent, en quelques troupes composées de ses propres citoyens, et en soldats mercenaires qu'elle achetait dans les États voisins, sans être obligée ni de les lever, ni de les exercer, parce qu'elle les trouvait tout formés et tout aguerris , choisissant dans chaque pays les troupes qui avaient le plus de mérite et de réputation. Elle tirait de la Numidie une cavalerie légère, hardie, impétueuse, infatigable, qui faisait la principale force de ses armées ; des îles Baléares les plus adroits frondeurs de l'univers ; de l'Espagne une infanterie ferme et invincible ; des côtes de Gênes et des Gaules des troupes d'une valeur reconnue ; et de la Grèce même des soldats également bons pour toutes les opérations de la guerre, propres à servir en campagne ou dans les villes, à faire des siéges, ou à les soutenir.

Elle mettait ainsi tout d'un coup sur pied une puissante armée, composée de tout ce qu'il y avait de troupes d'élite dans l'univers, sans dépeupler ses campagnes ni ses villes par les nouvelles levées, sans suspendre les manufactures, ni troubler les travaux paisibles des artisans, sans interrompre son commerce, sans affaiblir la marine. Par un sang vénal elle s'acquérait la possession des provinces et des royaumes, et convertissait les autres nations en instruments de sa grandeur et de sa gloire, sans y rien mettre du sien que de l'argent, que même les peuples étrangers lui fournissaient par son négoce.

Si dans le cours d'une guerre elle recevait quelque échec, ces pertes étaient comme des accidents étrangers qui ne faisaient qu'effleurer extérieurement le corps de l'Etat, sans porter de plaies profondes dans les entrailles même ni dans le cœur de la République. Ces pertes étaient promptement réparées par les sommes qu'un commerce florissant fournissait comme un nerf perpétuel de la guerre, et comme un restaurant de l'Etat toujours nouveau, pour acheter des troupes toujours prêtes à se vendre ; et par l'étendue immense des côtes dont ils étaient les maîtres, il leur était aisé de lever en peu de temps tous les matelots et les rameurs dont ils avaient besoin pour les manœuvres et le service de la flotte, et de trouver d'habiles pilotes et des capitaines expérimentés pour la conduire.

Mais toutes ces parties fortuitement assorties ne tenaient ensemble par aucun lien naturel, intime, nécessaire. Aucun intérêt commun et réciproque ne les unissait pour en former un corps solide et inaltérable. Aucune ne s'affectionnait sincèrement au succès des affaires et à la prospérité de l'Etat. On n'agissait pas avec le même zèle, et on ne s'exposait pas aux dangers avec le même courage pour une République qu'on regardait comme étrangère, et par là comme indifférente, que l'on aurait fait pour sa propre patrie, dont le bonheur fait celui des citoyens qui la composent.

Dans les grands revers, les rois alliés pouvaient être aisément détachés de Carthage, ou par la jalousie que cause naturellement la grandeur d'un voisin plus puissant quo soi, ou par l'espérance de tirer des avantages plus considérables d'un nouvel ami, ou par la crainte d'être enveloppé dans le malheur d'un ancien allié.

Les peup'es tributaires, dégoûtés par le poids et la honte d'un joug qu'ils portaient impatiemment, se flattaient pour l'ordinaire d'en trouver un plus doux en changeant de maître : ou si la servitude était inévitable, ils étaient fort indifférents pour le c'oix, comme on verra par plusieurs exemples que cette histoire nous fournira.

Les troupes mercenaires, accoutumées à mesurer leur fidélité sur la grandeur ou sur la durée du salaire, étaient toujours prêtes au moindre mécontentement, ou sur les plus légères promesses d'une plus grosse solde, à passer du côté de l'ennemi qu'elles venaient de combattre, et à tourner leurs armes contre ceux qui les avaient appelées à leur secours.

Ainsi la grandeur de Carthage, qui ne se soutenait que par ces appuis extérieurs, se voyait ébranlée jusque dans ses fondements aussitôt qu'ils lui étaient ôtés. Et si par-dessus cela son commerce, qui faisait son unique ressource, venait à être interrompu par la perte de quelque bataille navale, elle croyait toucher à sa ruine, et se livrait au découragement et au désespoir, comme il parut clairement à la fin de la première guerre Punique.

Aristote, dans le livre où il marque les avantages et les inconvénients du gouvernement de Carthage, ne la reprend point de n'avoir que des milices étrangères ; et il est à croire qu'elle n'est tombée que longtemps après dans ce défaut. Les révoltes arrivées dans les derniers temps, durent lui apprendre qu'il n'y a rien de plus malheureux qu'un Etat qui ne se soutient que par les étrangers, où. il ne trouve ni zèle, ni sûreté, ni obéissance.

Il n'en était pas ainsi de la République Romaine. Comme elle était sans commerce et sans argent, elle ne pouvait acheter des secours capables de l'aider à pousser ses conquêtes aussi rapidement que Carthage ; mais aussi, comme elle tirait tout d'elle-même, et que toutes les parties de l'Etat étaient intimement unies ensemble, elle avait des ressources plus sûres dans les grands malheurs, que n'en avait Carthage dans les siens. Et de là vient qu'elle ne songea point du tout à demander la paix après la bataille de Cannes, comme celle-ci l'avait demandée dans un danger moins pressant.

Carthage avait de plus un corps de troupes composé seulement de ses propres citoyens, mais peu nombreux. C'était l'école où la principale noblesse, et ceux qui se sentaient plus d'élévation, de talents et d'ambition pour aspirer aux premières dignités, faisaient l'apprentissage de la profession des armes. C'était de leur sein qu'on tirait tous les officiers généraux qui commandaient les différents corps de troupes, et qui avaient la principale autorité dans les armées. Cette nation était trop jalouse et trop soupçonneuse pour en confier le commandement à des capitaines étrangers. Mais elle ne portait pas si loin que Rome et Athènes sa défiance contre les citoyens à qui elle donnait un grand pouvoir, ni ses précautions contre l'abus qu'ils en pouvaient faire pour opprimer leur patrie. Le commande-

2..

ment des armées n'y était point annuel, ni fixé à un temps limité, comme dans ces deux autres Républiques. Plusieurs généraux l'ont conservé pendant un long cours d'années, et jusqu'à la fin de la guerre ou de leur vie, quoiqu'ils demeurassent toujours comptables de leurs actions à la République, et sujets à être révoqués quand ou une véritable faute, ou un malheur, ou le crédit d'une cabale opposée y donnait occasion.

§ VII

LES SCIENCES ET LES ARTS

On ne peut pas dire que Carthage eût entièrement renoncé à la gloire de l'étude et du savoir. Massinissa, fils d'un roi puissant, qui y fut envoyé pour y être instruit et élevé, fait croire qu'il y avait dans cette ville quelque école propre à donner une bonne éducation. Le grand Annibal, qui en a fait l'honneur en tout genre, n'était pas ignorant dans les belles-lettres, comme on le verra dans la suite. Magon, autre général fort célèbre, n'a pas moins illustré Carthage par ses ouvrages que par ses victoires. Il avait écrit vingt-huit volumes sur l'agriculture, et le Sénat romain en fit tant de cas, qu'après la prise de Carthage, lorsqu'il distribuait aux princes d'Afrique les bibliothèques qui s'y trouvèrent (nouvelle preuve que l'érudition n'en était pas absolument bannie), il donna ordre qu'on traduisît en latin ces livres sur l'agriculture, quoique l'on eût déjà ceux que Caton avait composés sur la même matière. Nous avons encore une version grecque d'un traité composé en langue punique, par Hannon, sur le voyage qu'il avait fait par ordre du Sénat, avec une flotte considérable autour de l'Afrique, pour y établir différentes colonies. On croit cet Hannon plus ancien que celui dont il est parlé du temps d'Agathocle.

Je pourrais mettre au nombre, ou plutôt à la tête des écrivains qui ont illustré l'Afrique, le célèbre Térence, capable de lui faire un honneur infini par l'éclat de sa réputation, s'il n'était évident que, par rapport à ses écrits, Carthage, où il naquit, doit moins être regardée comme sa patrie, que Rome, où il fut élevé, et où il puisa cette pureté de style, cette délicatesse, cette élégance, qui l'ont rendu l'admiration de tous les siècles. On conjecture qu'il fut enlevé encore enfant, ou du moins fort jeune, par les Numides, dans les courses qu'ils faisaient sur les terres des Carthaginois, pendant la guerre qu'eurent ensemble ces deux peuples depuis la fin de la seconde guerre punique, jusqu'au commencement de la troisième. On le vendit comme esclave à Térentius Lucanus, sénateur romain, qui, après l'avoir fait élever avec beaucoup de soin, l'affranchit, et lui fit porter son nom, comme c'était alors la coutume. Il fut uni d'une amitié très-étroite avec Scipion l'Africain, le second, et avec Lélius, et c'était un bruit public à Rome, que ces deux grands hommes lui aidaient à composer ses pièces. Le poète, loin de se défendre d'un bruit qui lui était si désavantageux, s'en fit honneur. Il ne nous reste de lui que six comédies. Quelques auteurs, au rapport de Suétone, qui a écrit sa vie, disent qu'à son retour de Grèce, où il avait fait un voyage, il perdit cent huit pièces qu'il avait traduites de Ménandre, et qu'il ne put survivre à un accident qui devait lui causer une douleur très-sensible. Mais on ne trouve pas que cette particularité de la vie de Térence ait un fondement fort solide. Quoiqu'il en soit, il mourut l'an de Rome 594, sous le consulat de Cn. Cornelius Dolabella, et de M. Fulvius, à l'âge de trente-cinq ans, et, par conséquent, il était né l'an 560.

Il faut pourtant avouer, malgré tout ce que je viens de dire, que la disette d'hommes savants a toujours été grande à Carthage, puisque, dans le cours de sept siècles, cette puissante République fournit à peine trois ou quatre auteurs connus. Quoiqu'elle eût des liaisons avec la Grèce et avec les nations les plus policées, elle ne s'était pas mise en peine d'en emprunter les belles connaissances, dont l'acquisition n'entrait point dans les vues de son commerce. L'éloquence, la poésie, l'histoire, semblent y avoir été peu connues. Un philosophe carthaginois, parmi les savants, passerait presque pour un prodige. Que serait-ce d'un géomètre ou d'un astronome? Je ne sais s'ils faisaient quelque cas de la médecine si utile à la vie, et de la jurisprudence si nécessaire à la société !

Au milieu d'une indifférence si marquée pour tous les

ouvrages d'esprit, l'éducation de la jeunesse ne pouvait être que fort imparfaite et fort grossière. A Carthage, toute l'étude, toute la science des jeunes gens se bornait, pour le grand nombre, à écrire et chiffrer, à dresser un registre, à tenir un comptoir, en un mot, à ce qui regarde le trafic. Belles lettres, histoire, philosophie, c'étaient toutes choses peu estimées à Carthage. Elles furent même, dans la suite des temps, interdites par les lois, qui défendaient expressément à tout Carthaginois d'apprendre la langue grecque, de peur que par là il ne se mît en état d'entretenir commerce ou par lettres ou de vive voix avec les ennemis.

Que pouvait-on attendre d'une telle disposition? Aussi ne vit-on jamais parmi eux cette douceur dans la conduite, cette facilité de mœurs, ces sentiments de vertu que l'éducation a coutume d'inspirer aux nations où elle est cultivée. Il faut que le petit nombre des grands hommes que celle-ci a portés n'aient dû leur mérite qu'à un heureux naturel, qu'à des talents singuliers et à une longue expérience, sans que la culture et l'instruction y aient beaucoup contribué. De là vient que chez ce peuple, le mérite des plus grands hommes est terni par de grands défauts, par des vices bas, par des passions cruelles; et il est rare d'y voir briller une vertu sans tache et sans reproche, noble, généreuse, aimable, et soutenue par des principes constants et éclairés, telle qu'on en voit en foule parmi les Grecs et les Romains. On sent bien que je ne parle ici que de vertus païennes, et selon l'idée qu'en avaient les païens.

Je ne trouve pas plus de monuments de leur habileté

dans les arts moins élevés et moins nécessaires, comme sont la peinture et la sculpture. Je lis qu'ils avaient beaucoup pillé de ces sortes d'ouvrages sur les nations vaincues, mais je n'apprends nulle part qu'ils en eussent beaucoup fait eux-mêmes.

De tout ce que je viens de dire, on ne peut s'empêcher de conclure que le commerce était le goût dominant et le caractère propre de la nation ; qu'il faisait comme le fonds de l'Etat ; qu'il était l'âme de la République et le grand mobile de toutes les entreprises. Les Carthaginois étaient la plupart de bons négociants, uniquement occupés de leur trafic, poussés par le désir du gain, n'estimant que les richesses, et mettant tous leurs talents, aussi bien que leur principale gloire, à en amasser beaucoup, sans en connaître trop la véritable destination, et sans savoir en faire un noble et digne usage.

§ VIII

CARACTÈRE, MŒURS, QUALITÉS DES CARTHAGINOIS

Dans le dénombrement des différentes qualités que Cicéron attribue aux différentes nations, et par lesquelles il les caractérise, il donne aux Carthaginois pour caractère dominant la finesse, l'habileté, l'adresse, l'industrie, la ruse, *calliditas*, qui avait lieu sans doute dans la guerre, mais qui paraissait encore davantage dans tout le reste de leur conduite, et qui était jointe à une autre qualité fort voisine, qui leur était encore moins honorable. La ruse et la finesse conduisent naturellement au mensonge, à la duplicité, à la mauvaise foi; et en accoutumant insensiblement l'esprit à devenir moins délicat sur le choix des moyens pour parvenir à ses fins, elles le préparent à la fourberie et à la perfidie. C'était encore un des caractères des Carthaginois, et il était si marqué et si connu, qu'il avait passé en proverbe, et que pour désigner une mauvaise foi, on disait une foi carthaginoise, *fides punica;* et que pour marquer un esprit fourbe, on n'avait point d'expression ni plus propre, ni plus énergique, que de l'appeler un esprit carthaginois, *punicum ingenium.*

Le désir excessif d'amasser, et l'amour désordonné du gain, étaient parmi eux une source ordinaire d'injustices et de mauvais procédés. Un seul exemple en sera la preuve. Pendant une trêve que Scipion avait accordée à leurs instantes prières, des vaisseaux romains, battus par la tempête, étant arrivés à la vue de Carthage, furent arrêtés et saisis par ordre du Sénat et du Peuple, qui ne purent laisser échapper une si belle proie. Ils voulaient gagner à quelque prix que ce fût. Les habitants de Carthage reconnurent, au rapport de saint Augustin, dans une occasion assez particulière, qu'ils conservaient encore quelque chose de ce caractère.

Ce n'était pas là les seuls défauts des Carthaginois. Ils

avaient dans l'humeur et dans le génie quelque chose d'austère et de sauvage, un air hautain et impérieux, une sorte de férocité qui, dans le premier feu de la colère, n'écoutant ni raison, ni remontrance, se portait brutalement aux derniers excès et aux dernières violences. Le peuple, timide et rampant dans la crainte, fier et cruel dans ses emportements, en même temps qu'il tremblait sous ses magistrats, faisait trembler à son tour tous ceux qui étaient dans sa dépendance. On voit ici quelle différence l'éducation met entre une nation et une nation. Le peuple d'Athènes, ville qui a toujours été regardée comme le centre de l'érudition, était naturellement jaloux de son autorité et difficile à manier; mais cependant il avait un fonds de bonté et d'humanité qui le rendait compatissant au malheur des autres, et lui faisait souffrir avec douceur et patience les fautes de ses conducteurs. Cléon demanda un jour qu'on rompît l'assemblée où il présidait, parce qu'il avait un sacrifice à offrir et des amis à traiter. Le peuple ne fit que rire, et se leva. — A Carthage, dit Plutarque, une telle liberté aurait coûté la vie !

Tite-Live fait une pareille réflexion au sujet de Terentius Varro, lorsque, revenant à Rome après la bataille de Cannes, qui avait été perdue par sa faute, il fut reçu par tous les ordres de l'Etat, qui allèrent au-devant de lui, et le remercièrent de ce qu'il n'avait pas désespéré de la République, « lui, dit l'historien, qui aurait dû s'attendre aux derniers supplices, s'il avait été général à Carthage : *Cui, si Carthaginiensium ductor fuisset, nihil recusandum supplicii foret.* » En effet, chez eux il y avait un tribunal établi exprès pour faire rendre compte aux généraux de leur conduite, et on les rendait responsables des événements de la guerre. A Carthage, un mauvais succès était puni comme un crime d'Etat, et un commandant qui avait perdu une bataille, était presque sûr, à son retour, de perdre la vie à une potence, tant ses habitants étaient d'un caractère dur, violent, cruel, barbare, et toujours prêts à répandre le sang des citoyens, comme celui des étrangers. Les supplices inouïs qu'ils firent souffrir à Régulus en sont une bonne preuve, et leur histoire nous en fournira des exemples qui font frémir

SECONDE PARTIE

———

Tout le temps qui s'est écoulé depuis la fondation de Carthage jusqu'à sa ruine, est de sept cent quarante-deux ans, et peut se diviser en deux parties. La première, beaucoup plus longue, et beaucoup moins connue, comme cela est ordinaire pour le commencement de tous les Etats, s'étend jusqu'à la première guerre Punique, et renferme six cent dix-sept ans. La seconde, qui se termine à la destruction de Carthage, n'est que de cent vingt-cinq ans.

CHAPITRE PREMIER.

______

FONDATION DE CARTHAGE ET SES ACCROISSEMENTS JUSQU'A LA PREMIÈRE GUERRE PUNIQUE

Carthage d'Afrique, était une colonie de Tyr, la ville du monde la plus renommée pour le commerce.

Longtemps auparavant Tyr avait déjà fait passer dans le même pays une autre colonie, qui y bâtit la ville d'Utique, célèbre par la mort du second Caton, qu'on appelle ordinairement pour cette raison Caton d'Utique.

Les auteurs varient beaucoup sur l'époque de l'établissement de Carthage. Il est difficile et peu important d'entreprendre de les concilier : du moins, pour suivre le plan que je me suis proposé dans cet ouvrage, il suffit de savoir, à peu d'années près, le temps où cette ville a été bâtie.

Il est certain que Carthage fut détruite sous le consulat de Cn. Lentulus et de L. Mummius, l'année 607 de Rome, 3858 du monde, 146 ans avant Jésus-Christ. Ainsi sa fondation peut être placée l'année du monde 3121, lorsqu'Athalie régnait sur Juda, 135 ans avant que Rome fût bâtie, 883 avant Jésus-Christ. Selon ce calcul, la durée de Carthage sera de 742 ans.

L'établissement de Carthage est attribué à Elissa, princesse tyrienne, plus connue sous le nom de Didon. Ithobal, roi de Tyr, et père de la fameuse Jézabel, nommé dans l'Ecriture Ethbaal, était son bisaïeul. Elle avait épousé Acerbas son proche parent, appelé autrement Sicharbas et Sichée, prince extrêmement riche, et avait pour frère Pygmalion, qui régnait à Tyr. Celui-ci ayant fait mourir Sichée dans le dessein de s'emparer de ses grands biens. Didon trompa la cruelle avarice de son frère, s'étant retirée secrètement avec tous les trésors de Sichée. Après plusieurs courses, elle aborda enfin sur les côtes de la mer Méditerranée, au golfe où était Utique, dans le pays appelé l'Afrique proprement dite, à six lieues de Tunis, ville aujourd'hui fort connue par ses corsaires, et s'y établit avec sa petite troupe, ayant acheté un terrain des habitants du pays.

Plusieurs de ceux qui demeuraient dans le voisinage, invités par l'attrait du gain, s'y rendirent en foule pour vendre à ces nouveaux-venus les choses nécessaires à la vie, et s'y établirent eux-mêmes peu de temps après. De ces habitants ramassés de différents endroits, se forma une multitude fort nombreuse. Ceux d'Utique, qui les regardaient comme leurs compatriotes, et comme des gens qui avaient avec eux une origine commune, leur envoyèrent des députés avec de grands présents, et les exhortèrent à construire une ville dans l'endroit même où ils s'étaient d'abord établis. Les naturels du pays, par un sentiment d'estime et de considération assez ordinaire pour les étrangers, en firent autant de leur côté. Ainsi tout concourant aux vues de Didon, elle bâtit sa ville, qui fut chargée de payer aux Africains un tribut annuel pour le terrain qu'on avait acheté d'eux, et qui fut appelée Kartha hadath, Carthage, nom qui dans la langue phénicienne et dans la langue hébraïque, qui sont fort semblables, signifie *la Ville Neuve*. On dit que lorsqu'on en creusait les fondements, il s'y trouva une tête de cheval, ce qui fut pris pour un bon augure, et comme une marque qu'un jour cette ville serait fort belliqueuse.

Cette princesse, dans la suite, fut recherchée en mariage par Iarbas, roi de Gétulie, qui menaçait de lui faire la guerre si elle ne consentait à sa proposition. Didon, qui s'était engagée par serment à ne passer jamais à de secondes noces, ne pouvant se résoudre à violer la foi qu'elle avait jurée à Sichée, demanda du temps comme pour délibérer, et pour apaiser les mânes de son premier mari par des sacrifices qu'elle lui offrirait. Ayant donc fait préparer un bûcher, elle monta dessus, et tirant un poignard qu'elle avait caché sous sa robe, elle se donna la mort.

Virgile a chanté beaucoup de choses dans cette histoire, en supposant qu'Enée, son héros, était contemporain de Didon, quoiqu'il se soit écoulé près de trois siècles entre l'un et l'autre. Carthage ayant été bâtie près de trois cents ans après la prise de Troie. On lui pardonne aisément cette licence, excusable dans un poète, qui n'est point astreint à l'exactitude scrupuleuse d'un historien; et l'on admire

avec raison le dessein spirituel de Virgile, qui voulant inté-
resser à sa poésie les Romains pour qui il écrivait, trouve
le moyen d'y faire entrer la haine implacable de Carthage
et de Rome, et en va chercher ingénieusement les semences dans l'origine la plus reculée de ces deux villes ri-
vales.

Carthage, qui avait eu de très-faibles commencements,
comme nous l'avons dit, s'accrut d'abord peu à peu dans le
pays même. Mais sa domination ne demeura pas longtemps
enfermée dans l'Afrique. Cette ville ambitieuse porta ses
conquêtes au dehors, envahit la Sardaigne, s'empara
d'une grande partie de la Sicile, se soumit presque toute
l'Espagne ; et ayant envoyé de tous côtés de puissantes
colonies, elle demeura maîtresse de la mer pendant plus de
six cents ans, se fit un Etat qui le pouvait disputer aux plus
grands empires du monde par son commerce, par ses nombreuses armées, par ses flottes redoutables, et surtout par
le courage et le mérite de ses capitaines. La date et les
circonstances de plusieurs de ces conquêtes sont peu connues. Je n'en dirai qu'un mot, pour mettre le lecteur au
fait, et pour lui donner quelque idée des pays dont il sera
souvent parlé dans la suite.

CONQUÊTES DES CARTHAGINOIS EN AFRIQUE

Les premières guerres de Carthage furent pour se délivrer du tribut qu'elle s'était engagée à payer tous les ans

aux Africains pour le terrain qui lui avait été cédé. Une telle démarche ne lui fait guère d'honneur. Ce tribut était le titre primordial de son établissement. Il semble qu'elle en voulait couvrir l'obscurité en abolissant ce qui en était la preuve : mais elle n'y réussit pas pour lors. Le bon droit était entièrement du côté des Africains : le succès répondit à la justice de leur cause, et la guerre se termina par le paiement du tribut.

Elle porta ensuite ses armes contre les Maures et les Numides, sur qui elle fit plusieurs conquêtes ; et, devenue plus hardie par ces heureux succès, elle secoua entièrement le joug du tribut qu'elle payait avec peine, et se rendit maîtresse d'une grande partie de l'Afrique.

Il y eut vers ces temps-là une grande dispute entre Carthage et Cyrène au sujet des limites. Cyrène était une ville fort puissante, située sur le bord de la mer Méditerranée vers la grande Syrte, qui avait été bâtie par Battus Lacédémonien.

On convint de part et d'autre que deux jeunes gens partiraient de chacune des deux villes, et que le lieu où ils se rencontreraient servirait de limite aux deux Etats. Les Carthaginois (c'étaient deux frères nommés Philènes) firent plus de diligence ; les autres, prétendant qu'il y avait de la mauvaise foi, et qu'ils étaient partis avant l'heure marquée, refusèrent de s'en tenir à l'accord, à moins que les deux frères, pour écarter tout soupçon de supercherie, ne consentissent à être ensevelis tout vivants dans l'endroit même où s'était faite la rencontre. Ils y consentirent. Les Carthaginois y élevèrent en leur nom deux autels, leur rendirent chez eux les honneurs divins, et depuis ce temps-là ce lieu a été appelé les autels des Philènes. *Aræ Philænorum*, et a servi de borne à l'empire des Carthaginois, qui s'étendait depuis cet endroit jusqu'aux colonnes d'Hercule.

CONQUÊTES DES CARTHAGINOIS EN SARDAIGNE, ETC.

L'histoire ne nous apprend rien de précis ni du temps où les Carthaginois entrèrent en Sardaigne, ni de la manière dont ils s'en rendirent les maîtres. Elle fut pour eux d'un grand secours, et pendant toutes leurs guerres elle leur fournit toujours des vivres en abondance. Elle n'est séparée de l'île de Corse que par un détroit d'environ trois lieues. La partie méridionale, qui était la plus fertile, avait pour capitale *Calaris* ou *Caralis*, (maintenant *Cagliari*.) A l'arrivée des Carthaginois les naturels du pays se retirèrent sur les montagnes situées vers le nord, qui sont presque inaccessibles, et d'où on ne put les faire sortir.

Les Carthaginois s'emparèrent des îles Baléares, appelées maintenant Majorque et Minorque. Le Port-Mahon, *(Portus Magonis)* qui est dans la dernière, fut ainsi appelé du nom d'un général carthaginois, qui le premier en fit usage et le fortifia. On ne sait pas quel était ce Magon. Il y a assez d'apparence que c'était le frère d'Annibal. Encore aujourd'hui ce port est un des plus considérables de la mer Méditerranée.

Ces îles fournissaient aux Carthaginois les plus habiles frondeurs de l'univers, qui leur rendaient de grands services et dans les batailles et dans les siéges de ville. Ils lançaient de grosses pierres du poids de plus d'une livre, et quelquefois même des balles de plomb, avec une telle force et une telle raideur, qu'ils perçaient les casques, les boucliers, les cuirasses les plus fortes ; et de plus avec tant d'adresse, que presque jamais ils ne manquaient l'endroit qu'ils avaient dessein de frapper. On accoutumait dès l'enfance les habitants des îles Baléares à manier la fronde ; et pour cela les mères plaçaient sur une branche d'arbre élevée le morceau de pain destiné au déjeûner des enfants, qui demeuraient à jeûn jusqu'à ce qu'ils l'eussent abattu. C'est ce qui a fait appeler ces îles par les Grecs *Baléares* et *Gymnasiæ*, parce que leurs habitants *s'exerçaient* de bonne heure à *lancer* des pierres avec leurs frondes.

CONQUÊTES DES CARTHAGINOIS EN ESPAGNE

Avant que de parler de ces conquêtes, je crois devoir donner une légère idée de l'Espagne.

L'Espagne se divise en trois parties : la Bœtique, la Lusitanie, la Tarragonnaise.

La Bœtique, ainsi appelée du fleuve *Bœtis* (le Guadal-
quivir), était au midi, et contenait ce qu'on appelle maintenant le royaume de Grenade, l'Andalousie, une partie de
la nouvelle Castille, et l'Estramadure. Cadix, appelé par
les anciens *Gades* et *Gadira*, est une ville située dans une
petite île du même nom, sur la côte occidentale de l'Andalousie, à neuf lieues environ de Gibraltar. On sait
qu'Hercule, ayant poussé jusque-là ses conquêtes, s'y
arrêta, comme étant parvenu au bout du monde. Il y érigea
deux colonnes, pour servir de monuments à ses victoires,
selon la coutume de ces temps-là. Le lieu en a toujours
conservé le nom, quoique les colonnes aient été ruinées
par l'injure des temps. Les sentiments des auteurs sont
fort partagés sur l'endroit où l'on doit placer ces colonnes.
La Bœtique était la partie de l'Espagne la plus fertile, la
plus riche, et la plus peuplée. On y comptait jusqu'à deux
cents villes. C'était là qu'habitaient les peuples appelés
Turdetani, ou *Turduti.* Sur le Bœtis étaient situées trois
grandes villes; vers la source, *Castulo;* plus bas, *Corduba*
(Cordoue), la patrie de Lucain et des deux Senèques; enfin
Hispalis (Séville).

La Lusitanie est terminée au couchant par l'Océan, au
nord par le fleuve *Durius* (le Duero) et au midi par le fleuve *Anas* (la Guadiana.) Entre ces deux fleuves est le *Tage.*
C'est aujourd'hui le Portugal, avec une partie de la Vieille
et de la Nouvelle Castille.

La Tarragonnaise renfermait le reste de l'Espagne, c'est-
à-dire les royaumes de Murcie et de Valence, la Catalogne,
l'Arragon, la Navarre, la Biscaye, la Gallice, le royaume

de Léon, et la plus grande partie des deux Castilles. *Tarraco* (Tarragone), ville très-considérable, a donné son nom à cette partie de l'Espagne. Assez près de cette ville est *Barcino* (Barcelone). Son nom fait conjecturer qu'elle a été bâtie par Amilcar surnommé *Barca*, père du grand Annibal. Les peuples les plus célèbres de la Tarragonnaise étaient les *Celtiberi*, placés au-delà de l'Elbe ; les *Cantabri*, maintenant la Biscaye ; les *Carpetani*, dont la capitale était Tolède, les *Oretani*, etc.

L'Espagne, abondante en mines d'or et d'argent, et peuplée d'habitants belliqueux, avait de quoi piquer en même temps et l'avarice et l'ambition des Carthaginois, plus marchands encore que conquérants par la constitution même de leur République. Ils savaient sans doute ce que Diodore rapporte des Phéniciens leurs ancêtres, lesquels, profitant de l'heureuse ignorance où étaient encore les Espagnols des richesses immenses cachées dans les entrailles de leurs terres, leur enlevèrent les premiers ces précieux trésors pour des marchandises de nul prix qu'ils leur donnaient en échange. Ils prévoyaient aussi que si ce pays pouvait passer sous leurs lois, il leur fournirait en abondance de bonnes troupes, qui leur serviraient à conquérir les autres nations, comme cela arriva en effet.

Ce qui donna d'abord occasion aux Carthaginois de passer en Espagne fut le secours qu'ils envoyèrent à ceux de Cadix, qui étaient attaqués par les Espagnols. Cette ville était une colonie de Tyr aussi bien qu'Utique et que Carthage, et même plus ancienne que l'une et que l'autre. Les Tyriens l'ayant bâtie, y établirent le culte d'Hercule, et y construisirent en son honneur un temple magnifique, qui depuis a toujours été fort célèbre. L'heureux succès de cette première expédition des Carthaginois leur fit naître l'envie de porter leurs armes en Espagne.

On ne sait point précisément dans quel temps les Carthaginois entrèrent en Espagne, ni jusqu'où d'abord ils poussèrent leurs conquêtes. Il y a de l'apparence que dans ces premiers commencements elles furent fort lentes, parce qu'ils avaient affaire à des peuples très-belliqueux, et qui se défendaient avec beaucoup de courage. Ils n'en seraient même jamais venus à bout, comme l'observa Strabon, si les Espagnols réunis tous ensemble avaient formé un corps d'Etat, et s'étaient prêté un mutuel secours. Mais chaque canton, chaque peuple étant entièrement séparé de ses voisins, sans avoir avec eux ni commerce ni liaison, il fallait les dompter les uns après les autres : ce qui d'un côté fut la cause de leur perte, mais de l'autre faisait traîner les guerres en longueur, et rendait la conquête du pays beaucoup plus difficile. Aussi a-t-on remarqué que quoique l'Espagne ait été la première province de celles qui sont dans le continent que les Romains aient attaquée, elle est la dernière qu'ils aient domptée, et elle ne passa entièrement sous leur joug qu'après plus de deux cents ans d'une vigoureuse résistance.

Il paraît par ce que Polybe et Tite-Live nous disent des guerres d'Amilcar, d'Asdrubal, et d'Annibal en Espagne, dont nous parlerons bientôt, qu'avant ce temps les Carthaginois n'y avaient pas fait de grandes conquêtes, et qu'il leur restait encore beaucoup de pays à subjuguer. Mais dans l'espace de vingt ans ils achevèrent de s'en rendre presque entièrement maîtres.

Dans le temps qu'Annibal partit pour l'Italie, toute la côte d'Afrique, depuis les Autels des Philènes, qui sont le long de la grande Syrte, jusque vis-à-vis les colonnes d'Hercule, était soumise aux Carthaginois. En passant le détroit, ils avaient subjugué toute la côte occidentale de l'Espagne, le long de l'Océan, jusqu'aux Pyrénées. La côte d'Espagne, qui est sur la mer Méditerranée, avait été aussi presque entièrement subjuguée par les Carthaginois : c'est là qu'ils avaient bâti Carthagène ; et ils étaient maîtres de tout ce pays jusqu'à l'Ebre, qui bornait leur domaine. Voilà qu'elle était pour lors l'étendue de leur empire. Il était resté dans le cœur du pays quelques peuples qu'ils n'avaient pu soumettre.

CONQUÊTES DES CARTHAGINOIS EN SICILE

Les guerres des Carthaginois en Sicile sont plus connues. Je rapporterai ici celles qui se sont faites depuis le règne de Xerxès, qui engagea les Carthaginois à porter leurs armes en Sicile, jusqu'à la première guerre Punique. Cet espace renferme près de deux cent vingt ans, depuis l'an du monde 3520 jusqu'à 3738. Dans le commencement de ces guerres, Syracuse, qui était la plus considérable et la plus puissante ville de Sicile, avait mis l'autorité souveraine entre les mains de Gélon, d'Hiéron, de Thrasybule, trois frères qui se succédèrent l'un à l'autre. Après eux, le gouvernement démocratique, c'est dire populaire, y fut établi, et subsista plus de soixante ans. Depuis ce temps-là, ceux qui dominèrent à Syracuse furent les deux Denys, Timoléon et Agathocle. Pyrrhus ensuite fut appelé en Sicile, et n'en demeura maître que pendant fort peu d'années. Tel fut le gouvernement de la Sicile pendant le temps des guerres dont je vais parler. Elles ne contribueront pas peu à faire connaître quelle était la puissance des Carthaginois quand ils commencèrent à entrer en guerre avec les Romains.

La Sicile est la plus grande et la plus considérable de toutes les îles de la mer Méditerranée. Elle est de figure triangulaire; et c'est pour cela qu'elle est appelée *Trinacria* et *Triquetra*. Le côté oriental, qui répond à la mer Ionienne ou de Grèce, s'étend depuis le promontoire ou cap *Paschinum* (Passaro) jusqu'à *Pelorum* (le cap de Pharo). Les villes les plus célèbres sur cette côte sont : *Syracusæ*, *Tauromenium*, *Messana*. Le côté septentrional qui regarde l'Italie, s'étend depuis le cap de Pélore jusqu'au cap *Lilybée* (le cap Boco). Les villes les plus célèbres, sont: *Mylæ*, *Hymera*, *Panormus*, *Eryx*, *Motya*, *Lilybæum*. Le côté méridional, qui regarde l'Afrique, s'étend depuis le cap Lilybée jusqu'à Pachynum. Les villes les plus célèbres sont: *Selinus*, *Agrigentum*, *Gela*, *Camarina*. Cette île est séparée de l'Italie par un détroit de quinze cents pas seulement, qu'on appelle le Phare de Messine, parce qu'il est proche de cette ville. Le trajet de Lilybée, en Afrique, n'est que de 1500 stades, c'est-à-dire, soixante et quinze lieues.

On ne sait point non plus précisément dans quel temps les Carthaginois commencèrent à porter leurs armes en Sicile. Il est certain seulement qu'ils en possédaient déjà quelque partie, lorsqu'ils firent avec les Romains un traité l'année même où les rois furent chassés de Rome, et les consuls substitués en leur place, vingt-huit ans avant que Xerxès attaquât la Grèce. Ce traité, qui est le premier dont il soit fait mention entre ces deux peuples, parle de l'Afrique et de la Sardaigne comme appartenant aux Carthaginois; au lieu que pour la Sicile les conventions ne tombent que sur les parties de cette île qui leur obéissaient. Par ce traité, il est marqué expressément que les Romains, ni leurs alliés, ne pourront naviguer au-delà du *Beau Promontoire* qui était tout près de Carthage, et que les marchands qui aborderont dans cette ville pour le commerce, ne paieront que certains droits qui y sont fixés.

Par ce même traité, l'on voit que les Carthaginois étaient attentifs à ne donner aux Romains aucune entrée dans les pays de leur obéissance, ni aucune connaissance de ce qui s'y passait; comme si dès lors les Carthaginois eussent pris ombrage de la puissance naissante des Romains, et qu'ils eussent déjà couvé dans leur sein des semences secrètes de la jalousie et de la défiance qui devaient un jour éclater par des guerres aussi longues que cruelles, et par une animosité et une haine de part et d'autre que la ruine seule de l'un des deux empires pouvait éteindre.

Quelques années après ce premier traité, les Carthaginois firent alliance avec Xerxès, roi des Perses. Ce prince, qui ne se proposait rien moins que d'exterminer entièrement les Grecs, qu'il regardait comme des ennemis irréconciliables, ne crut pas pouvoir réussir dans son dessein s'il n'engageait dans son parti les Carthaginois, dont la puissance dès lors était formidable. Ceux-ci, qui ne perdaient point de vue le dessein qu'ils avaient conçu de s'emparer du reste de la Sicile, saisirent avidement l'occasion favorable qui se présentait d'en achever la conquête. Le traité fut donc conclu. On convint que les Carthaginois attaqueraient avec toutes leurs forces les Grecs établis dans la Sicile et dans l'Italie, pendant que Xerxès en personne marcherait contre la Grèce même.

Les préparatifs de cette guerre durèrent trois ans. L'armée de terre ne montait pas à moins de trois cent mille hommes. La flotte était composée de deux mille vaisseaux, et de plus de trois mille petits bâtiments de charge. Amilcar, qui était le capitaine de son temps le plus estimé, partit de Carthage avec ce formidable appareil. Il aborda à Palerme, et après y avoir fait prendre quelque repos à ses troupes, il marcha contre la ville d'Himère, qui n'en est pas fort éloignée, et en forma le siége. Théron, gouverneur de la place, se voyant fort serré, députa à Syracuse, vers Gélon, qui s'en était rendu maître. Il accourut aussitôt à son secours avec une armée de cinquante mille hommes de pied et cinq mille chevaux. Son arrivée rendit le courage et l'espérance aux assiégés qui, depuis ce temps-là, se défendirent très-vigoureusement.

Gélon était fort habile dans le métier de la guerre, surtout pour les ruses. On lui amena un courrier chargé d'une lettre des habitants de Sélinonte, ville de Sicile, pour Amilcar, par laquelle ils lui donnaient avis que la troupe de cavaliers, qu'il leur avait demandée, arriverait un certain jour. Gélon en choisit dans ses troupes un pareil nombre, qu'il fit partir vers le temps dont on était convenu. Ayant été reçus dans le camp des ennemis comme venant de Sélinonte, ils se jetèrent sur Amilcar, qu'ils tuèrent, et mirent le feu aux vaisseaux. Dans le moment même de leur arrivée, Gélon attaqua avec toutes ses troupes les Carthaginois, qui se défendirent d'abord fort vaillamment. Mais quand ils apprirent la mort de leur général et qu'ils virent leur flotte en feu, le courage et les forces leur manquant, ils prirent la fuite. Le carnage fut horrible, et il y en eut plus de cent cinquante mille de tués. Les autres s'étant retirés dans un endroit où ils manquaient de tout, ne purent s'y défendre longtemps et se rendirent à discrétion. Ce combat se donna le jour même de la célèbre action des Thermopyles, où trois cents Spartiates disputèrent, au prix de leur sang, à Xerxès le passage dans la Grèce.

Quand on apprit à Carthage la triste nouvelle de la défaite entière de l'armée, la surprise, la douleur, le désespoir y causèrent un trouble et une alarme qui ne peuvent s'exprimer. Ils croyaient déjà voir l'ennemi à leurs portes. C'était le caractère des Carthaginois de perdre d'abord courage dans les grands revers. Ils députèrent aussitôt vers

Gélon pour lui demander la paix à quelque condition que ce fût. Il les écouta avec bonté. La victoire si complète qu'il venait de remporter, loin de le rendre fier et intraitable, n'avait fait qu'augmenter sa modestie et sa douceur, même à l'égard des ennemis. Il leur accorda la paix, exigeant seulement d'eux qu'ils payassent, pour les frais de la guerre, deux mille talents, ce qui revient à six millions de notre monnaie. Il demanda aussi qu'ils bâtissent deux temples, où l'on exposa en public, et où l'on garda comme en dépôt les conditions du traité. Les Carthaginois crurent que ce n'était point acheter trop cher une paix qui leur était si nécessaire, et qu'ils n'avaient presque pas osé espérer. Gisgon, fils d'Amilcar, selon la coutume injuste qu'ils avaient d'imputer aux généraux les mauvais succès de la guerre et de leur en faire porter la peine, fut puni du malheur de son père, et envoyé en exil. Il passa le reste de sa vie à Sélinonte, ville de Sicile.

Gélon, de retour à Syracuse, convoqua le peuple, et invita tous les citoyens à venir à l'assemblée avec leurs armes. Pour lui, il y entra sans armes et sans gardes, et rendit compte de toute la conduite de sa vie. Son discours ne fut interrompu que par des témoignages publics de reconnaissance et d'admiration. Loin d'être traité comme un tyran qui eût opprimé la liberté de sa patrie, il en fut regardé comme le bienfaiteur et le libérateur. Tous, d'un consentement unanime, le proclamèrent roi; et cette dignité, après lui, fut conférée à deux de ses frères.

Après la célèbre défaite des Athéniens devant Syracuse, où Nicias périt avec toute sa flotte, les Ségestains, qui s'étaient déclarés pour eux contre les Syracusains, craignant le ressentiment de leurs ennemis, et se voyant déjà attaqués par ceux de Sélinonte, implorèrent le secours des Carthaginois, et se mirent eux et leur ville sous leur protection. On délibéra quelque temps à Carthage sur le parti qu'il fallait prendre, l'affaire souffrant de grandes difficultés. D'un côté, les Carthaginois désiraient fort se rendre maîtres d'une ville qui était tout à fait à leur bienséance ; de l'autre, ils craignaient la puissance et les forces des Syracusains, qui venaient d'exterminer l'armée nombreuse des Athéniens, et qu'une si grande victoire rendait plus formidables que jamais. La passion de s'agrandir l'emporta, et l'on promit du secours aux Ségestains.

On confia le soin de cette guerre à Annibal, lequel avait pour lors la première dignité de l'État, c'est-à-dire celle de Suffète. Il était petit-fils d'Amilcar, qui avait été défait par Gélon et tué devant Himère, et fils de Gisgon, qui avait été condamné à l'exil. Il partit, animé d'un vif désir de venger sa famille et sa patrie, et d'effacer la honte de la dernière défaite. Son armée et sa flotte étaient très-nombreuses. Il aborda à un lieu appelé *le Puits de Lilybée*, qui a donné son nom à la ville bâtie depuis dans le même endroit. Sa première entreprise fut le siége de Sélinonte. L'attaque fut très-vive, et la défense ne le fut pas moins, les femmes même montrant un courage beaucoup au-dessus de leur sexe. Après une longue résistance, la ville fut prise d'assaut et abandonnée au pillage. Le vainqueur exerça les dernières cruautés sans avoir égard ni au sexe, ni à l'âge. Il permit aux habitants, qui s'étaient sauvés par la fuite, de demeurer dans la ville après l'avoir démantelée, et de cultiver les terres, à condition de payer un tribut aux Carthaginois. Cette ville subsistait depuis 242 ans.

Himère, qu'il assiégea ensuite, et qu'il prit aussi d'assaut, après avoir été traitée avec encore plus de cruauté, fut entièrement rasée, 240 ans depuis sa fondation. Il fit souffrir toutes sortes d'ignominies et de supplices à trois mille prisonniers, et les fit égorger tous dans l'endroit même où son grand-père avait été tué par les cavaliers de Gélon, pour apaiser et satisfaire ses mânes par le sang de ces malheureuses victimes.

Après ces expéditions, Annibal retourna à Carthage. Toute la ville sortit au-devant de lui et le reçut au milieu des cris de joie et des applaudissements.

Ces heureux succès renouvelèrent le désir et le dessein qu'avaient toujours eu les Carthaginois de se rendre maîtres de la Sicile entière. Trois ans après, ils nommèrent encore pour général, Annibal ; et, comme il s'excusait sur son grand âge, et refusait de se charger de cette guerre, on lui donna pour lieutenant Imilcon, fils d'Hannon, qui était de la même famille. Les préparatifs de la guerre furent proportionnés au grand dessein que les Carthaginois avaient conçu. La flotte et l'armée se trouvèrent bientôt prêtes, et l'on partit pour la Sicile. Le nombre des troupes montait, selon Timée, à plus de cent vingt mille hommes ; et, selon Éphore, à trois cent mille. Les ennemis, de leur côté, s'étaient mis en état de les bien recevoir, et les Syracusains avaient envoyé chez tous leurs alliés pour y lever des troupes, et dans toutes les villes de la Sicile pour les exhorter à défendre courageusement la liberté.

Agrigente s'attendait à essuyer les premières attaques. C'était une ville puissamment riche, et environnée de bonnes fortifications. Elle était située, aussi bien que Sélinonte et Himère, sur la côte de Sicile qui regarde l'Afrique. En effet, Annibal commença la campagne par le siége de cette ville. Ne la jugeant prenable que par un endroit, il tourna tous ses efforts de ce côté-là, fit faire des levées et des terrasses qui allaient jusqu'à la hauteur des murs, et employa à ces ouvrages les décombres et les démolitions des tombeaux qui étaient autour de la ville, et qu'il avait fait abattre pour cet effet. La peste se mit bientôt après dans l'armée, et fit périr un grand nombre de soldats, et le général même. Les Carthaginois crurent que c'était une punition des dieux qui vengeaient ainsi l'injure faite aux morts, dont plusieurs même s'imaginèrent avoir vu les spectres pendant la nuit. On cessa donc de toucher aux tombeaux, on ordonna des prières selon le rit observé à Carthage, on immola un enfant à Saturne par une superstition inhumaine, et l'on jeta plusieurs victimes dans la mer en l'honneur de Neptune.

Les assiégés, qui d'abord avaient remporté plusieurs avantages, se trouvèrent tellement pressés par la famine, que se voyant sans espérance et sans ressource, ils prirent le parti d'abandonner la ville. On marqua la nuit suivante pour le départ. On juge aisément quelle fut la douleur de ces pauvres habitants, obligés d'abandonner leurs maisons, leurs richesses, leur patrie; mais la vie leur était plus chère que tout le reste. Jamais spectacle ne fut plus triste. Sans parler des autres, on voyait une troupe de femmes éplorées traîner après elles leurs enfants pour les dérober à la cruauté du vainqueur. Mais, ce qu'il y a de plus douloureux, fut la nécessité où l'on se trouva de laisser dans la ville les vieillards et les malades, à qui leur état ne permettait ni de fuir, ni de se défendre. Ces malheureux exilés arrivèrent à Géla, qui était la ville la plus prochaine, et ils y reçurent tous les soulagements qu'ils pouvaient attendre dans un état si déplorable.

Cependant Imilcon entra dans la ville, et fit égorger tous ceux qui y étaient restés. Le butin fut immense, et tel qu'on peut se l'imaginer dans une ville des plus opulentes de la Sicile, qui avait deux cent mille habitants, et qui n'avait jamais souffert de siége, ni par conséquent de pillage. On y trouva un nombre infini de tableaux, de vases, de statues de toutes sortes (car cette ville avait un goût exquis pour ces raretés), et entre autres le fameux taureau de Phalaris, qui fut envoyé à Carthage.

Le siége d'Agrigente avait duré huit mois. Imilcon y fit passer le quartier d'hiver à ses troupes, pour leur donner quelque repos, et au commencement du printemps il en sortit, après avoir ruiné entièrement la ville. Il assiégea ensuite Géla, et la prit, malgré le secours qu'y mena Denys le Tyran, qui s'était emparé de l'autorité à Syracuse. Imilcon termina la guerre par un traité qu'il fit avec Denys, dont les conditions furent, que les Carthaginois, outre leurs anciennes conquêtes dans la Sicile, demeureraient maîtres du pays des Sicaniens, de Sélinonte, d'Agrigente, d'Himère,

comme aussi de colui do Géla et de Camarine, dont les habitants pourraient demeurer dans leurs villes démantelées,
en payant tribut aux Carthaginois; que les Léontins, les
Messéniens et tous les Siciliens vivraient selon leurs lois,
et conserveraient leur liberté et leur indépendance ; qu'enfin les Syracusains demeureraient soumis à Denys. Imilcon,
après la conclusion de ce traité, retourna à Carthage, où
la peste fit encore périr un grand nombre de citoyens.

Denys n'avait conclu la paix avec les Carthaginois que
pour se donner le temps d'affermir son autorité naissante,
et de travailler aux préparatifs de la guerre qu'il méditait
contre eux. Comme il savait combien la puissance de ce
peuple était formidable, il n'oublia rien pour se mettre en
état de l'attaquer avec succès ; et il fut merveilleusement
secondé dans son dessein par le zèle de ses peuples. La
réputation de ce prince, le désir de s'en faire connaître,
l'attrait du gain, et la vue des récompenses qu'il promettait
à ceux dont l'industrie se ferait distinguer, attirèrent de
toutes parts en Sicile ce qu'il y avait pour lors de plus habiles ouvriers en tout genre. Syracuse entière était devenue
comme un grand atelier, où de tous côtés on était occupé
à faire des épées, des casques, des boucliers, des machines
de guerre, et à préparer tout ce qui est nécessaire pour
la construction et pour l'équipement des vaisseaux. L'invention de ceux à cinq rangs de rames était toute récente :
jusque-là on n'avait vu que des vaisseaux à trois rangs de
rames ; *trirèmes*. Denys animait le travail par sa présence,
par des libéralités et des louanges qu'il savait dispenser à
propos, et surtout par des manières populaires et enga-

geantes, moyens encore plus efficaces que tout le reste pour réveiller l'industrie et l'ardeur des ouvriers, et il faisait souvent manger avec lui ceux qui excellaient dans leur genre.

Quand tout fut prêt, et qu'il eut levé en différents pays un grand nombre de troupes, il convoqua l'assemblée des Syracusains, leur exposa son dessein, et leur représenta que les Carthaginois étaient les ennemis déclarés des Grecs; qu'ils ne se proposaient rien moins que d'envahir toute la Sicile; qu'ils voulaient mettre sous le joug toutes les villes grecques; et que si l'on n'arrêtait leurs progrès, Syracuse se verrait bientôt elle-même attaquée; que s'ils ne faisaient point actuellement d'entreprise, on devait leur inaction aux ravages que la peste avait causés parmi eux; que c'était une conjoncture favorable dont il fallait profiter. Quoique la tyrannie et le tyran fussent très-odieux aux Syracusains, la haine contre les Carthaginois l'emporta, et tout le monde, plus touché des motifs d'une politique intéressée que de la justice, applaudit au discours de Denys. Sans aucun sujet de plainte, sans déclaration de guerre, il abandonna au pillage et à la fureur du peuple les biens et la personne des Carthaginois. Il y en avait un assez grand nombre à Syracuse, qui sur la foi des traités y exerçaient le commerce. On courut de tous côtés dans leurs maisons; on pilla leurs effets; on prétendit être suffisamment autorisé pour leur faire souffrir à eux-mêmes toutes sortes d'ignominies et de supplices, en représailles des cruautés qu'ils avaient exercées contre les habitants du pays; et ce pernicieux exemple de perfidie et d'inhumanité fut suivi dans toute l'étendue de la Sicile. Ce fut là comme le signal sanglant de la guerre qu'on leur déclarait. Denys, après avoir ainsi commencé par se faire justice à lui-même, envoya des députés à Carthage, pour demander qu'ils rendissent la liberté à toutes les villes de la Sicile, qu'autrement ils y seraient traités comme ennemis. Cette nouvelle y répandit une grande alarme, surtout à cause du pitoyable état où ils se trouvaient.

Denys ouvrit la campagne par le siége de Mortya, qui était la place d'armes des Carthaginois en Sicile, et il poussa vivement ce siége, sans qu'Imilcon, qui commandait la flotte ennemie, pût la secourir. Il fit avancer ses machines, battit la place à coups de béliers, approcha des murs les tours à six étages, qui étaient portées sur des roues, et qui égalaient la hauteur des maisons; et de là il incommodait fort les assiégés par ses catapultes, machines nouvellement inventées, qui lançaient en grand nombre et avec grande force des traits et des pierres contre les ennemis. La ville enfin, après une longue et vigoureuse résistance, fut prise d'assaut, et tous les habitants passés au fil de l'épée, excepté ceux qui se refugièrent dans les temples. On abandonna le pillage aux soldats. Denys, y ayant laissé une bonne garnison et un gouvernement sûr, retourna à Syracuse.

L'année suivante Imilcon, que les Carthaginois avaient nommé suffète, revint en Sicile avec une armée beaucoup plus nombreuse qu'auparavant. Il aborda à Palerme, recouvra Mortya par force, et prit plusieurs autres villes. Animé par ces heureux succès, il marcha vers Syracuse pour en former le siége, menant ses troupes de pied par terre, pendant que sa flotte sous la conduite de Magon côtoyait les bords.

L'arrivée d'Imilcon jeta un grand trouble dans la ville: Plus de deux cents vaisseaux, ornés des dépouilles des ennemis, et s'avançant en bon ordre, entrèrent comme en triomphe dans le grand port, suivis de cinq cents barques. On vit en même temps arriver d'un autre côté l'armée de terre, composée, selon quelques auteurs, de trois cent mille hommes de pied, et de trois mille chevaux. Imilcon fit dresser sa tente dans le temple même de Jupiter; le reste de l'armée campa à douze stades, c'est-à-dire à un peu plus d'une demi-lieue de la ville. S'en étant approché, il présenta la bataille aux habitants, qui se donnèrent bien de garde de l'accepter. Content d'avoir tiré des Syracusains l'aveu de leur faiblesse et de sa supériorité, il retourna dans son camp, ne doutant point que bientôt il ne dût se rendre maître de la ville, et la regardant déjà comme une proie assurée, et qui ne pouvait lui échapper. Pendant trente jours il fit le dégât des terres voisines, et ruina tout le pays. Il se rendit maître du faubourg d'Acradine, et pilla les temples de Cérès et de Proserpine. Pour fortifier son camp, il abattit tous les tombeaux qui étaient autour de la ville, et entre autres celui de Gélon et de Démarète sa femme, qui était d'une magnificence extraordinaire.

Ces heureux succès ne furent pas d'une longue durée. Tout l'éclat de ce triomphe anticipé s'évanouit en un moment, et montra à tous les mortels, dit l'historien, que quiconque s'élève insolemment par l'orgueil, tôt ou tard abattu par une force supérieure sera forcé de reconnaître sa faiblesse. Lorsque Imilcon, maître de presque toutes les villes de Sicile, s'attendait à mettre le comble à ses victoires par la prise de Syracuse, la maladie contagieuse se mit dans son armée, et y fit des ravages incroyables. On était dans le fort de l'été, et la chaleur cette année était très-grande. La contagion commença par les Africains, qui mouraient à tas, sans qu'on pût les secourir. D'abord on enterrait les morts ; mais le nombre en augmentant tous les jours, et le mal se communiquant promptement, les cadavres demeurèrent sans sépulture, et les malades sans secours. Cette peste était accompagnée de symptômes extraordinaires, de cruelles dyssenteries, de fièvres violentes, de déchirements d'entrailles, de douleurs aiguës par tout le corps, de frénésie même et de fureur, en sorte qu'ils se jetaient sur quiconque venait à leur rencontre et le mettaient en pièces.

Denys ne laissa pas échapper une occasion si favorable d'attaquer les ennemis. Plus qu'à demi-vaincus par la peste, ils ne firent pas grande résistance. Les vaisseaux furent, pour la plupart, ou pris par l'ennemi, ou consumés par le feu. Tous les habitants de Syracuse, vieillards, femmes, enfants, sortirent en foule de la ville pour être témoins d'un événement qui leur paraissait tenir du miracle. Ils levaient les mains au ciel, pour remercier les dieux protecteurs de leur ville et vengeurs de la sainteté des temples et des tombeaux violés indignement par ces barbares. La nuit étant survenue, chacun se retira de son côté.

Imilcon profita de ce moment de relâche, et envoya vers Denys pour lui demander la permission d'emmener avec lui à Carthage le peu qui lui restait de troupes, en lui offrant trois cents talents, qui était tout l'argent qu'il avait de reste. Il ne put obtenir cette permission que pour les seuls Carthaginois, avec lesquels il se sauva de nuit, laissant tous les autres soldats à la discrétion de l'ennemi.

Voilà l'état dans lequel ce chef des Carthaginois, si fier quelques moments auparavant, se retira de Syracuse. Plaignant amèrement son sort, et encore plus celui de la République, il accusait avec insulte et emportement les dieux, seuls auteurs de son infortune. Car l'ennemi, disait-il, peut bien se réjouir de nos maux, mais non s'en glorifier. Vainqueurs des Syracusains, la peste seule a pu nous vaincre. Sa grande douleur, et qui le touchait le plus vivement, était d'avoir survécu à tant de braves guerriers qui étaient morts les armes à la main. Mais, ajoutait-il, la suite fera connaître si c'est la crainte de la mort, ou le désir de ramener dans la patrie les restes malheureux de mes citoyens, qui m'a fait survivre à la perte de tant de généreux soldats. En effet, dès qu'il fut arrivé à Carthage, qu'il trouva dans une désolation qui ne se peut exprimer, il entra dans sa maison, en ferma les portes sur lui sans vouloir y admettre personne, pas même ses enfants, et se donna la mort par un prétendu courage que les païens admiraient, mais qui n'en avait que le nom, et qui cachait dans le fond un véritable désespoir.

Un nouveau surcroît de malheurs accabla cette ville infortunée. Les Africains, de tout temps pleins de haine contre Carthage, mais irrités alors jusqu'à la fureur de ce qu'on avait laissé leurs compatriotes à Syracuse en les livrant à la boucherie, s'assemblent comme des forcenés, sonnent l'alarme, prennent les armes, et, après s'être saisis de Tunis, marchent contre Carthage au nombre de plus de deux cent mille hommes. La ville se crut perdue. On regarda ce nouvel incident comme un effet et comme une suite de la colère des dieux, qui poursuivait les coupables jusque dans Carthage même. Comme ses habitants portaient la superstition à l'excès, surtout dans les calamités publiques, on songea avant tout à apaiser les dieux. Cérès et Proserpine étaient des divinités inconnues, jusque-là, dans le pays. Pour réparer l'outrage qui leur avait été fait par le pillage de leurs temples, on leur érigea de magnifiques statues, on leur donna pour prêtres les personnes les plus qualifiées de la ville, on leur offrit des sacrifices et des victimes selon le rit grec, et l'on n'omit rien de ce qu'ils croyaient pouvoir leur rendre ces déesses propices. Après ce premier soin, on songea à la défense de la ville. Heureusement pour les Carthaginois, cette armée nombreuse était sans chef, c'est-à-dire comme un corps sans âme. Nulles provisions, nulles machines de guerre ; point de discipline ni de subordination : chacun voulait commander ou se conduire à son gré. La division s'étant donc mise parmi ces troupes, et la famine augmentant tous les jours de plus en plus, ils se retirèrent chacun dans leur pays, et délivrèrent Carthage d'une grande alarme.

Rien ne rebutait les Carthaginois, et ils faisaient toujours de nouvelles tentatives sur la Sicile. Magon, leur général, qui était un des deux suffètes, perdit une grande bataille où il fut tué. Les chefs des Carthaginois demandèrent la paix, qui leur fut accordée à ces conditions qu'ils sortiraient de toutes les villes de la Sicile, et qu'ils paieraient tous les frais de cette guerre. Ils parurent les accepter ; mais ayant représenté qu'ils ne pouvaient livrer les villes sans l'ordre de leur République, ils obtinrent une trêve assez longue pour envoyer à Carthage. On y profita de cet intervalle pour lever et exercer de nouvelles troupes, à qui l'on donna pour chef Magon, fils de celui qui venait d'être tué. Il était tout jeune, mais avait beaucoup de réputation. Dès qu'il fut arrivé en Sicile, et que le temps de la trêve fut expiré, il donna une bataille contre Denys, où Leptine, l'un de ses généraux fut tué, et où il demeura sur la place, du côté des Syracusains, plus de quatorze mille hommes. Le fruit de cette victoire fut une paix honorable, qui laissait les Carthaginois en possession de tout ce qu'ils avaient dans la Sicile, en y ajoutant même quelques places, et qui leur assignait mille talents pour les frais de la guerre, c'est-à-dire trois millions de livres.

Ce fut à peu près vers ce temps-là, qu'à l'occasion d'un citoyen de Carthage qui avait écrit en grec à Denys, pour lui donner avis du départ de l'armée carthaginoise, il fut défendu par arrêt du Sénat aux Carthaginois d'apprendre à écrire ou à parler la langue grecque, pour les mettre hors d'état d'avoir aucun commerce avec les ennemis, soit par lettre, soit de vive voix.

Carthage eut bientôt une nouvelle secousse à essuyer. La peste se répandit dans la ville, et y fit de grands ravages. Des terreurs paniques et de violents transports de frénésie saisissaient tout à coup les malades. Ils sortaient brusquement de leurs maisons, les armes à la main, comme si l'ennemi se fût emparé de la ville, et tuaient ou blessaient tous ceux qu'ils trouvaient à leur rencontre. Les Africains et ceux de Sardaigne voulurent profiter de l'occasion pour secouer un joug qu'ils portaient avec peine, mais les uns et les autres furent domptés, et rentrèrent dans l'obscurité. Une entreprise que Denys forma en Sicile dans le même temps et par les mêmes vues, ne lui réussit pas mieux. Il mourut quelque temps après, et eut pour successeur son fils qui porta la même nom.

Nous avons déjà rapporté un premier traité conclu entre les Romains et les Carthaginois. Il y en eut un second, qu'Orose dit avoir été conclu la 402ᵉ année de la fondation de Rome, et par conséquent vers le temps dont nous parlons. Ce second traité contenait à peu près les mêmes conditions que le premier, excepté que ceux de Tyr et d'Utique y étaient nommément compris et joints aux Carthaginois.

Après la mort du premier Denys, il y eut de grands troubles à Syracuse. Denys le jeune, qui en avait été chassé, s'y rétablit à main armée, et y exerça de grandes cruautés. Une partie des citoyens implora le secours d'Icétès, tyran des Léontins, qui était originaire de Syracuse. La conjoncture de ces troubles parut très-favorable aux Carthaginois pour s'emparer de la Sicile, et ils envoyèrent une grosse flotte. Dans cette extrémité, ceux d'entre les

Syracusains qui étaient les mieux intentionnés eurent recours aux Corinthiens, qui les avaient déjà souvent aidés dans leurs périls, et qui d'ailleurs étaient les peuples de la Grèce les plus déclarés contre la tyrannie, et les plus vifs défenseurs de la liberté. Les Corinthiens leur envoyèrent Timoléon. C'était un homme d'un rare mérite, et qui avait signalé son zèle pour le bien public en affranchissant sa patrie du joug de la tyrannie, aux dépens de sa propre famille. Il partit avec dix vaisseaux seulement, et étant arrivé à Rhége, il éluda par un heureux stratagème la vigilance des Carthaginois, qui ayant été avertis de son départ et de son dessein par Icétès, voulaient l'empêcher de passer en Sicile.

Timoléon n'avait guère plus de mille soldats avec lui. Avec cette poignée de gens il marchait hardiment au secours de Syracuse. Sa petite troupe se grossit à mesure qu'il avance. Les Syracusains se trouvaient dans un étrange état, et avaient perdu toute espérance. Ils voyaient les Carthaginois maîtres du port; Icétès de la ville, Denys de la citadelle. Heureusement, dès que Timoléon fut arrivé, Denys, qui était sans ressource, lui remit entre les mains la citadelle avec toutes les troupes, les armes, et les vivres qui y étaient, et il se sauva par ce moyen à Corinthe. Timoléon avait fait représenter adroitement aux soldats étrangers, qui, selon le défaut que nous avons remarqué dans le gouvernement de Carthage, faisaient la principale force de l'armée de Magon, et qui même pour la plupart étaient de Grèce, qu'il était bien étrange que les Grecs travaillassent à rendre les Barbares maîtres de la Sicile, d'où ils passeraient bientôt dans la Grèce. Car enfin pouvait-on s'imaginer que les Carthaginois fussent venus de si loin, uniquement pour établir Icétès tyran à Syracuse ? Ces discours s'étant répandus dans le camp, Magon fut saisi de frayeur, et comme il ne cherchait qu'un prétexte pour se retirer, supposant que les troupes étaient prêtes à le trahir et à l'abandonner, il fit sortir sa flotte du port, et cingla vers Carthage. Icétès, après son départ, ne put pas tenir longtemps contre les Corinthiens : ainsi ils demeurèrent seuls maîtres de toute la ville.

Dès que Magon fut arrivé à Carthage, on lui fit son procès. Il prévint le supplice par une mort volontaire. Son corps fut attaché à une potence, et exposé en spectacle au peuple. On leva de nouvelles troupes, et l'on fit partir pour la Sicile une flotte plus nombreuse encore que la précédente. Elle était composée de deux cents vaisseaux sans compter mille barques de transport ; et l'armée montait à plus de soixante-dix mille hommes. Ils abordèrent à Lilybée sous la conduite d'Amilcar et d'Annibal, et résolurent d'aller d'abord attaquer les Corinthiens. Timoléon ne les attendit pas, et marcha à leur rencontre. Mais la consternation était si grande à Syracuse, que de toutes les troupes qui y étaient, il n'y eut que trois mille Syracusains qui le suivirent, et quatre mille étrangers ; encore de ces derniers, il y en eut mille qui l'abandonnèrent en chemin. Il ne perdit point courage, et ayant exhorté le reste de ses troupes à combattre vaillamment pour le salut et la liberté de leurs alliés, il les mena contre l'ennemi, dont il savait que le rendez-vous était près d'une petite rivière appelée

Crimèse. Il paraissait de la folie à aller attaquer une armée si nombreuse avec quatre ou cinq mille hommes d'infanterie seulement et mi'le chevaux : mais Timoléon qui savait que la bravoure conduite par la prudence l'emporte sur le nombre, comptait sur le courage de ses soldats qui paraissaient déterminés à périr plutôt qu'à céder, et qui demandaient avec ardeur qu'on les menât contre l'ennemi. L'événement justifia ses vues et son espérance. La bataille se donna : les Carthaginois furent mis en déroute ; il y eut de leur côté plus de dix mille hommes de tués, parmi lesquels il se trouva trois mille citoyens de Carthage, ce qui causa dans la ville un grand deuil et une grande consternation. Leur camp fut pris, et l'on y trouva des richesses immenses ; l'on fit aussi un grand nombre de prisonniers.

Timoléon, avec les nouvelles de sa victoire, envoya à Corinthe les plus belles armes qui se trouvèrent parmi le butin ; car il voulait que sa ville fût louée et admirée de tous les hommes, lorsqu'ils verraient que c'était la seule de toutes les villes de Grèce où les plus beaux temples étaient ornés non de dépouilles grecques, ni d'offrandes teintes encore du sang de la nation, et dont la vue ne pouvait que renouveler une souvenir funeste ; mais de dépouilles barbares qui, par de belles inscriptions faisaient connaître en même temps et le courage et la reconnaissance religieuse de ceux qui les avaient remportées, car elles disaient *que les Corinthiens, et Timoléon leur général, après avoir affranchi du joug des Carthaginois les Grecs établis dans la Sicile, avaient appendu ces armes dans le temple pour en rendre aux dieux des actions des grâces immortelles.*

Après cela Timoléon, laissant dans le pays ennemi les troupes étrangères pour achever de piller et de ravager toutes les terres des Carthaginois, s'en retourna à Syracuse. En arrivant, il bannit de la Sicile les mille soldats qui l'avaient abandonné en chemin, et il les fit sortir de Syracuse avant le coucher du soleil sans en tirer d'autre vengeance.

Cette victoire des Corinthiens fut suivie de la prise de plusieurs villes : ce qui obligea les Carthaginois à demander la paix.

Autant que les apparences du succès les rendaient prompts à faire de grands efforts, et à mettre sur pied de puissantes armées de terre et de mer, et que la prospérité leur faisait user de la victoire avec insolence et avec cruauté ; autant une adversité imprévue les jetait dans le découragement, leur faisait perdre tout d'un coup de vue toutes leurs ressources, et leur inspirait la bassesse d'aller demander quartier à des ennemis peu considérables, et d'en accepter sans honte les conditions les plus dures et les plus humiliantes. Celles qu'on leur imposa ici, en leur accordant la paix, furent : qu'ils ne tiendraient que les terres qui étaient au-delà du fleuve Halycus, qu'ils laisseraient la liberté à tous ceux du pays d'aller s'établir à Syracuse avec leurs familles et leurs biens ; et qu'ils ne conserveraient avec les tyrans ni alliance ni intelligence

Il paraît que c'est à peu près dans le temps dont nous venons de parler, qu'arriva à Carthage ce qu'on lit dans

Justin. Hannon, l'un de ses citoyens les plus puissants, forma le dessein de se rendre maître de la république en faisant périr tout le sénat. Il choisit pour cette cruelle exécution le jour même des noces de sa fille, où il devait donner chez lui un repas aux sénateurs et les faire tous empoisonner. La chose fut découverte. On n'osa pas punir un crime si horrible, tant était grand le crédit du coupable : on se contenta de le prévenir et de le détourner par un décret qui défendait en général la trop grande magnificence des noces, et mettait certaines bornes aux dépenses qu'on y pourrait faire. Voyant que la ruse lui avait mal réussi, il songea à employer la force ouverte en armant tous les esclaves. Il fut encore découvert, et pour éviter la punition, il se retira avec vingt mille esclaves armés dans un château extrêmement fortifié, et de là il tâcha d'engager dans sa révolte les Africains et le roi des Maures ; mais en vain. Il fut pris et conduit à Carthage. Après qu'on l'eut battu de verges, on lui arracha les yeux, on lui brisa les bras et les cuisses, on le fit mourir à la vue du peuple, et l'on attacha à la potence son corps tout déchiré de coups. Ses enfants et tous ses parents, quoiqu'ils n'eussent pris aucune part à sa conspiration en eurent à son supplice. On les condamna tous à mort, afin de ne laisser personne dans sa famille en état ou d'imiter son crime ou de venger sa mort. Tel était le génie de Carthage. Toujours sévère et excessive dans ses punitions, elle les portait aux dernières rigueurs, et les étendait jusque sur les innocents, sans consulter ni l'équité, ni la modération, ni la reconnaissance.

J'ai maintenant à parler des guerres que soutinrent les

Carthaginois tant dans la Sicile que dans l'Afrique même contre Agathocle, qui pendant plusieurs années leur donna beaucoup d'exercice.

Cet Agathocle était Sicilien, d'une naissance obscure et d'une condition très-basse. Soutenu d'abord par les forces des Carthaginois, il avait envahi la souveraine autorité dans Syracuse, et en était devenu le tyran. Dans les commencements ils réprimèrent ses entreprises, et Amilcar, leur chef, le fit consentir à un traité qui mettait la paix dans la Sicile. Mais il n'en garda pas longtemps les conditions, et il se déclara bientôt contre les Carthaginois mêmes, qui sous la conduite d'Amilcar remportèront sur lui une victoire considérable, après laquelle il fut obligé de se renfermer dans Syracuse. Les Carthaginois l'y poursuivirent et formèrent le siége de cette importante place, dont la prise devait les rendre maitres de toute la Sicile.

Agathocle, qui leur était beaucoup inférieur en force et qui d'ailleurs se voyait abandonné par tous ses alliés à cause de sa cruauté inouïe, conçut un dessein si hardi et si impraticable, selon toutes les apparences, que même après l'exécution et le succès, il paraît encore presque incroyable : c'était de porter la guerre en Afrique, et d'aller assiéger Carthage, lui qui ne pouvait ni se défendre en Sicile, ni soutenir le siége de Syracuse. Le profond secret qu'il garda n'est pas moins étonnant que l'entreprise même. Il ne s'ouvrit à personne sur son dessein, et se contenta de déclarer au peuple qu'il avait imaginé un moyen sûr de le tirer du péril où il était : qu'il ne s'agissait que de supporter avec patience pendant un court intervalle les incommodités du siége ; qu'au reste il laissait à ceux qui ne pourraient se résoudre à prendre ce parti la liberté de sortir de la ville. Il n'en sortit que seize cents personnes. Il y laissa son frère Antandre avec assez de troupes et de vivres pour faire une bonne défense. Il accorda la liberté à tous les esclaves qui étaient en âge de porter les armes, et après leur avoir fait prêter serment, il les joignit à ses troupes. Il n'emporta que cinquante talents pour les besoins présents, bien assuré de trouver dans le pays ennemi tout ce qui lui serait nécessaire. Il partit donc avec deux de ses fils, Archagathe et Héraclide, sans qu'aucun sût où la flotte devait faire voile. Ils croyaient tous qu'on les mènerait dans l'Italie ou dans la Sardaigne pour y faire du butin, ou vers les côtes de la Sicile qui appartenaient à l'ennemi pour en faire le dégât. Les Carthaginois, surpris d'un départ si inopiné, se mirent en état de l'empêcher. Mais Agathocle se déroba à leur poursuite et prit le large.

Il ne découvrit son dessein que lorsqu'on eut abordé en Afrique. Là, ayant assemblé ses troupes, il leur exposa ses raisons en peu de mots. Il leur représenta que l'unique moyen de délivrer leur patrie, était de porter la guerre dans le pays ennemi : qu'ils les menait, eux qui étaient aguerris et intrépides, contre des citoyens amollis et énervés par les délices d'une vie oisive et voluptueuse ; que les habitants du pays, accablés du joug d'une servitude également dure et honteuse, au premier bruit de leur arrivée, viendraient en foule se joindre à eux ; que la hardiesse seule de leur projet déconcerterait les Carthaginois, qui ne s'attendaient à rien moins qu'à voir l'ennemi à leurs

portes ; qu'enfin jamais entreprise ne procurerait plus u a-
vantage, et ne ferait plus d'honneur que celle-ci , puisque
toutes les richesses de Carthage seraient la récompense des
vainqueurs, et que tous les siècles parleraient avec éloge
et avec admiration de leur courage. Tous les soldats, se
croyant déjà maîtres de Carthage , applaudirent à son discours. Une seule chose les inquiétait : c'était l'éclipse de
so'eil qui était arrivée précisément à leur départ. Les
peuples alors, même les plus policés, connaissaient peu la
cause de ces phénomènes extraordinaires de la nature, et
étaient accoutumés par leurs devins à en tirer des conjec-
tures superstitieuses et arbitraires, qui servaient souvent à
régler les plus grandes entreprises. Agathocle rassura ses
soldats, en leur faisant entendre que ces sortes de défail-
lance des astres marquaient toujours un changement dans
l'état présent : qu'ainsi le bonheur des Carthaginois allait
prendre fin, et qu'il passerait de leur côté.

Voyant les soldats bien disposés, il exécuta presque
dans le même temps une seconde entreprise encore plus
hardie et plus hasardeuse que n'avait été la première, par
laquelle il les avait transportés en Afrique : ce fut de brûler
entièrement la flotte qui les y avait amenés. Plusieurs raisons le déterminèrent à prendre un parti si extrême. Il n'y
avait aucun bon port en Afrique où il pût mettre ses vaisseaux en sûreté. Les Carthaginois étant maîtres de la mer
n'auraient pas manqué de venir bientôt s'emparer sans
résistance de la flotte. S'il avait laissé tout ce qu'il fallait
de troupes pour la défendre, il aurait trop affaibli son armée, d'ailleurs assez médiocre, et il se serait mis hors

d'état de tirer aucun avantage de cette diversion inopinée, qui dépendait uniquement d'un succès prompt et éclatant. Enfin il voulait mettre ses soldats dans la nécessité de vaincre, en ne leur laissant d'autre ressource que la victoire. Il fallait bien du courage pour prendre une telle résolution. Il y avait préparé les officiers, qui lui étaient tous dévoués, et suivaient en tout ses impressions. On le vit donc paraître tout d'un coup dans l'assemblée avec une couronne sur la tête et un habit éclatant, dans l'équipage d'un homme qui se prépare à une cérémonie de religion. Alors prenant la parole : « Lorsque nous partîmes de Syracuse, dit-
» il, et que l'ennemi nous poursuivait vivement, dans cette
» funeste extrémité j'eus recours à Proserpine et à Cérès,
» divinités protectrices de la Sicile, et je leur promis, si
» elles nous délivraient d'un danger si pressant, de brûler
» en leur honneur tous nos vaisseaux, dès que nous se-
» rions arrivés ici. Aidez-moi, soldats, à m'acquitter de
» mon vœu : les déesses sauront bien nous dédommager
» de ce sacrifice. » En même temps, le flambeau à la main, il s'avance à grands pas vers le vaisseau qu'il montait et y met lui-même le feu. Tous les officiers en font autant chacun de leur côté, et sont suivis des soldats. Les trompettes sonnaient de toutes parts, et toute l'armée retentissait de cris de joie et d'applaudissements. En un moment la flotte fut brûlée. On n'avait pas laissé aux soldats le temps de réfléchir sur la proposition qu'on leur faisait. Une ardeur aveugle et impétueuse les avait entraînés tous. Mais, lorsqu'ils furent un peu revenus à eux-mêmes, et que mesurant dans leur esprit cette vaste étendue de mer

qui les séparait de leur patrie, ils se virent dans un pays ennemi sans ressource et sans aucun moyen d'en sortir, une noire tristesse et un morne silence succédèrent à ces marques de joie et à ces acclamations qui avaient été générales dans toute l'armée.

Agathocle ne laissa pas non plus ici le temps aux réflexions. Il conduisit sur le champ son armée vers une place qu'on appelait la Grande-Ville, qui était du domaine de Carthage. Le pays qui y conduisait, était le lieu du monde le plus délicieux et le plus agréable à la vue. On voyait de tous côtés de grandes prairies, entrecoupées de ruisseaux agréables et couvertes de toutes sortes de troupeaux ; des maisons de campagne bâties avec une magnificence extraordinaire ; de belles avenues plantées d'oliviers et d'autres arbres fruitiers de toute espèce ; des jardins d'une vaste étendue et entretenus avec un soin et une propreté qui faisaient plaisir à l'œil. Cette vue ranima les soldats. Ils arrivèrent pleins de courage à la Grande-Ville, qu'ils emportèrent d'emblée, et s'y enrichirent du butin qui leur fut abandonné. Tunis ne fit pas plus de résistance : cette place n'était pas fort éloignée de Carthage.

L'alarme y fut grande, quand on apprit que l'ennemi était dans le pays et avançait à grandes journées vers la ville. L'arrivée d'Agathocle fit conclure que les armées des Carthaginois avaient été défaites devant Syracuse, et leur flotte entièrement dissipée. Le peuple court en désordre dans la place publique ; le sénat s'assemble à la hâte et tumultueusement. On délibère sur les moyens de sauver la ville. Il n'y avait point de troupes sur pied qu'on pût opposer à l'ennemi, et le danger pressant ne permettait pas d'attendre celles qu'on pourrait lever à la campagne et chez les alliés. Il fut donc résolu, après bien des avis, d'armer les citoyens. Le nombre des troupes monta à quarante mille hommes d'infanterie, mille chariots armés en guerre. On en donna le commandement à Hannon et à Bomilcar, quoique par des intérêts de famille ils fussent divisés entre eux. Ils marchèrent aussitôt à l'ennemi, et l'ayant atteint, rangèrent leur armée en bataille. Les troupes d'Agathocle ne montaient qu'à treize ou quatorze mille hommes. On donna le signal : le combat fut très-rude. Hannon, avec sa cohorte sacrée (c'était l'élite des troupes carthaginoises) soutint longtemps les Grecs, et les enfonça même quelquefois ; mais enfin, accablé d'une grêle de pierres, et percé de coups, il tomba mort. Bomilcar aurait pu rétablir le combat : mais il avait des raisons secrètes et personnelles de ne pas procurer la victoire à sa patrie. Ainsi il jugea à propos de se retirer avec ses troupes, et il fut suivi du reste de l'armée, qui se vit obligée malgré elle de céder à l'ennemi. Agathocle, après l'avoir poursuivie pendant quelque temps, revint sur ses pas et pilla le camp des Carthaginois. On y trouva vingt mille paires de menottes, dont ils s'étaient fournis, comptant sûrement qu'ils feraient beaucoup de prisonniers. Le fruit de la victoire fut la prise d'un grand nombre de places et la révolte de plusieurs habitants du pays qui se joignirent au vainqueur.

Cette descente d'Agathocle en Afrique fit naître sans doute dans l'esprit de Scipion l'idée de tenter du même lieu, et contre la même République, une semblable entreprise. Aussi, en répondant à Fabius, qui taxait de témérité le dessein qu'il avait de porter la guerre en Afrique, il ne manqua pas de citer l'exemple d'Agathocle, pour montrer que souvent l'unique moyen de se débarrasser d'un ennemi trop pressant, c'est de passer dans son pays, et qu'on se sent tout un autre courage en attaquant qu'en se défendant.

Pendant que les Carthaginois étaient ainsi pressés par leurs ennemis, ils reçurent une ambassade de Tyr. Elle venait implorer leur secours contre Alexandre le Grand, qui était tout près d'emporter cette ville qu'il assiégeait depuis longtemps. L'extrémité où étaient réduits leurs compatriotes (car ils les appelaient ainsi) les toucha aussi vivement que leur propre danger. Étant hors d'état de les secourir, ils se crurent au moins obligés de les consoler, et députèrent vers eux trente de leurs principaux citoyens, pour leur témoigner la douleur où ils étaient de ne pouvoir leur envoyer des troupes dans un besoin si pressant. Les Tyriens, déchus de l'unique espérance qui leur restait, ne perdirent pourtant point courage. Ils remirent entre les mains de ces députés leurs femmes, leurs enfants et tous les vieillards de la ville ; et délivrés d'inquiétude pour ce qu'ils avaient de plus cher au monde, ils ne songèrent plus qu'à se défendre avec courage, préparés à tout événement. Carthage reçut cette troupe désolée avec toutes les marques possibles d'amitié et rendit à des hôtes si chers et si dignes de compassion tous les services qu'ils auraient pu attendre des pères les plus affectionnés et des mères les plus tendres.

Elle songea en même temps à chercher un remède aux maux dont elle était elle-même accablée. On regarda l'état présent de la République comme un effet de la colère des dieux ; et l'on reconnut l'avoir justement méritée, surtout par rapport à deux divinités, à l'égard desquelles on avait manqué aux devoirs prescrits par la religion, et observés autrefois avec beaucoup d'exactitude. C'était une coutume à Carthage, aussi ancienne que la ville même, d'envoyer tous les ans à Tyr, d'où elle tirait son origine, la dîme de tous les revenus de la République, et d'en faire une offrande à Hercule, le patron et le protecteur des deux villes. Le domaine, et par conséquent le revenu de Carthage, s'étant augmenté considérablement depuis un certain temps, on avait diminué la portion du dieu, et il s'en fallait bien qu'on lui envoyât la dîme en entier. Le scrupule les saisit : ils reconnurent et avouèrent publiquement leur mauvaise foi et leur sacrilége avarice ; et pour expier leur faute, ils envoyèrent à Tyr un grand nombre de présents et de petites chapelles des dieux toutes d'or, dont le prix montait à une grande somme.

Un autre violement de la religion, qui ne parut pas moins considérable à leur superstition inhumaine que le premier causa aussi de grands scrupules. Anciennement on immolait à Saturne les enfants des meilleures maisons de Carthage. Ils se reprochèrent d'avoir manqué de rendre à cette divinité tous les honneurs qu'ils lui croyaient dus, et d'avoir usé de fraude et de mauvaise foi à son égard, en offrant à la place des enfants de qualité d'autres enfants de pauvres ou d'esclaves qu'on achetait dans cette vue. Pour expier une si étrange impiété, on immola à ce dieu sanguinaire deux cents enfants tirés des plus nobles maisons de la ville ; et plus de trois cents personnes, qui se sentaient coupables d'un crime si affreux, s'offrirent elles-mêmes en sacrifice, pour éteindre par leur sang la colère des dieux.

Après ces expiations, on dépêcha vers Amilcar en Sicile, pour lui porter les nouvelles de ce qui était arrivé en Afrique, et le presser d'envoyer du secours. Il donna ordre aux députés de garder un profond silence sur la victoire d'Agathocle, et répandit un bruit tout contraire, assurant que ce général avait été entièrement défait avec toutes ses troupes, et que sa flotte avait été prise par les Carthaginois ; et pour confirmer ce bruit, il montrait les ferrements des vaisseaux qu'on avait eu soin de lui envoyer. On ne douta point dans la ville que cette nouvelle ne fût vraie : le grand nombre songeait déjà à se rendre et à capituler, lorsqu'une galère à trente rames, qu'Agathocle avait fait construire à la hâte, arriva dans le port et parvint non sans peine et sans danger jusqu'aux assiégés. La nouvelle de la victoire d'Agathocle se répandit bientôt dans toute la ville, et rendit la joie et le courage à tous les habitants. Amilcar fit un dernier effort pour emporter la ville d'assaut, et fut repoussé avec perte. Il leva le siége et envoya cinq mille hommes de secours à sa patrie. Quelque temps après, ayant repris le siége et croyant surprendre les Syracusains en les attaquant de nuit, son dessein fut découvert et il tomba vif entre les mains des ennemis qui lui firent souffrir les derniers supplices. La tête d'Amilcar fut envoyée sur le champ à Agathocle. Il s'approcha aussitôt du camp des ennemis, et y répandit une consternation générale en leur montrant la êtet de ce commandant, qui leur marquait en quel état étaient leurs affaires de Sicile.

Aux ennemis étrangers s'en joignit un domestique, plus dangereux et plus à craindre que les autres : c'était Bomilcar, leur général, et qui actuellement exerçait la première magistrature. Il songeait depuis longtemps à se faire tyran dans Carthage et à s'y procurer une autorité souveraine. Il crut que les troubles présents lui en offraient une occasion favorable. Il entre donc dans la ville, et, soutenu par un petit nombre de citoyens complices de sa révolte et par une troupe de soldats étrangers, il se fait déclarer tyran, et commence en effet à montrer qu'il l'était véritablement, en égorgeant sans pitié tout ce qu'il rencontre de citoyens dans les rues. Un grand tumulte s'étant élevé dans la ville, on crut d'abord que c'était l'ennemi qui y était entré par trahison ; mais lorsqu'on eut reconnu que c'était Bomilcar, la jeunesse s'arma pour repousser le tyran, et du haut des toits on accabla ses gens de traits et de pierres. Quant il vit une armée en forme marcher contre lui, il se retira avec sa troupe sur un lieu élevé, dans le dessein de s'y bien défendre et de vendre chèrement sa vie. Pour épargner le sang des citoyens, on leur fit promettre à tous sans exception une amnistie générale, s'ils quittaient leurs armes. Ils se rendirent à cette condition, et on leur tint parole, excepté à Bomilcar leur chef. Les Carthaginois, sans avoir égard à leur serment, le condamnèrent à mort, et l'attachèrent à une croix, où ils lui firent souffrir les plus cruels supplices.

Du haut de sa potence, comme d'un tribunal, il harangua le peuple, et se crut en droit de lui reprocher avec force son injustice, son ingratitude et sa perfidie, en faisant le dénombrement de beaucoup d'illustres généraux dont il avait payé les services par une mort infâme. Il expira sur la croix, en leur faisant ces reproches.

Agathocle avait engagé dans son parti un puissant roi de Cyrène, nommé Ophellas, dont il avait flatté l'ambition par de magnifiques espérances, en lui faisant entendre que, content pour lui-même de la Sicile, il lui laisserait l'empire de l'Afrique. Comme les plus grands crimes ne lui coûtaient rien, lorsqu'il espérait en pouvoir tirer quelque utilité, dès que ce prince lui eut amené son armée, il le fit périr par une perfidie sans exemple, afin de se rendre maître de ses troupes. Plusieurs peuples étaient entrés dans son alliance. Il avait sous son pouvoir un grand nombre de places fortes. Voyant les affaires d'Afrique en bon état, il crut devoir songer à celles de Sicile, et il y passa, ayant laissé le commandement des troupes à son fils Archagathe. Sa renommée et le bruit de ses conquêtes l'y avaient précédé. Quand on sut qu'il y était arrivé, plusieurs villes se rendirent à lui. Mais les mauvaises nouvelles qu'il reçut d'Afrique l'obligèrent bientôt d'y retourner. Son absence avait tout changé, et, quelque effort qu'il fît, il ne put y rétablir ses affaires. Toutes ses places s'étaient rendues à l'ennemi : les Africains avaient quitté son parti; il avait perdu une partie de ses troupes; ce qui lui en restait n'était pas en état de tenir tête aux Carthaginois, et il ne pouvait les transporter en Sicile, parce qu'il manquait de

vaisseaux et que les ennemis étaient maîtres de la mer; i
ne pouvait espérer ni paix, ni traité de la part des Barbares,
qu'il avait insultés d'une manière si outrageante, étant le
premier qui eût osé faire une descente dans leur pays.
Dans cette extrémité, il ne songea plus qu'à sauver sa vie.
Après plusieurs aventures, lâche déserteur de son armée,
et cruel traître de ses enfants qu'il abandonnait à la boucherie, il se déroba par la fuite aux maux qui le mena-
çaient, et arriva avec un petit nombre de personnes à Syracuse. Ses soldats, se voyant ainsi trahis, égorgèrent ses
enfants et se rendirent à l'ennemi. Lui-même fit bientôt
après une fin misérable, et termina par une mort cruelle
une vie remplie de crimes.

On peut aussi placer ici un autre fait rapporté par Justin. Le bruit des conquêtes d'Alexandre le Grand fit craindre aux Carthaginois qu'il ne songeât à tourner ses armes
du côté de l'Afrique. Le malheur de Tyr, d'où ils tiraient
leur origine, et qu'il venait de détruire; l'établissement
d'Alexandrie, qu'il avait bâtie sur les confins de l'Afrique
et de l'Egypte, comme pour opposer à Carthage une ville
rivale; les prospérités non interrompues de ce prince, qui
ne mettait point de bornes ni à son ambition, ni à son
bonheur : tout cela leur donnait de justes alarmes. Pour
découvrir ses sentiments et sonder ses pensées, Amilcar,
surnommé Rhodanus, feignant d'avoir été chassé de sa
patrie par les cabales de ses ennemis, passa dans le camp
d'Alexandre, à qui il fut présenté par le moyen de Parmé-
nion, et lui offrit ses services. Le roi le reçut fort bien, et
eut plusieurs entretiens avec lui. Amilcar ne manqua pas

de mander à ses compatriotes tout ce qu'il avait pu découvrir. Cependant, quand il fut revenu à Carthage après la mort d'Alexandre, il fut traité comme un traître qui avait vendu sa patrie au roi, et mis à mort par une sentence qui prouvait également l'ingratitude et la cruauté des Carthaginois.

Il me reste à parler des guerres que les Carthaginois soutinrent en Sicile du temps de Pyrrhus, roi d'Epire. Les Romains, à qui les desseins de ce prince ambitieux n'étaient pas inconnus, pour se fortifier contre les entreprises qu'il pourrait faire en Italie, avaient renouvelé leurs traités avec les Carthaginois, qui, de leur côté, ne craignaient pas moins qu'il ne passât en Sicile. On ajouta aux conditions des traités précédents que, en cas de guerre de la part de Pyrrhus, les deux peuples se prêteraient mutuellement du secours.

La prévoyance des Romains n'avait pas été vaine. Pyrrhus tourna ses armes contre l'Italie et y remporta plusieurs victoires. Les Carthaginois, en conséquence du dernier traité, se crurent obligés de secourir les Romains, et leur envoyèrent une flotte de cent vingt vaisseaux, commandée par Magon. Ce général, ayant été admis à l'audience du Sénat, lui marqua la part que ses maîtres prenaient à la guerre qu'ils avaient appris qu'on leur suscitait, et il leur offrit ses services. Le Sénat témoigna sa reconnaissance pour la bonne volonté des Carthaginois, mais, pour le présent, n'accepta point leur secours.

Magon, quelques jours après, se transporta près de Pyrrhus, sous prétexte de pacifier ses différends au nom des Carthaginois, mais en effet pour le sonder et pour pressentir ses desseins au sujet de la Sicile, où le bruit commun était qu'il avait résolu de passer. Ils craignaient également que Pyrrhus ou les Romains ne prissent connaissance des affaires de cette île, et n'y fissent passer des troupes.

En effet, les Syracusains, assiégés depuis quelque temps par les Carthaginois, avaient envoyé députés sur députés vers Pyrrhus, pour le presser de venir à leur secours. Ce prince avait une raison particulière de prendre les intérêts de Syracuse, ayant épousé Lanassa, fille d'Agathocle, dont il avait eu un fils nommé Alexandre. Il partit enfin de Tarente, passa le détroit, et entra en Sicile. Ses conquêtes d'abord y furent si rapides, qu'il ne resta dans toute l'île aux Carthaginois qu'une seule ville, qui était Lilybée. Il en forma le siège; mais il fut bientôt obligé de le lever, tant il y trouva une vigoureuse résistance; et d'ailleurs on le pressait de retourner en Italie, où sa présence était absolument nécessaire. Elle ne l'était pas moins en Sicile, et, dès qu'il en fut sorti, elle retourna à ses anciens maîtres. Ainsi il perdit cette île avec autant de rapidité qu'il l'avait conquise. Quand il se fut embarqué, tournant les yeux vers la Sicile : *Oh ! le beau champ de bataille*, dit-il à ceux qui étaient autour de lui; *que nous laissons là aux Carthaginois et aux Romains !* Et sa prédiction se vérifia bientôt.

Après son départ, la première magistrature de Syracuse fut déférée à Hiéron ; et, dans la suite, on lui accorda d'un commun consentement le nom et l'autorité de roi, tant on se trouvait bien sous son gouvernement. Il fut chargé de la guerre contre les Carthaginois, et remporta sur eux plusieurs avantages. Mais des intérêts communs les réunirent contre un nouvel ennemi qui commençait à paraître en Sicile, et qui leur donnait aux uns et aux autres de vives et justes alarmes : c'étaient les Romains, qui, débarrassés de tous les ennemis qu'ils avaient eus à combattre jusque-là dans l'Italie même, se virent enfin en état de porter leurs armes au dehors, et d'y jeter les fondements de cette vaste domination, dont il est vraisemblable que dès lors ils avaient conçu l'idée et formé le projet. La Sicile était trop à leur bienséance pour ne pas songer à s'y établir. Ils saisirent avidement une occasion favorable d'y passer qui se présenta alors à eux, et qui causa leur rupture avec les Carthaginois et donna lieu à la première guerre Punique. C'est ce que nous exposerons plus au long en rapportant les causes de cette guerre.

CHAPITRE II

HISTOIRE DE CARTHAGE DEPUIS LA PREMIÈRE GUERRE PUNIQUE JUSQU'A SA DESTRUCTION

Le plan que je me suis proposé ne me permet pas d'entrer dans un détail exact des guerres entre Rome et Carthage, ce qui appartient plutôt à l'histoire romaine, à laquelle je n'ai point dessein de toucher, si ce n'est en passant et par occasion. Je n'en rapporterai donc que ce qui me paraîtra plus propre à donner une juste idée de la République dont j'entreprends de parler, en m'arrêtant principalement sur ce qui regarde les Carthaginois mêmes, et sur ce qui s'est passé de plus important en Sicile, en Espagne et en Afrique, ce qui ne laisse pas d'avoir une assez grande étendue.

J'ai déjà remarqué que depuis la première guerre Punique jusqu'à la destruction de Carthage, il s'était écoulé cent vingt-cinq ans. Tout ce temps peut se diviser en cinq parties ou cinq intervalles.

I. La première guerre Punique dure vingt-quatre ans.. 24

II. L'intervalle entre la première et la seconde guerre Punique est aussi de vingt-quatre ans... 24

III. La seconde guerre Punique dure dix-sept ans. 17

IV. L'intervalle entre la seconde et la troisième est de cinquante-cinq ans.......................... 55

V. La troisième guerre Punique, terminée par la destruction de Carthage, ne dure que cinq ans, à peu de chose près.............................. 5

____

125

ARTICLE PREMIER

PREMIÈRE GUERRE PUNIQUE

Voici quelle fut l'occasion de la première guerre Punique. Des soldats campaniens, qui étaient à la solde d'Agathocle, tyran de Sicile, étant entrés comme amis dans la ville de Messine, égorgèrent bientôt après une partie des citoyens, chassèrent les autres, épousèrent leurs femmes, envahirent tous leurs biens, et demeurèrent seuls maîtres de cette place, qui était fort importante. Ils prirent le nom de Mamertins. A leur exemple, et par leur secours, une légion romaine traita de la même sorte la ville de Rhége, située vis-à-vis de Messine, de l'autre côté du détroit. Et ces deux villes perfides, se soutenant mutuellement dans la suite, se rendirent formidables à leurs voisins, surtout celle de Messine, qui devint fort puissante, et causa beaucoup d'inquiétude tant aux Syracusains qu'aux Carthaginois, qui étaient maîtres d'une partie de la Sicile. Dès que les Romains se virent délivrés des ennemis qu'ils avaient eus jusque-là sur les bras, et surtout de Pyrrhus, ils songèrent à punir le crime de leurs citoyens qui s'étaient établis à Rhége d'une manière si injuste et si cruelle. Ils prirent la ville, et tuèrent pendant l'attaque la plus grande partie des habitants, que le désespoir avait fait combattre jusqu'à la mort. Il n'en resta que trois cents, qui furent conduits à Rome, et qui, après avoir été battus de verges dans la place publique, furent tous décapités. La vue des Romains, dans cette exécution sanglante, était de justifier auprès des alliés leur bonne foi et leur innocence. Rhége, sur-le-champ, fut restituée à ses véritables maîtres. Les Mamertins, considérablement affaiblis, tant par la chute de leurs alliés que par les échecs qu'ils avaient soufferts de la part des Syracusains, qui venaient de choisir Hiéron pour leur roi, crurent devoir songer à leur sûreté. Mais la division se mit parmi les habitants. Les uns livrèrent la citadelle aux Carthaginois, les autres appelèrent à leur secours les Romains, résolus de leur livrer la ville.

L'affaire fut mise en délibération dans le Sénat romain, qui, en l'envisageant par ses différentes faces, y trouva de la difficulté. D'un côté, il paraissait honteux et indigne de la vertu romaine de prendre ouvertement la défense de traîtres et de perfides qui étaient précisément dans le même cas que ceux de Rhége, qu'on venait de punir si sévèrement. D'un autre côté, il était de la dernière importance d'arrêter les progrès des Carthaginois, qui, non contents des conquêtes qu'ils avaient faites en Afrique et en Espagne, s'étaient encore rendus maîtres de presque toutes les îles de la mer de Sardaigne et d'Etrurie, et le deviendraient bientôt certainement de la Sicile entière, si on leur abandonnait Messine. Or, de là en Italie la distance n'était pas grande, et c'était en quelque sorte inviter un ennemi si puissant à y passer, que de lui en ouvrir ainsi l'entrée. Ces raisons, quelque fortes qu'elles fussent, ne purent déterminer le Sénat à se déclarer pour les Mamertins, et les motifs d'honneur et de justice l'emportèrent ici sur ceux de l'intérêt et de la politique. Mais le peuple ne fut pas si délicat. Dans l'assemblée qui se tint à ce sujet, il fut résolu qu'on secourrait les Mamertins. Le consul Appius Claudius partit sur-le-champ avec son armée, et traversa hardiment le détroit, après avoir trompé, par une ingénieuse ruse, la vigilance du général des Carthaginois. Ceux-ci, moitié par ruse, moitié par force, furent chassés de la citadelle, et la ville aussitôt fut remise entre les mains du consul. Les Carthaginois firent pendre leur chef pour avoir livré si facilement la citadelle, et ils se préparèrent à assiéger la ville avec toutes leurs troupes; Hiéron y joignit les siennes. Mais le consul, les ayant battus séparément, fit lever le siége et ravagea impunément tout le pays voisin, les ennemis n'osant plus paraître devant lui. Ce fut là la première expédition des Romains hors de l'Italie.

On doute si les motifs qui portèrent les Romains à passer en Sicile étaient bien purs et bien conformes à la justice. Quoi qu'il en soit, leur passage en Sicile, et le secours donné à ceux de Messine, est comme le premier pas qui devait les conduire un jour à ce haut point de gloire et de grandeur où ils parvinrent dans la suite.

Hiéron s'étant accommodé avec les Romains et ayant fait alliance avec eux, les Carthaginois tournèrent tous leurs soins sur la Sicile, et y envoyèrent de nombreuses armées. Ils choisirent pour place d'armes Agrigente. Les Romains les y attaquèrent, et, après un siége de sept mois et le gain d'une bataille, ils se rendirent maîtres de la ville.

Quelque avantageuse que fût cette victoire et la conquête d'une place si importante, ils sentirent bien que tant que les Carthaginois demeureraient maîtres de la mer, les villes maritimes de l'île se déclareraient toujours pour eux, et que jamais ils ne pourraient venir à bout de les en chasser. D'ailleurs ils souffraient avec peine que l'Afrique demeurât paisible et tranquille, pendant que l'Italie était infestée par les fréquentes incursions de l'ennemi. Ils songèrent donc pour la première fois à bâtir une flotte et à disputer l'empire de la mer aux Carthaginois. L'entreprise était hardie et pouvait sembler téméraire ; mais elle montre quel était le courage et la grandeur d'âme des Romains.

Ils n'avaient pas alors une seule felouque en propre, et, pour passer d'Italie en Sicile, ils avaient été obligés d'emprunter des vaisseaux de leurs voisins. Ils n'avaient aucun usage de la marine ; ils n'avaient point d'ouvriers qui sussent construire des bâtiments ; ils ne connaissaient pas même la forme des quinquérèmes, c'est-à-dire des galères à cinq rangs de rames, qui faisaient alors la force principale des flottes ; mais, heureusement, l'année précédente ils en avaient pris une qui leur servit de modèle. Ils se mirent donc, avec une ardeur et une industrie incroyables, à en bâtir de pareilles ; et, pendant qu'ils étaient occupés à ce travail, d'un autre côté on amassait des rameurs ; on les formait à une manœuvre qui jusque-là leur avait été absolument inconnue ; et, assis sur des bancs au bord de la mer, dans le même ordre qu'on l'est dans les vaisseaux, on les accoutumait, comme s'ils eussent été actuellement à la chiourme et qu'ils eussent eu en main des rames, à s'élancer en arrière en retirant leurs bras, puis à les repousser en avant pour recommencer le même mouvement, et cela tous ensemble, de concert, et dans le même instant, dès qu'on leur en donnait le signal. On construisit dans l'espace de deux mois cent galères à cinq rangs de rames, et vingt à trois rangs. Après qu'on eut exercé pendant quelque temps les rameurs dans les vaisseaux mêmes, la flotte se mit en mer et alla chercher l'ennemi. Elle était commandée par le consul Duilius.

Quand on fut à la vue des Carthaginois, près des côtes de Myle, on se prépara au combat. Comme les galères des Romains, construites grossièrement et à la hâte, n'étaient pas fort agiles ni faciles à manier, ils suppléèrent à cet inconvénient par une machine qui fut inventée sur-le-champ, et que depuis on a appelée *Corbeau*, par le moyen de laquelle ils accrochaient les vaisseaux des ennemis, passaient dedans malgré eux, et en venaient aussitôt aux mains. On donna le signal du combat. La flotte des Carthaginois était composée de cent trente vaisseaux, et commandée par un Annibal : il montait une galère à sept rangs de rames, qui avait appartenu à Pyrrhus. Les Carthaginois, pleins de mépris pour des ennemis à qui la marine était absolument inconnue, et qui n'oseraient pas sans doute les attendre, s'avancent fièrement, moins pour combattre que pour recueillir les dépouilles dont ils se croyaient déjà maîtres. Ils furent pourtant un peu étonnés de ces machines qu'ils voyaient élevées sur la proue de chaque vaisseau, et qui étaient nouvelles pour eux. Mais ils le furent bien plus quand ces mêmes machines, abaissées tout d'un coup et lancées avec force contre leurs vaisseaux, les accrochèrent malgré eux, et, changeant la forme du combat, les obligèrent à en venir aux mains, comme si on eût été sur terre. Ils ne purent soutenir l'attaque des Romains. Le carnage fut horrible. Les Carthaginois perdirent quatre-vingts vaisseaux, parmi lesquels était celui du général, qui se sauva avec peine dans une chaloupe.

Une victoire si considérable et si inespérée enfla extrêmement le courage des Romains, et semblait avoir doublé leurs forces pour continuer cette guerre. Ils rendirent des honneurs extraordinaires au consul Duilius. Il fut le premier de tous les Romains à qui le triomphe naval fut accordé. On lui érigea une colonne rostrale avec une belle inscription : cette colonne subsiste encore à Rome.

Pendant les deux années qui suivirent, les Romains se fortifièrent toujours de plus en plus sur mer par plusieurs combats qu'ils y donnèrent et par les heureux succès qu'ils y eurent. Ils ne les regardaient que comme des essais et des préparatifs pour une entreprise qu'ils avaient dans l'esprit, qui était de porter la guerre en Afrique et d'aller attaquer les Carthaginois dans leur propre pays. Il n'y avait rien que ceux-ci craignissent davantage, et, pour détourner un coup si dangereux, ils résolurent de donner bataille à quelque prix que ce fût.

Les Romains avaient nommé pour consuls M. Atilius Régulus et L. Manlius. Leur flotte était de trois cent trente vaisseaux, et portait cent quarante mille hommes, chaque vaisseau ayant trois cents rameurs et cent vingt combattants. Celle des Carthaginois, commandée par Hannon et Amilcar, avait vingt vaisseaux de plus, et plus de monde aussi à proportion. Les deux flottes se trouvèrent en présence près d'Ecnome, en Sicile. On ne pouvait envisager deux flottes et deux armées si nombreuses, ni être témoin des mouvements extraordinaires qui se faisaient pour se préparer au combat, sans être saisi de quelque frayeur dans la vue du danger qu'allaient courir deux des plus puissants peuples de la terre. Comme le courage, aussi bien que les forces, était égal des deux côtés, le combat fut opiniâtre, et le succès longtemps douteux ; mais enfin les Carthaginois furent vaincus. Plus de soixante de leurs vaisseaux furent pris, et trente coulés à fond. Les Romains en perdirent vingt-quatre, dont aucun ne tomba entre les mains des ennemis.

Le fruit de cette victoire fut, comme l'avaient projeté les Romains, de faire voile en Afrique, après avoir radoubé les vaisseaux et les avoir remplis de tous les préparatifs nécessaires pour soutenir une longue guerre dans un pays étranger. Ils abordèrent heureusement en Afrique, et commencèrent par se rendre maîtres d'une ville nommée Clypea, qui avait un bon port. De là, après avoir dépêché des courriers à Rome pour donner avis de leur débarquement et pour recevoir les ordres du Sénat, ils se répandirent dans le plat pays, y firent un dégât épouvantable, emmenèrent un grand nombre de troupeaux et vingt mille captifs.

Le courrier cependant, étant revenu de Rome, apporta les ordres du Sénat, qui avait jugé à propos de continuer à Régulus, sous la qualité de proconsul, le commandement des armées d'Afrique, et de rappeler son collègue avec une grande partie de la flotte et des troupes, ne laissant à Régulus que quarante vaisseaux, quinze mille hommes de pied et cinq cents chevaux. C'était renoncer visiblement au fruit que l'on pouvait attendre de la descente en Afrique que de réduire les forces du consul à un si petit nombre de vaisseaux et de troupes.

Régulus, après avoir enlevé plusieurs châteaux, entreprit le siège d'Adis, une des plus fortes places du pays. Les Carthaginois, ne pouvant plus souffrir qu'on ravageât ainsi impunément leurs terres, se mirent enfin en campagne, et marchèrent vers l'ennemi pour lui faire lever le siège. Dans ce dessein, ils se postèrent sur une colline qui commandait le camp des Romains, et dont ils pouvaient fort les incommoder, mais dont la situation rendait inutile une partie de leurs troupes ; car la principale force des Carthaginois consistait dans la cavalerie et les éléphants, qui ne sont d'usage que dans les plaines. Régulus ne leur laissa pas le temps d'y descendre ; et, pour profiter de la faute essentielle qu'avaient faite les généraux carthaginois, il les attaqua dans ce poste, et, après une faible résistance de leur part, les mit en déroute, pilla le camp, ravagea tous les lieux circonvoisins ; puis, ayant pris Tunis, place importante, et qui l'approchait de Carthage, il y fit camper son armée.

L'alarme fut extrême parmi les ennemis. Tout leur avait mal réussi jusque-là : ils avaient été battus par terre et par mer ; plus de deux cents places s'étaient rendues au vainqueur. Les Numides faisaient encore plus de ravages dans les campagnes que les Romains. Ils s'attendaient à chaque moment à se voir assiégés dans la capitale. Les paysans, s'y réfugiant de tous côtés avec leurs femmes et leurs enfants pour y chercher leur sûreté, augmentèrent le trouble et firent craindre la famine en cas de siège. Régulus, dans la crainte qu'un successeur ne vînt lui enlever la gloire de ses heureux succès, fit faire quelques propositions de paix aux vaincus ; mais elles leur parurent si dures, qu'ils ne purent y prêter l'oreille. Comme il ne doutait point que bientôt il ne fût maître de Carthage, il n'en rabattit rien ; et, par un éblouissement que causent presque toujours les succès grands et inopinés, il les traita avec hauteur, prétendant qu'ils devaient regarder comme une grâce tout ce qu'il leur laissait, en ajoutant, avec une sorte d'insulte, *qu'il faut ou savoir vaincre, ou savoir se soumettre au vainqueur.* Un traitement si dur et si fier les révolta, et ils prirent la résolution de périr plutôt les armes à la main que rien faire qui fût indigne de la grandeur de Carthage.

Réduits à cette fatale extrémité, il leur arriva fort à propos de Grèce un renfort de troupes auxiliaires, qui avaient à leur tête Xantippe, Lacédémonien élevé dans la discipline de Sparte, et qui avait appris l'art militaire dans cette excellente école. Quand il se fut fait raconter toutes les circonstances de la dernière bataille, qu'il eut vu clairement pourquoi on l'avait perdue, qu'il eut connu par lui-même en quoi consistaient les principales forces de Carthage, il dit hautement, et le répéta souvent dans les conversations qu'il eut avec les autres officiers, que si les Carthaginois avaient été vaincus, ils ne devaient s'en prendre qu'à l'incapacité de leurs chefs. Ces discours furent rapportés au conseil public; on en fut frappé. On le pria de vouloir bien s'y rendre. Il appuya son sentiment de raisons si fortes et si convaincantes, qu'il rendit palpables à tout le monde les fautes qu'avaient commises les généraux; il fit voir aussi clairement que, en gardant une conduite opposée, on pouvait non-seulement mettre le pays en sûreté, mais en chasser l'ennemi. Un tel discours fit renaître dans les esprits le courage et l'espérance. On le pria, et on le força en quelque sorte, d'accepter le commandement de l'armée. Quand on vit, dans les exercices qu'il fit faire aux troupes tout près de la ville, la manière dont il s'y prenait pour les ranger en bataille, pour les faire avancer ou reculer au premier signal, pour les faire défiler avec ordre et promptitude, en un mot pour leur faire faire toutes leurs évolutions et tous les mouvements que demande l'art militaire, on fut tout étonné, et l'on avoua que tout ce que Carthage jusque-là avait eu de plus habiles chefs, n'étaient que des ignorants en comparaison de celui-ci.

Officiers et soldats, tout était dans l'admiration; et, ce qui est bien rare, la jalousie n'en empêcha point l'effet, la crainte du danger présent et l'amour de la patrie étouffant sans doute dans les esprits tout autre sentiment. A la morne consternation qui s'était répandue dans les troupes, succédèrent tout d'un coup la joie et l'allégresse. Elles demandaient à grands cris et avec empressement qu'on les menât droit à l'ennemi, assurées, disaient-elles, de vaincre sous leur nouveau chef, et d'effacer la honte des défaites passées. Xantippe ne laissa pas refroidir leur ardeur; la vue de l'ennemi ne fit que l'augmenter. Lorsqu'il n'en fut plus éloigné que de douze cents pas, il crut devoir tenir conseil de guerre, pour faire honneur aux officiers carthaginois en les consultant. Tous, d'un consentement unanime, s'en rapportèrent uniquement à son avis. La bataille fut donc résolue pour le lendemain.

L'armée des Carthaginois était composée de douze mille hommes de pied, de quatre mille chevaux, et d'environ cent éléphants. Celle des Romains, autant qu'on peut conjecturer par ce qui précède (car Polybe ne le marque point ici), avait quinze mille fantassins et trois cents chevaux.

Il est beau de voir aux prises deux armées peu nombreuses comme celles-ci, mais composées de braves soldats, et commandées par des généraux très-habiles. Dans ces actions tumultueuses, où de part et d'autre on compte des deux ou trois cent mille combattants, il ne se peut qu'il n'y ait beaucoup de confusion, et il est difficile, à travers mille événements où le hasard, pour l'ordinaire, semble avoir plus de part que le conseil, de démêler le vrai mérite des commandants et les véritables causes de la victoire. Ici, rien n'échappe à la curiosité du lecteur, qui envisage clairement l'ordonnance des deux armées, qui croit presque entendre les ordres que donnent les chefs, qui suit tous les mouvements et toutes les démarches des troupes, qui touche, pour ainsi dire, au doigt et à l'œil toutes les fautes qui se font de part et d'autre, et qui par là est en état de juger certainement à quoi l'on doit attribuer le gain et la perte de la bataille. Le succès de celle-ci, quoiqu'elle paraisse peu considérable par le petit nombre des combattants, devait décider du sort de Carthage.

Voici quelle était la disposition des deux armées. Xantippe mit à la tête les éléphants sur une même ligne. Derrière, à quelque distance, il rangea en phalange, qui ne faisait qu'un même corps, l'infanterie composée de Carthaginois. Pour les troupes étrangères qui étaient à leur solde, une partie fut mise à la droite entre la phalange et la cavalerie ; et l'autre, composée de soldats armés à la légère, fut rangée par pelotons à la tête des deux ailes de cavalerie.

Du côté des Romains, comme ce qui les épouvantait le

plus étaient les éléphants, Régulus, pour remédier à cet inconvénient, distribua les troupes armées à la légère sur une ligne à la tête des légions. Après elles il plaça les cohortes les unes derrière les autres, et mit sa cavalerie sur les deux ailes. En donnant ainsi au corps de bataille moins de front et plus de profondeur, il prenait à la vérité de justes mesures contre les éléphants, dit Polybe, mais il ne remédiait point à l'inégalité de la cavalerie, qui du côté des ennemis était beaucoup supérieure à la sienne.

Les deux armées ainsi rangées n'attendaient que le signal. Xantippe ordonne de faire avancer les éléphants pour enfoncer les rangs des ennemis, et commande aux deux ailes de la cavalerie de prendre en flancs les Romains. Ceux-ci en même temps, après avoir jeté de grands cris selon leur coutume, et fait grand bruit avec leurs armes, marchent contre l'ennemi. Leur cavalerie ne tint pas longtemps, elle était trop inférieure à celle des Carthaginois. L'infanterie de la gauche, pour éviter le choc des éléphants, et faire voir combien elle craignait peu les soldats étrangers, qui faisaient la droite dans l'infanterie ennemie, l'attaque, la renverse, et la poursuit jusqu'au camp. De ceux qui étaient opposés aux éléphants, les premiers furent foulés aux pieds, et écrasés, en se défendant vaillamment : le reste du corps de bataille tint ferme quelque temps à cause de sa profondeur. Mais lorsque les derniers rangs, enveloppés par la cavalerie, furent contraints de tourner face pour faire tête aux ennemis, et que ceux qui avaient forcé le passage au travers des éléphants rencontrèrent la phalange des Carthaginois qui n'avait point encore chargé, et qui était en bon ordre, les Romains furent mis en déroute de tous côtés, et entièrement défaits. La plupart furent écrasés sous le poids énorme des éléphants : le reste, sans sortir de son rang, fut criblé des traits de la cavalerie. Il n'y en eut qu'un petit nombre qui prit la fuite : mais comme c'était dans un pays plat, les éléphants et la cavalerie en tuèrent une grande partie. Cinq cents, ou environ, qui fuyaient avec Régulus, furent faits prisonniers. Les Carthaginois perdirent en cette occasion huit cents soldats étrangers, qui étaient opposés à l'aile gauche des Romains; et de ceux-ci, il ne se sauva que les deux mille, qui, en poursuivant l'aile droite des ennemis, s'étaient tirés de la mêlée. Tout le reste demeura sur la place, à l'exception de Régulus et de ceux qui furent pris avec lui. Les deux mille, qui avaient échappé au carnage, se retirèrent à Clypéa, et furent sauvés comme par miracle.

Les Carthaginois, après avoir dépouillé les morts, rentrèrent triomphants dans Carthage, traînant après eux le général des Romains et cinq cents prisonniers. Leur joie fut d'autant plus grande, que quelques jours auparavant ils s'étaient vus à deux doigts de leur perte. Hommes et femmes, jeunes gens et vieillards, tous se répandirent dans les temples pour rendre aux dieux d'immortelles actions de grâces ; et ce ne furent, pendant plusieurs jours, que festins et réjouissances.

Xantippe, qui avait eu tant de part à cet heureux changement, prit le sage parti de se retirer bientôt après et de disparaître, de peur que sa gloire, jusque-là pure et entière, après ce premier éclat éblouissant qu'elle avait jeté, ne s'amortît peu à peu, et ne le mît en butte aux traits de l'envie et de la calomnie, toujours dangereux, mais encore plus dans un pays étranger, où l'on se trouve seul, sans parents, sans amis, et destitué de tout secours.

Polybe dit qu'on racontait autrement le départ de Xantippe, et promet de l'exposer ailleurs : mais cet endroit n'est pas parvenu jusqu'à nous. On lit dans Appien que les Carthaginois, piqués d'une basse et noire jalousie de la gloire de Xantippe, et ne pouvant soutenir cette pensée qu'ils étaient redevables à Sparte de leur salut, sous prétexte de le reconduire par honneur dans sa patrie avec une nombreuse escorte de vaisseaux, donnèrent ordre sous main à ceux qui les conduisaient de faire périr en chemin le général lacédémonien et tous ceux qui l'accompagnaient : comme s'ils avaient pu ensevelir avec lui dans les eaux et le souvenir du service qu'il leur avait rendu, et la noirceur du crime qu'ils commettaient à son égard.

Cette bataille, dit Polybe, quoique moins considérable que beaucoup d'autres, peut nous donner de salutaires instructions, et c'est là, ajoute-t-il le solide fruit de l'histoire.

Premièrement, doit-on beaucoup compter sur son bonheur, après ce qui arrive ici à Régulus ? Fier de la victoire, et inexorable à l'égard des vaincus, à peine daigne-t-il les écouter : et lui-même bientôt après il tombe entre leurs mains. Annibal fit faire la même réflexion à Scipion, lorsqu'il l'exhortait à ne pas se laisser éblouir par l'heureux succès de ses armes. Régulus, lui disait-il, aurait été un des plus rares modèles de courage et de bonheur qu'il y ait jamais eu, si après la victoire qu'il remporta dans le même pays où nous sommes, il avait voulu accorder à nos pères la paix qu'ils lui demandaient. Mais, pour n'avoir pas su mettre un frein à son ambition, et ne s'être pas contenu dans de justes bornes, plus son élévation était grande, plus sa chute fut honteuse.

En second lieu, on reconnaît bien ici la vérité de ce que dit Euripide : *Qu'un sage conseil vaut mieux que mille bras.* Un seul homme, dans cette occasion, change toute la face des affaires. D'un autre côté, il met en fuite des troupes qui paraissaient invincibles ; de l'autre, il rend le courage à une ville et à une armée qu'il avait trouvées dans la consternation et dans le désespoir.

Voilà, remarque Polybe, l'usage qu'il faut faire de ses lectures. Car y ayant deux voies de profiter et d'apprendre, l'une par sa propre expérience, et l'autre par celle d'autrui, il est bien plus sage et plus utile de s'instruire par les fautes des autres que par les siennes.

Je reviens à Régulus, pour achever ce qui le regarde, dont il est fâcheux que nous ne trouvions plus rien dans Polybe. Après avoir été retenu quelques années en prison, il fut envoyé à Rome pour y proposer l'échange des prisonniers. On lui avait fait prêter serment de revenir en cas qu'il ne réussît point. Il exposa au Sénat le sujet de son voyage. Invité par la Compagnie à dire son avis, il répondit qu'il ne pouvait le faire comme Sénateur; ayant perdu cette qualité, aussi bien que celle de citoyen romain, depuis qu'il était tombé entre les mains des ennemis : mais il ne refusa pas de dire comme particulier ce qu'il pensait. La conjoncture était délicate. Tout le monde était touché du malheur d'un si grand homme. Il n'avait, dit Cicéron, qu'à prononcer un mot pour recouvrer avec sa liberté ses biens, ses dignités, sa femme, ses enfants, sa patrie. Mais ce mot lui paraissait contraire à l'honneur et au bien de l'Etat. Il déclara donc nettement qu'on ne devait point songer à faire l'échange des prisonniers : qu'un tel exemple aurait des suites funestes à la République ; que des citoyens qui avaient eu la lâcheté de livrer leurs armes à l'ennemi étaient indignes de compassion et incapables de servir leur patrie ; que pour lui, à l'âge où il était, on ne devait compter sa perte pour rien, au lieu qu'ils avaient entre leurs mains plusieurs généraux carthaginois dans la vigueur de l'âge et capables de rendre encore à leur patrie de grands services pendant plusieurs années. Ce ne fut point sans peine que le Sénat se rendit à un avis si généreux, et qui était sans exemple. Cet illustre exilé partit donc de Rome pour retourner à Carthage, sans être touché ni de la vive douleur de ses amis, ni des larmes de sa femme et de ses enfants. Et cependant il n'ignorait pas à quels supplices il était réservé. En effet, dès que les ennemis le virent de retour sans avoir obtenu l'échange, il n'y eut point de tourments que leur barbare cruauté ne lui fit souffrir. Ils le tenaient longtemps resserré dans un noir cachot, d'où, après lui avoir coupé les paupières, ils le faisaient sortir tout à coup pour l'exposer au soleil le plus vif et le plus ardent. Ils l'enfermèrent ensuite dans une espèce de coffre tout hérissé de pointes, qui ne lui laissaient aucun moment de repos ni jour ni nuit. Enfin, après l'avoir ainsi longtemps tourmenté par une cruelle insomnie, ils l'attachèrent à une croix, qui était un supplice ordinaire chez les Carthaginois, et l'y firent périr. Telle fut la fin de ce grand homme. En lui dérobant quelques jours ou quelques années de vie, elle couvrit ses ennemis d'une honte éternelle.

L'échec reçu en Afrique ne découragea point les Romains. Ils firent de plus grands préparatifs que jamais pour réparer cette perte, et mirent en mer la campagne suivante trois cent soixante vaisseaux. Les Carthaginois allèrent à leur rencontre avec une flotte de deux cents vaisseaux. Ils furent battus dans le combat qui se donna à la vue de la Sicile, et perdirent cent quatorze vaisseaux qui furent pris par les Romains. Ceux-ci passèrent en Afrique pour y recueillir le peu de soldats qui avaient échappé à la poursuite des ennemis après la défaite de Régulus, et qui s'étaient défendus avec beaucoup de courage dans Clypéa où on les avait assiégés inutilement.

On est encore ici étonné que les Romains, après une victoire si considérable, et avec une flotte si nombreuse, viennent en Afrique uniquement pour en tirer une petite garnison, au lieu qu'ils auraient pu en tenter la conquête, que Régulus, avec beaucoup moins de troupes, avait presque entièrement achevée.

Les Romains, à leur retour, furent accueillis d'une horrible tempête, qui fit périr presque toute leur flotte. Le même malheur leur arriva encore l'année suivante. Ils se consolèrent de cette double perte par le gain d'une bataille contre Asdrubal, où ils prirent près de cent quarante éléphants. Quand cette nouvelle fut portée à Rome, elle y ré-

pandit une grande joie, non-seulement parce que la perte
des éléphants avait extrêmement diminué les forces de l'ennemi, mais surtout parce qu'elle avait rendu le courage
aux troupes de terre, qui depuis la défaite de Régulus n'a-
vaient osé tenter aucun combat, tant la crainte de ces redoutables animaux avait saisi généralement tous les esprits.
On crut donc qu'il fallait faire de plus grands efforts que
jamais, pour mettre fin, s'il se pouvait, à une guerre qui
durait depuis quatorze ans. Les deux consuls partirent
avec une flotte de deux cents vaisseaux, et étant arrivés en
Sicile, ils formèrent le hardi dessein d'attaquer Lilybée.
C'était la plus forte place qu'eussent les Carthaginois, dont
la perte devait entraîner après elle celle de tout ce qui leur
restait dans l'île, et laisser aux Romains un libre passage
en Afrique.

On conçoit aisément quelle fut l'ardeur de part et d'autre soit pour l'attaque, soit pour la défense. Imilcon commandait dans la place : il avait dix mille hommes de troupes, sans compter les habitants ; et Annibal, fils d'Amilcar,
lui en amena bientôt autant de Carthage, ayant passé avec
un courage intrépide au travers de la flotte ennemie, et
étant entré heureusement dans le port. Les Romains n'a-
vaient point perdu de temps. Ayant fait avancer leurs machines, ils abattirent plusieurs tours à coups de bélier, et
gagnant tous les jours un nouveau terrain, ils allaient toujours en avant, en sorte que les assiégés se trouvant fort
serrés, commencèrent à craindre. Le commandant sentit
bien que l'unique moyen de sauver la ville était de mettre
e feu aux machines des assiégeants. Ayant donc disposé

ses troupes pour cette entreprise, il les fit sortir dès la pointe du jour portant des flambeaux à la main, avec de l'étoupe et toutes sortes de matières combustibles, et attaqua en même temps toutes les machines. Les Romains firent des efforts extraordinaires pour les repousser. Le combat fut des plus sanglants. Chacun de part et d'autre tenait ferme dans son poste, et mourait plutôt que de le quitter. Enfin, après une longue résistance et un furieux carnage, les assiégés sonnèrent la retraite, et laissèrent les Romains maîtres de leurs ouvrages. Cette affaire finie, Annibal se mit en mer pendant la nuit, et dérobant sa marche, prit la route de Drépane, où était Adherbal, chef des Carthaginois. Drépane est une place avantageusement située, avec un beau port, à cent vingt stades de Lilybée, et que les Carthaginois eurent toujours fort à cœur de conserver.

Les Romains, animés par cet heureux succès, recommencèrent l'attaque avec encore plus d'ardeur qu'auparavant, sans que les assiégés osassent penser à faire une seconde tentative pour brûler les machines, tant la première les avait rebutés par la perte qu'ils y avaient faite. Mais un vent très-violent s'étant levé tout à coup, quelques soldats mercenaires en donnèrent avis au commandant, lui représentant que c'était une occasion tout à fait favorable pour mettre le feu aux machines des assiégeants, d'autant plus que le vent donnait de leur côté, et ils s'offrirent pour cette expédition. Leur offre fut acceptée. On leur fournit tout ce qui était nécessaire pour cette entreprise. En un moment le feu prit à toutes les machines, sans qu'il fût possible aux Romains d'y remédier, parce que, dans cet incendie qui était devenu presque général en fort peu de temps, le vent portait dans leurs yeux les étincelles et la fumée, et les empêchait de discerner où il fallait appliquer le secours, au lieu que les autres voyaient clairement où ils devaient porter leurs coups et jeter le feu. Cet accident fit perdre aux Romains l'espérance de pouvoir emporter la place de vive force. Ils changèrent donc le siège en blocus, entourèrent la ville par une bonne contre-vallation, et répandirent leur armée dans tous les environs, résolus d'attendre du temps ce qu'ils se voyaient hors d'état d'exécuter par une voie plus courte.

Quand on apprit à Rome ce qui se passait au siège de Lilybée, et qu'une partie des troupes y avait péri, cette fâcheuse nouvelle, loin d'abattre les esprits, sembla renouveler l'ardeur et le courage des citoyens. Chacun se hâtait de porter son nom pour se faire enrôler. On leva en peu de temps une armée de dix mille hommes, qui ayant passé le détroit, alla par terre se joindre aux assiégeants.

En même temps le consul P. Claudius Pulcher forma le dessein d'aller attaquer Adherbal dans Drépane. Il se tenait comme sûr de le surprendre, parce qu'après la perte que les Romains venaient de faire à Lilybée, l'ennemi ne pourrait pas s'imaginer qu'ils songeassent à se mettre en mer. Sur cette espérance il fait partir de nuit la flotte, pour mieux ouvrir son dessein. Mais il avait à faire à un chef actif et appliqué, dont il ne put tromper la vigilance, et qui ne lui laissa pas à lui-même le temps de ranger ses

vaisseaux en bataille, mais l'attaqua vivement pendant que
la flotte était encore en désordre et en confusion. La victoire fut complète du côté des Carthaginois. Il ne s'échappa
de la flotte romaine que trente vaisseaux, qui étant auprès
du consul, prirent la fuite avec lui, en se dégageant le
mieux qu'ils purent le long du rivage. Tout le reste, au
nombre de quatre-vingt-treize, tomba avec l'équipage
en la puissance des Carthaginois, à l'exception de quelques soldats qui s'étaient sauvés du débris de leurs
vaisseaux. Cette victoire fit chez les Carthaginois autant
d'honneur à la prudence et à la valeur d'Annibal, qu'elle
couvrit de honte et d'ignominie le consul romain.

Son collègue Junius ne fut ni plus prudent, ni plus heureux que lui, et perdit par sa faute presque toute la flotte.
Cherchant à couvrir son malheur par quelque exploit considérable, il se ménagea des intelligences secrètes dans
Eryx, et se fit livrer la ville. Sur le sommet de la montagne
était le temple de Vénus Erynice, le plus beau sans contredit et le plus riche de tous les temples de la Sicile. La
ville était située un peu au-dessous de ce sommet, et l'on
n'y pouvait monter que par un chemin très long et très
escarpé. Junius plaça une partie de ses troupes sur le sommet, et le reste au pied de la montagne, et crut après ces
précautions n'avoir rien à craindre. Mais Amilcar, surnommé Barca, père du fameux Annibal, trouva le moyen
d'entrer dans la ville qui était entre les deux camps des
ennemis, et de s'y établir. De ce poste si avantageux il ne
cessait de harceler les Romains, ce qui dura pendant deux
ans. On a peine à concevoir comment les Carthaginois

purent se défendre, attaqués comme ils étaient et d'en haut et d'en bas, et ne pouvant recevoir de convois que par un seul endroit de mer dont ils étaient maîtres. C'est par de tels coups, autant et peut-être plus que par le gain d'une bataille, qu'on connaît l'habitude et la sage hardiesse d'un commandant.

Cinq années se passèrent, sans que de part ni d'autre il se fît rien de considérable. Les Romains avaient cru qu'avec leurs seules troupes de terre ils pourraient terminer le siége de Lilybée ; mais voyant qu'il traînait en longueur, ils revinrent à leur premier plan, et firent des efforts extraordinaires pour armer une nouvelle flotte. L'argent manquait au trésor public : le zèle des particuliers y suppléa, tant l'amour de la patrie dominait dans les esprits. Chacun, selon ses forces, contribua à la dépense commune, et sur la foi publique n'hésita point à faire les avances pour une expédition d'où dépendaient la gloire et la sûreté de l'État. L'un équipait seul un vaisseau à ses frais ; d'autres se joignaient deux ou trois ensemble pour en faire autant. En fort peu de temps il y en eut deux cents de prêts. On en donna le commandement au consul Lutatius, qui sans perdre de temps se mit en mer. La flotte ennemie s'était retirée en Afrique. Il s'empara donc sans peine de tous les postes avantageux qui étaient aux environs de Lilybée ; et comme il prévoyait qu'il en faudrait bientôt venir à un combat, il n'oublia rien de tout ce qui pouvait en assurer le succès, et employa tout le temps qui lui restait à exercer sur mer les soldats et les matelots.

En effet il apprit bientôt que la flotte ennemie approchait. Elle était commandée par Hannon, qui aborda à une petite île, nommée Hiéra, qui était vis-à-vis de Drépane. Son dessein était d'approcher d'Eryx avant que d'être aperçu des Romains, pour y décharger ses vivres, y prendre un renfort de troupes, et faire monter Barca sur sa flotte, afin que celui-ci le secondât dans la bataille qui allait se donner. Mais le consul, qui se douta bien de ce qu'il voulait faire, le prévint, et ayant ramassé tout ce qu'il avait de meilleures troupes, il s'avança vers une petite île, voisine de l'autre, qu'on appelait Eguse. Il indiqua le combat pour le lendemain. Dès la pointe du jour il s'y prépara. Malheureusement le vent était favorable aux ennemis. Il hésita quelque temps s'il hasarderait la bataille. Mais voyant que la flotte carthaginoise, quand on aurait déchargé les vivres, deviendrait plus légère et plus propre pour l'action, et que d'ailleurs elle serait considérablement fortifiée par les troupes et par la présence de Barca, il prit son parti sur-le-champ, et malgré le mauvais temps il alla attaquer l'ennemi. Le consul avait des troupes d'élite, de bons matelots qui avaient été fort exercés, d'excellents vaisseaux construits sur le modèle d'une galère qu'on avait prise quelque temps auparavant sur les ennemis, et qui était la plus accomplie qu'on eût jamais vue en ce genre. C'était tout le contraire du côté des Carthaginois. Comme depuis quelques années ils s'étaient vus seuls maîtres de la mer, et que les Romains n'osaient paraître devant eux, ils les comptaient pour rien, et se regardaient eux-mêmes comme invincibles. Au premier bruit du mouvement que ceux-ci se donnèrent, Carthage avait mis en mer une flotte, équipée à la hâte, et où tout sentait la précipitation : soldats et matelots, tous mercenaires, de nouvelle levée, sans expérience, sans courage, sans zèle pour la patrie, comme sans intérêt pour la cause commune. Il y parut bien dans le combat. Ils ne purent pas soutenir la première attaque. Cinquante de leurs vaisseaux furent coulés à fond, et soixante-dix furent pris avec tout l'équipage. Le reste, à la faveur d'un vent qui se leva fort à propos pour eux, se retira vers la petite île d'où ils étaient partis. Le nombre des prisonniers passa dix milles. Le consul s'avança aussitôt vers Lilybée, et joignit ses troupes à celles des assiégeants.

Quand cette nouvelle fut portée à Carthage, elle y causa d'autant plus de surprise et d'effroi, qu'on s'y était moins attendu. Le Sénat ne perdit pas courage, mais il se voyait absolument hors d'état de continuer la guerre. Les Romains tenant la mer, il n'était plus possible d'envoyer ni vivres, ni secours aux armées de Sicile. Ils dépêchèrent donc au plutôt vers Barca qui y commandait, et laissèrent à sa prudence de prendre tel parti qu'il jugerait à propos. Tant qu'il avait vu quelque rayon d'espérance, il avait fait tout ce qu'on pouvait attendre du courage le plus intrépide, et de la sagesse la plus consommée. Mais ne lui restant plus de ressource, il députa vers le consul pour traiter de la paix : la prudence, dit Polybe, consistant à savoir et résister et céder à propos. Lutatius savait combien le peuple romain était las de cette guerre qui avait épuisé ses forces et ses finances, et il n'avait pas oublié les malheureuses suites de la hauteur inexorable et imprudente de Régulus. Il ne se rendit donc point difficile, et dicta le traité suivant : *Il y aura, si le peuple romain l'approuve, amitié entre Rome et Carthage aux conditions qui suivent. Les Carthaginois sortiront de toute la Sicile. Ils ne feront point la guerre à Hiéron, et ne porteront point les armes contre les Syracusains, ni contre leurs alliés. Ils rendront aux Romains sans rançon tous les prisonniers qu'ils ont faits sur eux. Ils leur paieront, dans l'espace de vingt ans, deux mille deux cents talents euboïques d'argent.* Il est bon de remarquer en passant la simplicité, la précision, la clarté de ce traité, qui dit tant de choses en si peu de mots, et qui règle en peu de lignes tous les intérêts de deux puissants peuples et de leurs alliés sur terre et sur mer.

Quand on eut porté ces conditions à Rome, le peuple ne les approuvant point, envoya dix députés sur les lieux pour terminer l'affaire en dernier ressort. Ils ne changèrent rien dans le fond du traité. Ils abrégèrent seulement les termes du paiement, en les réduisant à dix années ; ajoutèrent mille talents à la somme qui avait été marquée, qui seraient payés sur-le-champ, et exigèrent des Carthaginois qu'ils sortiraient de toutes les îles qui sont entre l'Italie et la Sicile. La Sardaigne n'y était pas comprise, mais elle leur fut aussi enlevée par un autre traité qui se fit quelques années après.

Ainsi fut terminée l'une des plus longues guerres dont il soit parlé dans l'histoire, puisqu'elle dura vingt-quatre ans entiers sans interruption. L'ardeur opiniâtre à disputer de l'empire fut égale de part et d'autre : même fermeté, même grandeur d'âme et dans les projets et dans l'exécution. Les Carthaginois l'emportaient par la science de la marine, par l'habileté dans la construction des vaisseaux, par l'adresse et la facilité avec laquelle ils faisaient les manœuvres, par l'expérience des pilotes, par la connaissance des côtes, des plages, des rades, des vents; par l'abondance des richesses capables de fournir à toutes les dépenses d'une rude et longue guerre. Les Romains n'avaient aucun de ces avantages ; mais le courage, le zèle pour le bien public, l'amour de la patrie, une noble émulation pour la gloire, leur tenaient lieu de tout ce qui leur manquait d'ailleurs. On est étonné de les voir, tout neufs et inexpérimentés qu'ils sont dans la marine, non seulement tenir tête à la nation du monde la plus habile et la plus puissante sur mer, mais gagner contre elle plusieurs batailles navales. Nulles difficultés, nuls malheurs n'étaient capables de les décourager. Ils n'auraient pas fait certainement la paix dans les mêmes circonstances où nous venons de voir que les Carthaginois la demandèrent. Une seule campagne malheureuse les abat : plusieurs n'ébranlèrent point les Romains.

Pour les soldats, nulle comparaison entre ceux de Rome et ceux de Carthage, les premiers l'emportant infiniment pour le courage. Parmi les chefs, Amilcar surnommé Barca fut, sans contredit, celui de tous qui se distingua le plus et par sa bravoure et par sa prudence.

ARTICLE II

GUERRE DE LIBYE, OU CONTRE LES MERCENAIRES

A la guerre que les Carthaginois soutinrent contre les Romains en succéda immédiatement une autre, bien moins longue, mais infiniment plus dangereuse, qui se fit dans le cœur même de l'État, et qui fut accompagnée d'une cruauté et d'une barbarie dont on a vu peu d'exemples : c'est celle que les Carthaginois eurent à soutenir entre les soldats mercenaires qui avaient servi sous eux en Sicile, et qu'on appelait ordinairement la guerre d'Afrique ou de Libye. Elle ne dura que trois ans et demi, mais elle fut bien sanglante. Voici quelle en fut l'occasion.

Aussitôt après que le traité avec les Romains eut été conclu, Amilcar ayant conduit dans Lilybée les troupes qui étaient à Eryx, déposa le commandement, et laissa à Gisgon, gouverneur de la place, le soin de faire passer les troupes en Afrique. Celui-ci, comme s'il eût prévu ce qui devait arriver, ne les fit pas partir toutes ensemble, mais les envoya par petits corps et par bandes, afin que les premiers venus étant payés de ce qui leur était dû pour leur solde, on pût les renvoyer chez eux avant l'arrivée des autres. Cette conduite marquait beaucoup de sagesse ;

6.

mais à Carthage on n'en fit pas tant paraître. Comme l'État était épuisé par les dépenses d'une longue guerre et par la somme de près de trois millions qu'il avait fallu payer comptant aux Romains en signant le traité de paix, on ne se pressa pas de payer les troupes à mesure qu'elles arrivaient, mais on crut devoir attendre les autres, dans l'espérance d'obtenir d'elles, lorsqu'elles seraient toutes ensemble, une remise d'une partie de la paye qui leur était due ; et ce fut là une première faute.

On voit ici le génie d'un État composé de négociants, qui connaissent tout le prix de l'argent, mais qui connaissent peu le mérite des services des gens de guerre, qui marchandent le sang des troupes comme tout le reste, et qui vont toujours au bon marché. Dans une telle République, le besoin passé, nulle reconnaissance pour les secours qu'on a reçus.

Ces soldats, qui entrèrent la plupart dans Carthage, étant accoutumés à une grande licence, causèrent beaucoup de désordres dans la ville; de sorte que, pour y remédier, on proposa à leurs chefs de les conduire tous dans une petite ville voisine nommée Sicca, en leur fournissant de quoi y subsister jusqu'à ce que le reste de leurs compagnons étant arrivé, on payât toutes les troupes, et qu'on les renvoyât; seconde faute.

Une troisième, fut de ne pas vouloir leur permettre de laisser à Carthage leurs bagages, leurs femmes et leurs enfants, comme ils le demandaient, et qui auraient été de leur part comme autant d'otages, mais de les forcer, malgré eux, de les emmener à Sicca.

Quand ils y furent tous assemblés, comme ils avaient beaucoup de loisir, ils commencèrent à compter les payes qu'on leur devait, les faisant monter beaucoup plus haut qu'elles ne devaient aller. Ils y ajoutaient aussi les promesses magnifiques qu'on leur avait faites en différentes occasions, quand on les exhortaient à faire leur devoir, et ils prétendaient les faire entrer en ligne de compte. Hannon, qui était alors gouverneur de l'Afrique, et qu'on leur avait envoyé, leur proposa, vu le mauvais état de la République, et l'épuisement où elle se trouvait, de faire quelque remise sur ce qui leur était dû, et de se contenter qu'on leur en payât seulement une partie. Il est aisé de juger comme cette proposition fut reçue. Ce ne furent que plaintes, que murmures, que cris insolents et séditieux. Ces troupes étaient composées de différentes nations, qui ne s'entendaient point les unes les autres, et à qui il n'était pas possible de faire entendre raison, quand une fois elles étaient mutinées. Il y avait des Espagnols, des Gaulois, des Liguriens, des habitants des îles Baléares, des Grecs, la plupart transfuges ou esclaves, et surtout un fort grand nombre d'Africains. Transportés de colère, ils partent sur-le-champ, marchent vers Carthage au nombre de plus de vingt mille, et vont camper à Tunis, qui n'était pas fort loin de la ville.

Les Carthaginois reconnurent alors, mais trop tard, la faute qu'ils avaient faite. Il n'y eut point de bassesse où ils ne descendirent pour tâcher d'adoucir ces furieux, et point de perfidie que ceux-ci n'employèrent pour tirer d'eux de l'argent. Quand on leur avait accordé un point, ils faisaient une nouvelle chicane et une nouvelle demande. La paye était-elle réglée, quoiqu'on l'eût portée au-delà des conventions, il fallait encore les dédommager des pertes qu'ils disaient avoir faites, soit par la mort de leurs chevaux, soit par le prix excessif du blé qui leur avait coûté fort cher en certain temps, et leur donner les récompenses qu'on leur avait promises. Comme rien ne finissait, les Carthaginois les engagèrent à s'en rapporter à l'avis de quelqu'un des généraux qui avaient commandé en Sicile. Ils choisirent Gisgon, qui leur était fort agréable, et dont ils avaient toujours été contents. Il leur parla d'une manière douce et insinuante, les fit souvenir du long temps qu'ils avaient servi sous les Carthaginois, des sommes considérables qu'ils avaient reçues, et leur accorda presque toutes leurs demandes.

On était près de conclure le traité, lorsque deux séditieux remplirent de tumulte tout le camp. L'un était Spendius de Capoue, qui avait été esclave à Rome, et était passé chez les ennemis. Il était d'une grande taille, et d'une hardiesse encore plus grande. La crainte qu'il avait de retomber entre les mains de son maître, qui ne manquerait pas de le faire pendre, comme c'était la coutume, le porta à rompre l'accord. Il était soutenu d'un second, nommé Mathos, qui avait beaucoup contribué d'abord à faire soulever les troupes. Ils représentèrent aux Africains, que dès que leurs compagnons seraient retournés chez eux, se trouvant seuls dans leur pays, ils deviendraient les victimes de la colère des Carthaginois, qui se vengeraient sur eux de la révolte commune. Il n'en fallut pas d'avantage pour les faire entrer en fureur. Ils choisirent pour chefs Spendius et Mathos. Quiconque entreprenait de leur faire des remontrances était mis à mort. Ils courent à la tente de Gisgon, pillent l'argent destiné pour le paiement des troupes, l'entraînent lui-même en prison avec tous ceux de sa suite, après les avoir traités avec la dernière indignité. Toutes les villes d'Afrique à qui ils avaient envoyé des députés pour les exhorter à se mettre en liberté, se rangèrent de leur parti, excepté deux seulement, Utique et Hippacra, dont sur-le-champ ils formèrent le siége.

Jamais Carthage ne s'était vue dans un si grand danger. Les Carthaginois tiraient leur subsistance chacun en particulier du revenu de leurs terres, et les dépenses publiques des tributs que payait l'Afrique. Or, tout cela leur manquait en même temps et se tournait même contre eux. Ils se trouvaient sans armes, sans troupes ni de terre ni de mer, sans aucun des préparatifs nécessaires, soit pour soutenir un siége, soit pour équiper une flotte, et, ce qui mettait le comble à leur malheur, sans aucune espérance de secours étranger de la part de leurs amis ou de leurs alliés.

Ils pouvaient, en un certain sens, s'imputer à eux-mêmes l'abandonnement où ils se voyaient réduits. Pendant la guerre précédente, ils avaient traité avec une extrême dureté les peuples d'Afrique, exigeant d'eux des tributs excessifs, ne faisant aucun quartier aux plus pauvres et aux plus misérables, témoignant beaucoup d'estime, non pour ceux des gouverneurs qui traitaient avec le plus de douceur les peuples, mais pour ceux qui en tiraient de plus grosses sommes ; et tel avait été Hannon. Aussi ne fallut-il pas beaucoup d'efforts pour porter les Africains à la révolte. Au premier signal elle éclata, et en un moment devint générale. Les femmes, qui souvent avaient eu la douleur de voir emmener en prison leurs maris et leurs pères faute de paiement, étaient les plus animées, et elles se dépouillèrent avec joie de tous leurs ornements pour fournir aux frais de la guerre ; de sorte que les chefs de la sédition, après avoir payé aux soldats tout ce qu'ils leur avaient promis, se trouvèrent encore dans l'abondance. — Grand exemple, dit Polybe, de la manière dont il faut traiter les peuples, en ne songeant pas seulement au présent, mais en prévoyant l'avenir.

Dans quelque détresse que fussent alors les Carthaginois, ils ne perdirent pas courage, et firent des efforts extraordinaires. Le commandement de l'armée fut donné à Hannon. On leva des troupes de terre et de mer, de pied et de cheval. On fit prendre les armes à tous les citoyens capables de les porter ; on fit venir de tous côtés des mercenaires ; on équipa tout ce qui restait de vaisseaux à la République.

Les séditieux, de leur côté, ne montraient pas moins d'ardeur. Nous avons déjà dit qu'ils avaient formé le siége des deux seules places qui avaient refusé de se joindre à eux. Leur armée s'était grossie jusqu'au nombre de soixante-dix mille hommes. Après en avoir fait des détachements pour ces deux siéges, ils établirent leur camp à Tunis ; et ainsi ils tenaient Carthage en quelque sorte bloquée, et y jetaient la terreur, approchant fréquemment de ses murs soit le jour, soit la nuit.

Hannon s'était avancé au secours d'Utique, et y avait remporté un avantage considérable dont il aurait pu profiter. Mais, étant entré dans la ville et ne songeant qu'à s'y divertir, les mercenaires qui s'étaient retirés sur une hauteur voisine couverte de bois, ayant appris ce qui se passait, survinrent tout d'un coup, trouvèrent les soldats débandés de côté et d'autre, prirent et pillèrent le camp, et profitèrent de tout ce qu'on avait apporté de Carthage pour le secours des assiégés. Ce ne fut pas la seule faute qu'il commit; et, dans de telles conjonctures, les fautes sont bien plus funestes. On mit donc à sa place Amilcar, surnommé Barca. Il répondit à l'idée qu'on avait conçue de lui, et commença par faire lever aux séditieux le siége d'Utique. Puis il s'avança contre l'armée, qui était près de Carthage, en défit une partie, et s'empara presque de tous les postes avantageux qu'elle occupait. Ces heureux succès ranimèrent le courage des Carthaginois.

L'arrivée d'un jeune seigneur numide, nommé Naravase, qui, par estime pour la personne et le mérite de Barca, vint se joindre à lui avec deux mille Numides, lui fut d'un grand secours. Encouragé par ce grand renfort, il attaqua les séditieux qui le tenaient resserré dans un vallon, en tua dix mille et en fit quatre mille prisonniers. Le jeune Numide se distingua fort dans ce combat. Barca reçut dans ses troupes ceux des prisonniers qui voulurent s'y enrôler, et laissa aux autres la liberté d'aller où ils voudraient, à condition qu'ils ne porteraient jamais les armes contre les Carthaginois; faute de quoi, s'ils étaient jamais pris, ils seraient punis du dernier supplice. Cette conduite fait voir la sagesse de ce général. Il jugea que cet expédient était plus utile qu'une sévérité outrée. En effet, lorsqu'il s'agit d'une multitude mutinée, dont la plupart ont été entraînés par les plus échauffés, ou arrêtés par la crainte des plus furieux, la clémence réussit presque toujours.

Spendius, le chef des révoltés, craignit que cette douceur affectée de Barca ne lui fît perdre beaucoup de ses gens. Il crut donc devoir, par quelque coup éclatant, leur ôter toute pensée et toute espérance de rentrer en grâce avec l'ennemi. Dans cette vue, après leur avoir lu les lettres supposées où on lui donnait avis d'une trahison secrète concertée entre quelques-uns de leurs camarades et Gisgon, pour le sauver de la prison où il était retenu depuis assez de temps, il leur fit prendre la barbare résolution de le massacrer lui et tous les autres prisonniers; et quiconque osait proposer seulement un parti plus doux, était sur-le-champ immolé à leur fureur. On tire donc de la prison ce chef infortuné avec sept cents prisonniers qui y étaient enfermés avec lui, et on les fait venir à la tête du camp. Gisgon est exécuté le premier, et tous les autres de suite. On leur coupe les mains, on leur brise les cuisses, et on les enfouit tout vivants dans une fosse. Les Carthaginois envoyèrent redemander leurs corps pour leur rendre les derniers devoirs. On les leur refusa, et on leur déclara que si désormais on envoyait encore quelque héraut ou quelque député, il souffrirait le même supplice. En effet, sur-le-champ il fut arrêté par un consentement général,

que tout Carthaginois qui tomberait entre leurs mains serait traité de la sorte; et pour les alliés, qu'ils seraient
renvoyés après qu'on leur aurait coupé les mains. Et cela
fut ponctuellement exécuté dans la suite.

Dans le temps que les Carthaginois commençaient, ce
semble, à respirer, plusieurs accidents fâcheux les replon-
gèrent dans un nouveau danger. La division se mit parmi
les chefs. Une tempête fit périr les vivres qu'on leur appor-
tait par mer, et dont ils avaient un extrême besoin. Mais,
ce qui leur fut le plus sensible, fut la défection subite des
deux seules villes qui leur étaient demeurées fidèles, et
qui, dans tous les temps, avaient eu un attachement inviolable à la République : c'étaient Utique et Hippacra.
Ces villes tout d'un coup, sans aucune raison, sans même
aucun prétexte, passèrent du côté des révoltés, et, trans-
portées comme eux de fureur et de rage, commencèrent
par égorger le commandant et la garnison qui étaient venus
à leur secours, et portèrent l'inhumanité jusqu'à refuser
leurs corps morts aux Carthaginois, qui les redeman-
daient.

Les séditieux, animés par ces heureux succès, allèrent
mettre le siége devant Carthage; mais ils furent bientôt
obligés de le lever. Ils ne cessèrent de continuer la guerre.
Ayant ramassé toutes leurs troupes et celles de leurs alliés,
au nombre de plus de cinquante mille hommes, ils cô-
toyaient l'armée d'Amilcar, observant de se tenir toujours
sur les hauteurs, et d'éviter les plaines où l'ennemi avait
trop d'avantage à cause de sa cavalerie et des éléphants.
Amilcar, plus habile qu'eux dans le métier de la guerre,

ne leur donnait aucune prise sur lui, profitait de toutes leurs fautes, leur enlevait souvent des quartiers pour peu que leurs gens s'écartassent, et les harcelait en mille manières ; et tous ceux qui tombaient entre ses mains étaient exposés aux bêtes. Enfin, il les surprit lorsqu'ils s'y attendaient le moins, et les enferma dans un poste, d'où il leur fut impossible de se retirer. N'osant hasarder le combat, ni prendre la fuite, ils se mirent à fortifier leur camp et à l'environner de fossés et de retranchements. Mais un ennemi intérieur, et bien plus formidable, les pressait vivement : c'était la faim, qui fut telle, qu'ils en vinrent à se manger les uns les autres. — La divine Providence, dit Polybe, vengeant ainsi la barbare inhumanité dont ils avaient usé à l'égard des autres. Aucune ressource ne leur restait. Ils savaient à quels supplices ils étaient destinés, s'ils tombaient vifs entre les mains de l'ennemi. Après les cruautés qu'ils avaient commises, il ne leur venait pas même dans l'esprit de parler de paix et d'accommodement. Ils avaient envoyé vers leurs troupes, qui étaient restées à Tunis pour demander du secours, mais inutilement. La famine cependant augmentait tous les jours. Ils avaient commencé par manger les prisonniers, puis les esclaves ; enfin, il ne leur restait plus que leurs concitoyens. Alors les chefs, ne pouvant plus soutenir les plaintes et les cris de la multitude, qui menaçait de les égorger s'ils ne se rendaient, allèrent eux-mêmes trouver Amilcar, dont ils avaient obtenu un sauf-conduit. Les conditions du traité furent que les Carthaginois prendraient à leur choix dix personnes parmi les révoltés pour les traiter comme il leur plairait, et que les autres seraient renvoyés chacun avec un seul habit. Quand le traité fut signé, ces chefs eux-mêmes furent arrêtés, et demeurèrent entre les mains des Carthaginois, qui montrèrent clairement dans cette occasion qu'ils ne se piquaient pas beaucoup de bonne foi. Les révoltés, ayant appris qu'on avait arrêté leurs chefs, ne sachant rien de la convention qu'on avait faite, et soupçonnant qu'on les avait trahis, prirent les armes; mais Amilcar les ayant enveloppés de toutes parts, et ayant fait avancer contre eux les éléphants, ils furent tous écrasés ou égorgés, au nombre de plus de quarante mille.

L'effet de cette victoire fut la réduction de presque toutes les villes d'Afrique qui rentrèrent aussitôt dans leur devoir. Amilcar, sans perdre de temps, marcha contre Tunis, qui depuis le commencement de la guerre avait servi de retraite aux révoltés, et avait été leur place d'armes. Il l'environna d'un côté, pendant qu'Annibal, qui commandait avec lui, l'assiégeait de l'autre. Puis, s'approchant des murs, et faisant élever des potences, il y attacha et y fit mourir Spendius, chef des révoltés, et ceux qu'on avait arrêtés avec lui. Mathos, l'autre chef, qui commandait dans la place, vit par là ce qui lui était préparé, et il en devint encore plus attentif à se bien défendre. S'apercevant qu'Annibal, comme sûr de la victoire, agissait en tout fort négligemment, il fait une sortie, attaque ses retranchements, tue un grand nombre de Carthaginois, en fait plusieurs prisonniers et entre autres Annibal, leur chef, et se rend maître de tout le bagage. Puis, détachant de la potence

Spendius, il fait mettre à sa place Annibal, après lui avoir fait souffrir des tourments inouis ; et immole autour du corps de l'autre trente des plus considérables citoyens de Carthage, comme autant de victimes de sa vengeance. Il semble qu'entre les deux partis il y avait une espèce de défi à qui ferait paraître plus de cruauté.

Barca, qui pour lors était éloigné de son camp, n'avait appris que fort tard le danger de son collègue ; et d'ailleurs il était hors d'état de courir promptement à son secours, parce que le chemin qui séparait les deux camps était impraticable. Ce fâcheux accident causa une grande consternation dans Carthage. On a pu remarquer dans tout le cours de cette guerre une alternative continuelle de prospérités et d'adversités, de confiance et d'alarme, de joie et de douleur, tant les événements de part et d'autre ont été variés et peu constants.

On crut dans Carthage devoir faire un dernier effort. On arma tout ce qui restait de jeunesse capable de servir. On envoya Hannon pour collègue à Amilcar, et on députa en même temps trente sénateurs pour conjurer au nom de la République ces deux chefs, qui jusque-là avaient été brouillés ensemble, d'oublier les querelles passées, et de sacrifier leurs ressentiments au bien de l'Etat. Ils le firent sur-le-champ, s'embrassèrent mutuellement, et se réconcilièrent sincèrement et de bonne foi.

Depuis ce temps-là tout réussit du côté des Carthaginois, et Mathos, qui dans toutes les entreprises qu'il avait tentées avait toujours eu du dessous, crut enfin devoir hasarder une bataille : c'est ce qu'on souhaitait le plus. De part et d'autre chacun exhorta ses troupes comme pour une action qui allait décider pour toujours de leur sort. On en vint aux mains. La victoire ne fut pas longtemps disputée. Les révoltés cédèrent bientôt. Presque tous les Africains furent tués. Le reste se rendit. Mathos fut pris en vie et conduit à Carthage. Toute l'Afrique aussitôt rentra dans l'obéissance, excepté les deux villes perfides qui s'étaient révoltées en dernier lieu : mais elles furent bientôt obligées de se rendre à discrétion.

Alors l'armée victorieuse revint à Carthage, et y fut reçue avec les cris de joie et les applaudissements de toute la ville. Mathos et les siens, après avoir servi d'ornement au triomphe, furent menés au supplice, et terminèrent par une mort également honteuse et douloureuse une vie souillée par les trahisons les plus noires et par les cruautés les plus barbares. Ainsi finit la guerre contre les mercenaires, après avoir duré trois ans et quatre mois. Elle fournit, dit Polybe, une grande instruction à tous les peuples, et leur apprend à ne pas employer dans les armées un plus grand nombre d'étrangers que de citoyens, et à ne pas se reposer de la défense de l'Etat sur des troupes qui n'y sont attachées ni par l'affection, ni par l'intérêt.

J'ai différé exprès jusqu'ici à parler de ce qui se passa en Sardaigne dans le même temps, et qui fut comme une dépendance et une suite de la guerre que les Carthaginois soutinrent en Afrique contre les mercenaires. On y vit les mêmes secousses de révolte et les mêmes excès de cruauté, comme si un vent de discorde et de fureur eût soufflé d'A-frique en Sardaigne.

Dès qu'on y apprit ce qu'avaient fait Spendius et Mathos, les mercenaires qui étaient dans cette île secouèrent à leur exemple le joug de l'obéissance. Ils commencèrent par égorger Bostar leur commandant et tout ce qu'il y avait de Carthaginois avec lui. On avait envoyé à sa place un autre général. Toutes les troupes qu'il avait amenées se rangèrent du côté des séditieux, le mirent lui-même en croix; et dans toute l'étendue de l'île on fit main basse sur les Carthaginois, en leur faisant souffrir des tourments inouïs. Ayant attaqué toutes les places l'une après l'autre, ils se rendirent en peu de temps maîtres de tout le pays. Mais la division s'étant mise entre eux et les habitants de l'île, les mercenaires en furent entièrement chassés et se réfugièrent en Italie. C'est ainsi que les Carthaginois perdirent la Sardaigne, île d'une grande importance par son étendue, par sa fertilité et par le grand nombre de ses habitants.

Les Romains, depuis leur traité avec les Carthaginois, s'étaient toujours conduits à leur égard avec beaucoup de justice et de modération. Une querelle passagère, au sujet de quelques marchands romains qu'on avait arrêtés à Carthage parce qu'ils portaient des vivres aux ennemis, les avait brouillés. Mais les Carthaginois, à la première demande, leur ayant renvoyé leurs citoyens, les Romains, qui se piquaient en tout de générosité et de justice, leur avaient rendu leur première amitié, les avaient servis en tout ce qui dépendait d'eux, avaient défendu à leurs marchands de porter des vivres ailleurs que chez les Carthaginois, et avaient même refusé pour lors de prêter l'oreille aux propositions que leur faisaient les révoltés de Sardaigne, qui les invitaient à venir s'emparer de l'île.

Mais dans la suite ils ne furent pas si délicats; et il serait difficile d'appliquer ici le témoignage avantageux que César rend à leur bonne foi dans Salluste. « Quoique dans toutes » les guerres d'Afrique, dit-il, les Carthaginois eussent » fait quantité d'actions de mauvaise foi pendant la paix et » pendant la trève, les Romains n'en usèrent jamais de la » sorte à leur égard; plus attentifs à ce qu'exigeait d'eux » leur gloire, qu'à ce que la justice leur permettait con- » tre leurs ennemis. »

Les mercenaires qui s'étaient retirés, comme nous l'avons dit, en Italie, déterminèrent enfin les Romains à passer dans la Sardaigne pour s'en rendre maîtres. Les Carthaginois l'apprirent avec douleur, prétendant que la Sardaigne leur appartenait à bien plus juste titre qu'aux Romains. Ils se mirent donc en état de tirer une prompte et juste vengeance de ceux qui avaient fait soulever l'île contre eux; mais les Romains, sous prétexte que ces préparatifs se faisaient contre eux et non contre les peuples de Sardaigne, leur déclarèrent la guerre. Les Carthaginois, épuisés en toutes manières, et qui à peine commençaient à respirer, n'étaient point en état de la soutenir. Il fallut donc s'accommoder au temps et céder au plus fort. On fit un nouveau traité, par lequel ils abandonnaient la Sardaigne aux Romains, et s'obligeaient à leur payer de nouveau douze cents talents, pour se rédimer de la guerre qu'on voulait leur faire. Et c'est cette injustice de la part des

Romains qui fut la véritable cause de la seconde guerre Punique, comme nous le dirons dans la suite.

ARTICLE III

SECONDE GUERRE PUNIQUE

La seconde guerre Punique, que j'entreprends de traiter, est une des plus mémorables dont il soit parlé dans l'histoire, et des plus dignes de l'attention d'un lecteur curieux, soit par la hardiesse des entreprises et par la sagesse des mesures dans l'exécution, soit par l'opiniâtreté des efforts des deux peuples rivaux, et par la promptitude des ressources dans leurs plus grands revers, soit par la variété des événements inopinés et par l'incertitude de l'issue d'une longue et cruelle guerre, soit enfin par la réunion des plus beaux modèles en tout genre de mérite et des leçons les plus instructives que puisse donner l'histoire tant pour la guerre, que pour la politique et l'art de gouverner. Jamais villes ou nations plus puissantes ou du moins plus belliqueuses ne combattirent ensemble; et jamais celles dont il s'agit ici ne s'étaient vues dans un plus haut degré de puissance et de gloire. Rome et Carthage étaient alors sans contredit les deux premières villes du monde. Ayant déjà mesuré leurs forces dans la première guerre Punique, et fait essai de leur habileté dans l'art de combattre, elles se connaissaient parfaitement de part et d'autre. Dans cette seconde guerre le sort des armes fut tellement balancé, et les succès si mêlés de vicissitudes et de variétés, que le parti qui triompha fut celui qui s'était trouvé le plus près du danger de périr. Quelque grandes que fussent les forces des deux peuples, on peut presque dire que leur haine mutuelle l'était encore plus : les Romains d'un côté ne pouvant voir sans indignation que des vaincus osassent les attaquer, et les Carthaginois de l'autre étant irrités à l'excès de la manière également dure et avare dont ils prétendaient que le vainqueur en avait usé à leur égard.

Le plan que je me suis proposé ne me permet pas d'entrer dans un détail exact de cette guerre, qui eut pour théâtre l'Italie, la Sicile, l'Espagne, l'Afrique, et qui a plus de rapport encore à l'histoire romaine qu'à celle que je traite ici. Je m'arrêterai donc principalement à ce qui regarde les Carthaginois, et je m'appliquerai surtout à faire connaître, autant qu'il me sera possible, le génie et le caractère d'Annibal, le plus grand homme de guerre qui ait peut-être jamais été chez les anciens.

CAUSES ÉLOIGNÉES ET PROCHAINES DE LA SECONDE GUERRE PUNIQUE

Avant que de parler de la déclaration de la guerre entre les Romains et les Carthaginois, je crois devoir en exposer les véritables causes et marquer comment cette rupture entre les deux peuples se prépara de loin.

Ce serait se tromper grossièrement, dit Polybe, que de regarder la prise de Sagonte par Annibal comme la véritable cause de la seconde guerre Punique. Le regret qu'eurent les Carthaginois d'avoir cédé trop facilement la Sicile par le traité qui termina la première guerre Punique; l'injustice et la violence des Romains, qui profitèrent des troubles excités dans l'Afrique pour enlever encore la Sardaigne aux Carthaginois, et pour leur imposer un nouveau tribut; les heureux succès et les conquêtes de ces derniers dans l'Espagne : voilà quelles furent les véritables causes de la rupture du traité, comme Tite-Live, suivant en cela le plan de Polybe, l'insinue en peu de mots dès le commencement de son histoire de la seconde guerre Punique.

En effet, Amilcar, surnommé Barca, souffrait avec peine le dernier traité que le malheur des temps avait obligé les Carthaginois d'accepter, et il songea à prendre de loin de justes mesures pour se mettre en état de le rompre à la première occasion favorable.

Dès que les troubles d'Afrique furent apaisés, il fut chargé d'une expédition contre les Numides, et après y avoir donné de nouvelles preuves de son habileté et de son courage, il mérita qu'on lui confiât le commandement de l'armée qui devait agir en Espagne. Annibal, son fils, qui n'avait alors que neuf ans, demanda avec empressement de l'y suivre, et employa pour cela les caresses ordinaires à cet âge, langage puissant sur l'esprit d'un père qui aimait tendrement son fils. Amilcar ne put donc lui refuser cette grâce, et après lui avoir fait prêter serment sur les autels qu'il se déclarerait l'ennemi des Romains dès qu'il le pourrait, il l'emmena avec lui.

Amilcar avait toutes les qualités d'un grand général, joignant des manières douces et insinuantes à un courage invincible et à une prudence consommée. Il soumit en peu de temps la plupart des peuples d'Espagne, soit par la force des armes, soit par les charmes de la douceur, et après y avoir commandé pendant neuf ans, il fit une fin digne de lui, en mourant glorieusement dans une bataille pour le service de sa patrie.

Les Carthaginois nommèrent à sa place Asdrubal son gendre. Celui-ci, pour s'assurer du pays, bâtit une ville, que l'avantage de sa situation, la commodité de ses ports, ses fortifications, l'abondance de ses richesses procurée par la facilité du commerce, rendirent une des plus considérables villes du monde : il l'appela Carthage la Neuve, et nous l'appelons aujourd'hui Carthagène.

A toutes les démarches de ces deux grands généraux, il était aisé de voir qu'ils avaient en tête un grand dessein qu'ils ne perdaient point de vue, et pour l'exécution duquel ils préparaient tout de loin. Les Romains s'en aperçurent bien, et ils se reprochèrent à eux-mêmes la lenteur et l'engourdissement qui les avaient tenus comme endormis, pendant que l'ennemi faisait en Espagne de rapides progrès, qui pourraient un jour tourner contre eux. L'attaquer de force et lui arracher ses conquêtes, aurait été bien de leur goût, mais la crainte d'un autre ennemi non moins formidable, qu'ils appréhendaient de voir au premier jour à leurs portes (c'étaient les Gaulois) ne leur permettait pas d'éclater. Ils employèrent donc la voie des négociations et conclurent un traité avec Asdrubal, dans lequel, sans s'expliquer sur le reste de l'Espagne, on se contentait de marquer que les Carthaginois ne pourraient point s'avancer au-delà de l'Èbre.

Asdrubal cependant poussait toujours ses conquêtes. Mais en se tenant dans les bornes dont on était convenu, et s'attachant à gagner les principaux du pays par ses manières honnêtes et engageantes, il avançait encore plus les affaires de Carthage par la persuasion que par la force ouverte. Mais malheureusement, après avoir gouverné l'Espagne pendant huit ans, il fut tué en trahison par un Gaulois, qui se vengea ainsi de quelque mécontentement particulier qu'il en avait reçu.

Trois ans avant sa mort, il avait écrit à Carthage pour demander qu'on lui envoyât Annibal, qui était alors âgé de vingt-deux ans. La chose souffrit quelque difficulté. Le Sénat était partagé par deux puissantes factions, qui, dès le temps d'Amilcar, avaient déjà commencé à suivre des rues opposées dans la conduite des affaires de l'Etat. L'une avait pour chef Hannon, à qui sa naissance, son mérite et son zèle pour le bien de l'Etat donnaient une grande autorité dans les délibérations publiques; et elle était d'avis en toute occasion de préférer une paix sûre, et qui conservât toutes les conquêtes d'Espagne, aux événements incertains d'une guerre onéreuse qu'elle prévoyait devoir un jour se terminer par la ruine de la patrie. L'autre faction, qu'on appelait la faction Barcine, parce qu'elle soutenait les intérêts de Barca et ceux de sa famille, avait ajouté à l'ancien crédit qu'elle avait dans la ville la réputation que les exploits signalés d'Amilcar et d'Asdrubal lui avaient donnée, et elle était ouvertement déclarée pour la guerre. Quand il s'agit donc de délibérer dans le Sénat sur la demande d'Asdrubal, Hannon représenta qu'il était dangereux d'envoyer de si bonne heure à l'armée un jeune homme qui avait déjà toute la fierté et le caractère impérieux de son père, et qui, par cette raison, avait un besoin particulier d'être retenu longtemps sous les yeux des magistrats et sous le pouvoir des lois, pour apprendre à obéir et à ne pas se croire supérieur à tous les autres. Il finit en disant qu'il craignait que cette étincelle qui commençait à s'allumer n'excitât un jour un grand incendie. Ses remontrances furent vaines : la faction Barcine l'emporta, et Annibal partit pour l'Espagne.

Dès qu'il y fut arrivé, il attira sur lui les regards de toute l'armée, et l'on crut voir revivre en lui Amilcar son père. C'était le même feu dans les yeux, la même vigueur martiale dans l'air du visage, les mêmes traits et les mêmes manières. Mais ses qualités personnelles le firent encore plus estimer. Il ne lui manquait presque rien de ce qui forme les grands hommes : patience invincible dans le travail, sobriété étonnante dans le vivre, courage intrépide dans les plus grands dangers, présence d'esprit admirable dans le feu même de l'action; et, ce qui est surprenant, un génie souple, également propre à obéir et à commander, en sorte qu'on ne pouvait dire de qui il était plus aimé, des troupes ou du général. Il servit trois campagnes sous Asdrubal.

Quand celui-ci fut mort, les suffrages de l'armée et ceux du peuple se réunirent pour mettre Annibal à sa place. Je ne sais même si pour lors, ou environ dans ce temps, la République, pour lui donner plus de crédit et d'autorité, ne le nomma pas suffète, qui était la première dignité de l'État, et que l'on conférait quelquefois aux généraux. C'est Cornélius Népos qui nous apprend cette particularité, lorsque, parlant de la préture qui fut donnée au même Annibal après son retour à Carthage et la conclusion de la paix, il dit que ce fut vingt-deux ans depuis qu'il avait été nommé roi.

Dès le moment qu'il eut été nommé général, comme si l'Italie lui fût échue en partage, et qu'il fût déjà chargé de porter la guerre contre Rome, il tourna secrètement toutes ses vues de ce côté-là et ne perdit point de temps, pour n'être point prévenu par la mort, comme l'avaient été son père et son beau-frère. Il prit en Espagne plusieurs villes de force et subjugua plusieurs peuples; et quoique l'armée ennemie, composée de plus de cent mille hommes, passât de beaucoup la sienne, il sut choisir si bien son temps et ses postes, qu'il la défit et la mit en déroute. Après cette victoire, rien ne lui résista. Il ne toucha point cependant encore à Sagonte, évitant avec soin de donner aux Romains aucune occasion de lui déclarer la guerre avant qu'il eût pris toutes les mesures qu'il jugeait nécessaires pour une si grande entreprise ; et, en cela, il suivait le conseil que lui avait donné son père ; il s'appliqua surtout à gagner le cœur des citoyens et des alliés, et à s'attirer leur confiance en leur faisant part avec largesse du butin qu'il prenait sur l'ennemi, et en leur payant exactement tout ce qui leur était dû de leur solde pour le passé : précaution sage, et qui ne manque jamais de produire son effet dans le temps.

Les Sagontins, de leur côté, s'enfant bien le danger dont ils étaient menacés, firent savoir aux Romains combien Annibal avançait ses conquêtes. Ceux-ci nommèrent des députés pour aller s'informer par eux-mêmes sur les lieux de l'état présent des affaires, avec ordre de porter leurs plaintes à Annibal en cas qu'ils le jugeassent à propos, et, supposé qu'il ne leur donnât point satisfaction, d'aller à Carthage pour le même sujet.

Cependant Annibal forma le siége de Sagonte, prévoyant de grands avantages dans la prise de cette ville. Il comptait que, par là, il ôterait toute espérance aux Romains de faire la guerre dans l'Espagne ; que cette nouvelle conquête assurerait toutes celles qu'il y avait déjà faites ; que, ne laissant point d'ennemis derrière lui, sa marche en serait plus sûre et plus tranquille ; qu'il amasserait là de l'argent pour l'exécution de ses desseins ; que le butin que les soldats en remporteraient les rendrait plus vifs et plus ardents à le suivre ; qu'enfin, avec les dépouilles qu'il enverrait à Carthage, il se gagnerait la bienveillance des citoyens. Animé par ces grands motifs, il n'épargnait rien pour presser le siége ; il donnait lui-même l'exemple aux troupes, se trouvait à tous les travaux, et s'exposait aux plus grands dangers.

On apprit bientôt à Rome que Sagonte était assiégée. Au lieu de voler à son secours, on perdit encore le temps en vaines délibérations et en députations qui ne le furent pas moins. Annibal fit savoir à ceux qui le venaient trouver de la part des Romains, qu'il n'avait pas le temps de les entendre. Les députés se rendirent donc à Carthage, où ils ne furent pas mieux reçus, la faction Barcine l'ayant emporté sur les plaintes des Romains et sur les remontrances d'Hannon.

Pendant tous ces voyages et toutes ces délibérations, le siége continuait avec beaucoup d'ardeur. Les Sagontins étaient réduits à la dernière extrémité et manquaient de tout. On parla d'accommodement ; mais les conditions qu'on leur proposait leur parurent si dures, qu'ils ne purent se résoudre à les accepter. Avant que de rendre une dernière réponse, les principaux des Sénateurs, ayant porté dans la place publique tout leur or et leur argent et celui qui appartenait en commun à l'État, le jetèrent dans le feu qu'ils avaient fait allumer pour cet effet, et s'y précipitèrent eux-mêmes. Dans le même temps une tour que les béliers frappaient depuis longtemps étant tombé tout à coup avec un bruit épouvantable, les Carthaginois entrèrent dans la ville par la brèche, s'en rendirent maîtres en peu de temps, et égorgèrent tous ceux qui étaient en âge de porter les armes. Malgré l'incendie, le butin fut fort grand. Annibal ne se réservait rien des richesses que lui procuraient ses victoires, mais les appliquait uniquement au succès de ses entreprises. Aussi Polybe remarque-t-il que la prise de Sagonte lui servit à réveiller l'ardeur du soldat par la vue du riche butin qu'il venait de faire, et par l'espérance de celui qu'il se promettait pour l'avenir; et à achever de gagner les principaux de Carthage par les présents qu'il leur fit des dépouilles.

Il est difficile d'exprimer quelle fut à Rome la douleur et la consternation, quand on y apprit la triste nouvelle de la prise et du cruel sort de Sagonte. La compassion que l'on eut pour cette ville infortunée, la honte d'avoir manqué à secourir de si fidèles alliés, une juste indignation contre les Carthaginois auteurs de tous ces maux, de vives alarmes sur les conquêtes d'Annibal que les Romains croyaient déjà voir à leurs portes; tous ces sentiments causèrent un si grand trouble, qu'il ne fut pas possible dans les premiers moments de prendre aucune résolution, ni de faire autre chose que de s'affliger et de répandre des larmes sur la ruine d'une ville, qui avait été la malheureuse victime de son inviolable attachement pour les Romains et de l'imprudente lenteur dont ceux-ci avaient usé à son égard. Quand les esprits furent un peu revenus à eux, on convoqua l'assemblée du peuple, et la guerre contre les Carthaginois y fut résolue.

DÉCLARATION DE LA GUERRE

Pour ne manquer à aucune formalité, on envoya des députés à Carthage pour savoir si c'était par ordre de la République que Sagonte avait été assiégée, et en ce cas pour lui déclarer la guerre; ou pour lui demander qu'on leur livrât entre les mains Annibal, s'il avait entrepris ce siége de son autorité. Comme ils virent que dans le Sénat on ne répondait point précisément à leur demande, l'un d'eux montrant un pan de sa robe qui était plié : *Je porte ici*, dit-il d'un ton fier, *la paix et la guerre ; c'est à vous de choisir l'un des deux.* Sur la réponse qu'on lui fit qu'il pouvait choisir : *Je vous donne la guerre*, dit-il, en déployant le pli de sa robe. *Nous l'acceptons de bon cœur et la ferons de même*, répliquèrent les Carthaginois avec la même fierté. Ainsi commença la seconde guerre Punique.

Si l'on en imputé la cause à la prise de Sagonte, tout le tort, dit Polybe, était du côté des Carthaginois, qui ne pouvaient, sous aucun prétexte raisonnable, assiéger une ville comprise certainement, comme alliée de Rome, dans le traité qui défendait aux deux peuples d'attaquer réciproquement leurs alliés. Mais si l'on remonte plus haut, et qu'on aille jusqu'au temps où la Sardaigne fut enlevée par force aux Carthaginois, et où sans aucune raison on leur imposa un nouveau tribut, il faut avouer, remarque le même Polybe, que sur ces deux points la conduite des Romains est tout à fait inexcusable, comme fondée uniquement sur l'injustice et sur la violence ; et que si les Carthaginois, sans chercher de vains circuits et de frivoles prétextes, avaient demandé nettement satisfaction sur ces deux griefs, et en cas de refus déclaré la guerre à Rome, toute la raison et toute la justice auraient été de leur côté

L'espace entre la fin de la première guerre Punique et le commencement de la seconde fut de vingt-quatre ans.

COMMENCEMENT DE LA SECONDE GUERRE PUNIQUE

Quand la guerre fut résolue et déclarée de part et d'autre, Annibal, qui pour lors était âgé de vingt-six ou vingt-sept ans, avant que de faire éclater son grand dessein, songea à pourvoir à la sûreté de l'Espagne et de l'Afrique ; et dans cette vue il fit passer les troupes de l'une dans l'autre, en sorte que les Africains servaient en Espagne, et les Espagnols en Afrique. Il en usa ainsi, persuadé que ces soldats, éloignés chacun de leur patrie, seraient plus propres au service, et d'ailleurs lui demeureraient plus fidèlement attachés, se servant comme d'otages les uns aux autres. Les troupes qu'il laissa en Afrique montaient environ à quarante mille hommes, dont il y en avait douze cents de cavalerie. Celles d'Espagne à un peu plus de quinze mille, parmi lesquelles il y avait deux mille cinq cent cinquante chevaux. Il laissa à son frère Asdrubal le commandement des troupes d'Espagne, avec une flotte de près de soixante vaisseaux pour garder les côtes, et lui donna de sages conseils sur la manière dont il devait se conduire soit par rapport aux Espagnols, soit par rapport aux Romains s'ils venaient l'attaquer.

Avant qu'Annibal partît pour son expédition, Tite-Live remarque qu'il alla à Cadix pour s'acquitter des vœux qu'il avait faits à Hercule, et qu'il lui en fit de nouveaux pour obtenir un heureux succès dans la guerre où il allait s'engager. Polybe nous donne en peu de mots une idée fort nette de l'espace des lieux que devait traverser Annibal pour arriver en Italie. On compte depuis Carthagène d'où il partit jusqu'à l'Ebre, deux mille deux cents stades (110 lieues) ; depuis l'Ebre jusqu'à Emporium, petite ville maritime qui sépare l'Espagne des Gaules, selon Strabon, seize cents stades (80 lieues); depuis Emporium jusqu'au passage du Rhône, pareil espace de seize cents stades (80 lieues) ; depuis le passage du Rhône jusqu'aux Alpes, quatorze cents stades (70 lieues); depuis les Alpes jusque dans les plaines de l'Italie, douze cents stades (60 lieues). Ainsi depuis Carthagène jusqu'en Italie l'espace est de huit mille stades, c'est-à-dire quatre cents lieues.

Annibal avait longtemps auparavant pris de sages précautions pour connaître la nature et la situation des lieux par où il devait passer, pour pressentir la disposition des Gaulois à l'égard des Romains, pour gagner par des présents leurs chefs qu'il savait être fort intéressés, et pour s'assurer de l'affection et de la fidélité d'une partie des peuples. Il n'ignorait pas que le passage des Alpes lui coûterait beaucoup de peine, mais il savait qu'il n'était pas impraticable, et cela lui suffisait.

Dès que le printemps fut venu, Annibal se mit en marche et partit de Carthagène, où il avait passé le quartier d'hiver. Son armée pour lors était composée de plus de cent mille hommes, dont il y en avait douze mille de cavalerie : il menait plus de quarante éléphants. Ayant passé l'Ebre, il subjugua en peu de temps les peuples qui se rencontrèrent sur sa marche, et perdit assez de monde dans cette expédition. Il laissa Hannon pour commander dans tout le pays entre l'Ebre et les Pyrénées avec onze mille hommes, et leur confia les bagages de ceux qui devaient le suivre. Il en renvoya autant, chacun dans leur pays, s'assurant par là de leur bonne volonté, quand il aurait besoin de recrues, et montrant aux autres une espérance certaine de retour, quand ils le voudraient. Il passe donc les Pyrénées, et s'avance jusqu'au bord du Rhône avec cinquante mille hommes de pied et neuf mille chevaux : armée formidable, moins par le nombre que par la valeur des troupes, qui avaient servi plusieurs années en Espagne et qui y avaient appris le métier de la guerre sous les plus habiles capitaines qu'eût jamais eus Carthage.

PASSAGE DU RHONE

Annibal, arrivé environ à quatre journées de l'embouchure du Rhône, entreprit de le passer, parce qu'en
cet endroit le fleuve n'avait que la simple largeur de son
lit. Il acheta des habitants du pays tous les canots et toutes
les petites barques qu'ils avaient en assez grand nombre à
cause de leur commerce. Il fit construire aussi à la hâte
une quantité extraordinaire de bateaux, de nacelles, de
radeaux. A son arrivée, il avait trouvé les Gaulois postés
sur l'autre bord et bien disposés à lui disputer le passage.
Il n'était pas possible de les attaquer de front. Il com-
manda un détachement considérable de ses troupes sous
la conduite d'Hannon, fils de Bomilcar, pour aller passer
le fleuve plus haut ; et afin de dérober sa marche et son
dessein à la connaissance des ennemis, il le fit partir
de nuit. La chose réussit, comme il l'avait projetée.
Ils passèrent le fleuve le lendemain, sans trouver aucune
résistance.

Ils se reposèrent le reste du jour, et pendant la nuit ils
s'avancèrent à petit bruit vers l'ennemi. Le matin, quand
ils eurent donné les signaux dont on était convenu, Annibal se mit en état de tenter le passage. Une partie des
chevaux tout équipés était dans les bateaux , afin que les
cavaliers pussent, à la descente, attaquer sur-le-champ les

ennemis : les autres passaient à la nage aux deux côtés des bateaux, du haut desquels un homme seul tenait les brides de trois ou quatre chevaux. Les fantassins étaient ou sur des radeaux, ou dans de petites barques, et dans des espèces de petites gondoles qui n'étaient autre chose que des troncs d'arbres qu'ils avaient eux-mêmes creusés. On avait rangé les grands bateaux sur une même ligne au haut du courant, pour rompre la rapidité des flots et rendre le passage plus aisé au reste de la petite flotte. Quand les Gaulois la virent s'avancer sur le fleuve, ils poussèrent, selon leur coutume, des cris et des hurlements épouvantables, heurtèrent leurs boucliers les uns contre les autres, en les élevant au dessus de leurs têtes, et lancèrent force traits. Mais ils furent bien étonnés quand ils entendirent derrière eux un grand bruit, qu'ils aperçurent le feu qu'on avait mis à leurs tentes, et qu'ils se sentirent attaqués vivement en tête et en queue. Ils ne trouvèrent de sûreté que dans la fuite, et se retirèrent dans leurs villages. Le reste des troupes passa ensuite fort tranquillement.

Il n'y eut que les éléphants qui causèrent beaucoup d'embarras. Voici comment on s'y prit pour les faire passer : ce ne fut que le jour suivant. On avança du bord du rivage dans le fleuve un radeau long de deux cents pieds, et large de cinquante, qui était fortement attaché au rivage par de gros cables, et tout couvert de terre, en sorte que ces animaux en y entrant s'imaginaient marcher à l'ordinaire sur la route. De ce premier radeau ils passaient dans un second, construit de la même sorte, mais qui n'avait que cent pieds de longueur et tenait au premier par des liens faciles à délier. On faisait marcher à la tête les femelles ; les autres éléphants les suivaient ; et quand ils étaient passés dans le second radeau, on le détachait du premier, et on le conduisait à l'autre bord en le remorquant par le secours des petites barques. Puis il venait reprendre ceux qui étaient restés. Quelques-uns tombèrent dans l'eau, mais ils arrivèrent comme les autres sur le rivage, sans qu'il s'en noyât un seul.

MARCHE QUI SUIVIT LE PASSAGE DU RHONE

Les deux consuls romains étaient partis dès le commencement du printemps chacun pour sa province : P. Scipion pour l'Espagne avec soixante vaisseaux, deux légions romaines, quatorze mille fantassins et douze cents chevaux des alliés; Tib. Sempronius pour la Sicile avec cent soixante vaisseaux, deux légions, seize mille hommes d'infanterie et dix-huit cents chevaux des alliés. La légion pour lors chez les Romains était de quatre mille hommes de pied et de trois cents chevaux. Sempronius avait fait des préparatifs extraordinaires à Lilybée, ville et port de Sicile, dans le dessein de passer tout d'un coup en Afrique. Scipion pareillement avait compté trouver encore Annibal en Espagne et y établir le théâtre de la guerre. Il fut bien étonné quand, arrivant à Marseille, il apprit qu'Annibal était au bord du Rhône et songeait à le passer. Il détacha trois cents cavaliers pour aller reconnaître l'ennemi; et Annibal, de son côté, dès qu'il eut appris que Scipion était à l'embouchure du Rhône, envoya pour le même effet cinq cents Numides pendant qu'on était occupé à faire passer les éléphants.

Dans le même temps, ayant fait assembler l'armée, il donna une audience publique par le moyen d'un truche- ment à un des princes de la Gaule située vers le Pô, qui venait l'assurer, au nom de la nation, qu'on l'attendait avec impatience, et que les Gaulois étaient prêts à se joindre à lui pour marcher contre les Romains; et il s'of- frait à conduire l'armée par des endroits où elle trouverait des vivres en abondance. Quand le prince se fut retiré, Annibal parla aux troupes, fit valoir extrêmement cette députation d'une nation gauloise, releva par de justes louanges la bravoure qu'ils avaient montrée jusque-là, et les exhorta à soutenir dans la suite leur réputation et leur gloire. Les soldats, pleins d'ardeur et de courage, levè- rent tous ensemble les mains et témoignèrent qu'ils étaient prêts de le suivre partout où il les mènerait. Il marqua le départ pour le lendemain; et après avoir fait des vœux et des supplications aux dieux pour le salut de tous les sol- dats, il les renvoya, en leur recommandant de prendre de la nourriture et du repos.

Les Numides revinrent dans ce moment. Ils avaient ren- contré le détachement des Romains et l'avaient attaqué. Le choc fut très-rude, et le carnage fort grand, eu égard au nombre. Il resta sur la place du côté des Romains cent soixante hommes, et de l'autre plus de deux cents ; mais l'honneur de cette action demeura aux premiers, les Numides ayant cédé le champ de bataille et s'étant retirés. Cette première action fut prise comme un présage du sort de cette guerre, et elle sembla promettre aux Romains un heureux succès, mais qui leur coûterait cher, et qui leur serait bien disputé. De part et d'autre, ceux qui étaient restés du combat, et qui avaient été à la découverte, retournèrent vers leurs chefs pour leur en porter des nouvelles.

Annibal partit le lendemain, comme il l'avait déclaré, et traversa la Gaule par le milieu des terres en s'avançant vers le septentrion, non que ce chemin fût le plus court pour arriver aux Alpes, mais parce qu'en l'éloignant de la mer il lui faisait éviter la rencontre de Scipion, et favorisait le dessein qu'il avait d'entrer en Italie avec toutes ses forces, sans les avoir affaiblies par aucun combat.

Quelque diligence que fit Scipion, il n'arriva à l'endroit où Annibal avait passé le Rhône que trois jours après qu'il en était parti. Désespérant de pouvoir l'atteindre, il retourna à sa flotte et se rembarqua, résolu de l'aller attendre à la descente des Alpes. Mais afin de ne pas laisser l'Espagne sans défense, il y envoya son frère Cnéïus avec la plus grande partie de ses troupes pour faire tête à Asdrubal et partit aussitôt pour Gênes, destinant l'armée qui était dans la Gaule vers le Pô pour l'opposer à celle d'Annibal.

Celui-ci, après une marche de quatre jours, arriva à une

espèce d'île formée par le confluent de deux rivières qui se joignent en cet endroit. Là il fut pris pour arbitre envers deux frères qui se disputaient le royaume. Celui à qui il l'adjugea fournit à toute l'armée des vivres, des habits et des armes. C'était le pays des Allobroges : on appelait ainsi les peuples qui occupent maintenant les diocèses de Genève, de Vienne et de Grenoble. Sa marche fut assez tranquille, jusqu'à ce qu'il fut arrivé à la Durance; et il s'avança de là aux pieds des Alpes, sans trouver d'obstacle.

PASSAGE DES ALPES

La vue de ces montagnes, qui semblaient toucher au ciel, qui étaient couvertes partout de neiges, où l'on ne découvrait que quelques cabanes informes dispersées çà et là, et situées sur des pointes de rochers inaccessibles, que des troupeaux maigres et transis de froid, que des hommes chevelus d'un aspect sauvage et féroce ; cette vue, dis-je, renouvela la frayeur qu'on en avait déjà conçue de loin, et glaça de crainte tous les soldats. Quand on commença à y monter, on aperçut les montagnards qui s'étaient emparés des hauteurs, et qui se préparaient à disputer le passage. Il fallut s'arrêter. S'ils s'étaient cachés dans une embuscade, dit Polybe, et qu'après avoir laissé aux troupes le temps de s'engager dans quelque mauvais pas, ils fussent venus tout d'un coup fondre sur elles, l'armée était perdue sans ressource. Annibal apprit qu'ils ne gardaient ces hauteurs que de jour, après quoi ils se retiraient. Il s'en empara de nuit. Quand les Gaulois revinrent de grand matin, ils furent fort surpris de voir leurs postes occupés par l'ennemi; mais ils ne perdirent pas courage. Accoutumés à grimper sur ces roches, ils attaquent les Carthaginois qui s'étaient mis en marche, et les harcellent de tous côtés. Ceux-ci avaient en même temps à combattre contre l'ennemi, et à lutter contre la difficulté des lieux, où ils avaient peine à se soutenir. Mais le grand désordre fut causé par les chevaux et les bêtes de somme chargés du bagage, qui, effrayés des cris et des hurlements des Gaulois que les montagnes faisaient retentir d'une manière horrible, et blessés quelquefois par les montagnards, se renversaient sur les soldats et les entraînaient avec elles dans les précipices qui bordaient le chemin. Annibal, sentant bien que la perte seule de ses bagages pouvait faire périr son armée, vint au secours des troupes en cet endroit; et, ayant mis en fuite ses ennemis, continua sa marche sans trouble et sans danger, et arriva à un château, qui était la place la plus importante du pays. Il s'en rendit maître, aussi bien que de tous les bourgs voisins, où il trouva de grands amas de blé, et beaucoup de bestiaux, qui servirent à nourrir son armée pendant trois jours.

Après une marche assez paisible, on eut un nouveau danger à essuyer. Les Gaulois, feignant de vouloir profiter du malheur de leurs voisins, qui s'étaient mal trouvés d'avoir entrepris de s'opposer au passage des troupes, vinrent saluer Annibal, lui apportèrent des vivres, s'offrirent à lui servir de guides, et lui laissèrent des otages pour assurance de leur fidélité. Annibal ne s'y fia que médiocrement. Les éléphants et les chevaux marchaient à la tête : il suivait avec le gros de son infanterie, attentif et prenant garde à tout. On arriva dans un défilé étroit et roide, commandé par une hauteur où les Gaulois avaient caché une embuscade. Elle en sortit tout à coup, attaqua les Carthaginois de tous côtés, roulant contre eux des pierres d'une grandeur énorme. Ils auraient mis l'armée entièrement en désordre, si Annibal n'eût fait des efforts extraordinaires pour la tirer de ce mauvais pas.

Enfin, le neuvième jour, il arriva sur le sommet des Alpes. L'armée y passa deux jours à se reposer et à se refaire de ses fatigues, après quoi elle se mit en marche. Comme on était vers le coucher des Pléiades, il était tombé récemment beaucoup de neige qui couvrait tous les chemins, ce qui jeta le trouble et le découragement parmi les troupes. Annibal s'en aperçut, et, s'étant arrêté sur une hauteur d'où l'on découvrait toute l'Italie, il leur montra les campagnes fertiles et arrosées par le Pô, auxquelles ils touchaient presque, ajoutant qu'il ne fallait plus qu'un léger effort pour y arriver. Il leur représenta qu'une ou deux batailles allaient finir glorieusement leurs travaux et les enrichir pour toujours, en les rendant maîtres de la capitale de l'empire romain. Ce discours, plein d'une si flatteuse espérance, et soutenu de la vue de l'Italie, rendit l'allégresse et la vigueur aux troupes abattues. On continua donc de marcher. Mais la route n'en était pas devenue plus aisée; au contraire, comme c'était en descendant, la difficulté et le danger augmentaient; car les chemins étaient presque partout escarpés, étroits, glissants; en sorte que les soldats ne pouvaient se soutenir en marchant, ni s'arrêter lorsqu'ils avaient un mauvais pas, mais tombaient les uns sur les autres et se renversaient mutuellement.

On arriva à un endroit plus difficile que tout ce qu'on avait rencontré jusque-là. C'était un sentier déjà fort roide par lui-même, et qui l'étant encore devenu davantage par un nouvel éboulement de terres, montrait un abîme qui avait plus de mille pieds de profondeur. La cavalerie s'y arrêta tout court. Annibal, étonné de ce retardement, y accourut, et vit qu'en effet il était impossible de passer outre. Il songea à prendre un long détour et à faire un grand circuit; mais la chose ne se trouva pas moins impossible. Comme sur l'ancienne neige, qui était durcie par le temps, il en était tombé depuis quelques jours une nouvelle qui n'avait pas beaucoup de profondeur, les pieds s'y soutenaient; mais quand celle-ci, par le passage des premières troupes et des bêtes de somme fut fondue, on ne marchait que sur la glace, où tout était glissant, où les pieds ne trouvaient point de prise, et où, pour peu qu'on fît un faux pas et qu'on voulût s'aider des mains pour se retenir, on ne rencontrait plus ni branches, ni racines pour s'y attacher. Outre cet inconvénient, les chevaux, frappant avec effort la glace pour se retenir, et y enfonçant leurs pieds, ne pouvaient plus les en retirer, et y demeuraient pris comme dans un piége. Il fallut donc chercher un autre expédient.

Annibal prit le parti de faire camper et reposer son armée pendant quelque temps sur le sommet de cette colline, qui avait assez de largeur, après en avoir fait nettoyer le terrain et ôter toute la neige qui le couvrait, tant la nouvelle que l'ancienne, ce qui coûta des peines infinies. On creusa ensuite par son ordre dans le rocher même, et ce travail fut poussé avec une ardeur et une constance étonnante. Pour ouvrir et élargir cette route, on abattit tous les arbres des environs, et, à mesure qu'on les coupait, le bois était rangé autour du roc; après quoi, on y mettait le feu. Heureusement, il faisait un grand vent, qui alluma bientôt une flamme ardente; de sorte que la pierre devint aussi rouge que le brasier même qui l'environnait. Alors, Annibal, si l'on en croit Tite-Live, car Polybe n'en dit rien, fit verser dessus une grande quantité de vinaigre, qui, s'insinuant dans les veines du rocher entr'ouvert par la force du feu, le calcina et l'amollit; de cette sorte, en prenant un long circuit, afin que la pente fût plus douce, on pratiqua le long du rocher un chemin qui donna un libre passage aux troupes, aux bagages et même aux éléphants. On employa quatre jours à cette opération. Les bêtes de somme mouraient de faim, car on ne trouvait rien pour elles dans ces montagnes toutes couvertes de neige. On arriva enfin dans des endroits cultivés et fertiles, qui fournirent abondamment du fourrage aux chevaux, et toutes sortes de nourriture aux soldats.

ENTRÉE DANS L'ITALIE

L'armée d'Annibal, lorsqu'elle entra en Italie, était de beaucoup inférieure en nombre à ce qu'elle était quand il partit de l'Espagne, où nous avons vu qu'elle montait à près de soixante mille hommes. Sur la route, elle avait fait de grandes pertes, soit dans les combats qu'il lui fallut soutenir, soit au passage des rivières. En quittant le Rhône, elle était encore de trente-huit mille hommes de pied, et de plus de huit mille chevaux. Le passage des Alpes la diminua de près de moitié. Il ne restait plus à Annibal que douze mille Africains, huit mille Espagnols d'infanterie, et six mille chevaux. C'est lui-même qui l'avait marqué sur une colonne près du promontoire Lacinien. Il y avait cinq mois et demi qu'il était parti de la nouvelle Carthage, en comptant les quinze jours que lui avait coûtés le passage des Alpes, lorsqu'il planta ses étendards dans les plaines du Pô, à l'entrée du Piémont. On pouvait être alors dans le mois de septembre.

Son premier soin fut de donner quelque repos à ses troupes, qui en avaient un extrême besoin. Lorsqu'il les vit en bon état, les peuples du territoire de Turin ayant refusé de faire alliance avec lui, il alla camper devant la principale de leurs villes, l'emporta en trois jours, et fit passer au fil de l'épée tous ceux qui lui avaient été opposés. Cette expédition jeta une si grande terreur parmi les Barbares, qu'ils vinrent tous d'eux-mêmes se rendre à discrétion. Le reste des Gaulois en aurait fait autant, si la crainte de l'armée romaine, qui approchait, ne les eût retenus. Annibal alors jugea qu'il n'y avait point de temps à perdre, qu'il fallait avancer dans le pays et hasarder quelque exploit qui pût établir la confiance parmi les peuples qui auraient envie de se déclarer pour lui.

Cette rapidité extraordinaire d'Annibal étonna Rome, et y jeta une grande alarme. Sempronius reçut ordre de quitter la Sicile pour venir au secours de sa patrie, et P. Scipion, l'autre consul, s'avança à grandes journées vers l'ennemi, passa le Pô, et alla camper près du Tessin.

COMBAT DE CAVALERIE PRÈS DU TESSIN

Les armées étant en présence, les chefs de part et d'autre haranguent leurs soldats avant que d'en venir aux mains. Scipion, après avoir représenté à ses troupes la gloire de leur patrie et les exploits de leurs ancêtres, les avertit que la victoire est entre leurs mains, puisqu'ils n'auront affaire qu'à des Carthaginois, si souvent vaincus, réduits à être leurs tributaires pendant vingt ans, et accoutumés depuis longtemps à être presque leurs esclaves ; que l'avantage qu'ils ont remporté contre l'élite de la cavalerie carthaginoise est un gage assuré du succès du reste de toute la guerre; qu'Annibal, au passage des Alpes, vient de perdre la meilleure partie de son armée; que ce qui lui en reste est épuisé par la faim, le froid, les fatigues et la misère; qu'il leur suffira de se montrer pour mettre en fuite des troupes qui ressemblent plus à des spectres qu'à des hommes; qu'enfin la victoire est devenue nécessaire, non-seulement pour couvrir l'Italie, mais pour sauver Rome même, du sort de laquelle le combat va décider, et qui n'a point d'autre armée à opposer aux ennemis.

. Annibal, pour se mieux faire entendre à des soldats d'un esprit grossier, parle à leurs yeux avant que de parler à leurs oreilles, et ne songe à les persuader par des raisons qu'après les avoir remués par le spectacle. Il offre des armes à plusieurs des prisonniers montagnards, les fait combattre deux à deux à la vue de son armée, promettant la liberté et des présents magnifiques à ceux qui sortiraient vainqueurs. La joie avec laquelle ces Barbares coururent au combat sur de pareils motifs, donne occasion à Annibal de tracer plus vivement à ses gens, par ce qui vient de se passer à leurs yeux, une image sensible de leur situation présente, qui, en leur ôtant tous les moyens de reculer en arrière, leur impose une nécessité absolue de vaincre ou de mourir, pour éviter les maux infinis préparés à ceux qui seront assez lâches pour céder aux Romains. Il étale à leurs yeux la grandeur des récompenses, la conquête de toute l'Italie, le pillage de Rome, cette ville si riche et si opulente, une victoire illustre, une gloire immortelle. Il rabaisse la puissance romaine, dont le vain éclat ne doit point éblouir des guerriers comme eux, qui sont venus des colonnes d'Hercule jusque dans le cœur de l'Italie, au travers des nations les plus féroces. Pour ce qui le regarde personnellement, il ne daigne pas se comparer avec un Scipion, général de six mois, lui presque né, du moins nourri dans la tente d'Amilcar, son père, vainqueur de l'Espagne, de la Gaule, des habitants des Alpes, et, ce qui est beaucoup plus, vainqueur des Alpes mêmes. Il excite leur indignation contre l'insolence des Romains, qui ont osé demander qu'on le leur livrât avec les soldats qui avaient pris Sagonte ; et il pique leur jalousie contre l'orgueil insupportable de ces maîtres impérieux, qui croient que tout doit obéir, et qu'ils ont droit d'imposer des lois à toute la terre.

Après ces discours de part et d'autre, on se prépare au combat. Scipion, ayant jeté un pont sur le Tessin, fit passer ses troupes. Deux mauvais présages avaient jeté le trouble et l'alarme dans son armée. Les Carthaginois étaient pleins d'ardeur. Annibal leur fait de nouvelles promesses ; et ayant fendu avec une pierre la tête de l'agneau qu'il immolait, il prie Jupiter de l'écraser de même, s'il ne donnait à ses soldats les récompenses qu'il venait de leur promettre.

Scipion fait marcher à la première ligne les gens de trait avec la cavalerie gauloise, et forme sa seconde ligne de l'élite de la cavalerie des alliés, et avance au petit pas. Annibal marche au-devant de lui avec toute sa cavalerie, plaçant au centre la cavalerie à frein, et la numide sur ses ailes, pour envelopper l'ennemi. Les chefs de la cavalerie, ne demandant qu'à combattre, on commence à charger.

Au premier choc, les soldats de Scipion, armés à la légère, eurent à peine lancé leurs premiers traits, qu'épouvantés par la cavalerie carthaginoise qui venait sur eux, et craignant d'être foulés aux pieds par les chevaux, ils plièrent et s'enfuirent par les intervalles qui séparaient les escadrons. Le combat se soutint longtemps à forces égales. De part et d'autre, beaucoup de cavaliers mirent pied à terre; de sorte que l'action devint d'infanterie comme de cavalerie. Pendant ce temps-là, les Numides enveloppent l'ennemi et fondent par les derrières sur ces gens de trait, qui d'abord avaient échappé à la cavalerie, et les écrasent sous les pieds de leurs chevaux. Les troupes, qui étaient au centre des Romains, avaient combattu jusque-là avec beaucoup de valeur; de part et d'autre, il était resté sur la place bien du monde, et plus même du côté des Carthaginois. Mais les troupes romaines furent mises en désordre par l'attaque des Numides, qui les prirent en queue, et surtout par la blessure du consul, qui le mit hors d'état de combattre. Ce général fut tiré des mains des ennemis par le courage de son fils, qui n'avait pour lors que dix-sept ans, et qui mérita ensuite le surnom d'Africain, pour avoir terminé glorieusement cette guerre.

Le consul, blessé dangereusement, se retira en bon ordre, et fut conduit dans son camp par un gros de cavaliers qui le couvraient de leurs armes et de leurs corps : le reste des troupes l'y suivit. Il se hâta d'arriver au Pô; le fit passer à son armée, et rompit le pont : ce qui empêcha Annibal de l'atteindre.

On convient qu'Annibal dût cette première victoire à sa

cavalerie, et on jugea dès lors qu'elle faisait la principale force de son armée, et que pour cette raison les Romains devaient éviter les plaines larges et découvertes, telles que sont celles qui se trouvent entre le Pô et les Alpes.

Aussitôt après la journée du Tessin, tous les Gaulois du voisinage s'empressèrent à l'envi de venir se rendre à Annibal, de le fournir de munitions et de prendre parti dans ses troupes. Et ce fut là, comme Polybe l'a déjà fait remarquer, la principale raison qui obligea ce sage et habile général, malgré le petit nombre et la faiblesse de ses troupes, de hasarder une bataille qui était devenue pour lui d'une absolue nécessité dans l'impuissance où il était de retourner en arrière, quand il l'aurait voulu ; parce qu'il n'y avait qu'une bataille qui pût faire déclarer en sa faveur les Gaulois, dont le secours était l'unique ressource qui lui restât dans la conjoncture présente.

BATAILLE DE LA TRÉBIE

Le consul Sempronius, sur les ordres du Sénat, était revenu de Sicile à Rimini. De là il marcha vers la Trébie, petite rivière de la Lombardie qui se jette dans le Pô un peu au dessus de Plaisance, où il joignit ses troupes avec celles de Scipion. Annibal s'approcha du camp des Romains, dont il n'était plus séparé que par la petite rivière. La proximité des armées donnait lieu à de fréquentes escarmouches, dans l'une desquelles Sempronius, à la tête d'un corps de cavalerie, remporta contre un parti de Carthaginois un avantage assez peu considérable, mais qui augmenta beaucoup la bonne opinion que ce général avait naturellement de son mérite.

Ce léger succès lui paraissait une victoire complète. Il se vantait d'avoir vaincu l'ennemi dans un genre de combat où son collègue avait été défait, et d'avoir par là relevé le courage abattu des Romains. Déterminé à en venir au plus tôt à une action décisive, il crut, pour la bienséance, devoir consulter Scipion, qu'il trouva d'un avis entièrement contraire au sien. Celui-ci représentait que si l'on donnait aux nouvelles levées le temps de s'exercer pendant l'hiver, on en tirerait plus de service la campagne suivante; que les Gaulois, naturellement légers et inconstants, se détacheraient peu à peu d'Annibal; que sa blessure étant guérie, sa présence pourrait être de quelque utilité dans une affaire générale; enfin il le priait instamment de ne point passer outre.

Quelque solides que fussent ces raisons, Sempronius ne put les goûter. Il voyait sous ses ordres seize mille Romains et vingt mille alliés, sans compter la cavalerie; c'était le nombre où montait dans ce temps-là une armée complète, lorsque les deux consuls se trouvaient joints ensemble. L'armée ennemie était à peu près de pareil nombre. La conjoncture lui paraissait tout à fait favorable. Il disait hautement que tous demandaient la bataille, excepté son collègue, qui devenu par sa blessure plus malade de l'esprit que du corps ne pouvait souffrir qu'on parlât de combat. Mais enfin était-il juste de laisser languir tout le monde avec lui ? Qu'attendait-il davantage ? Espérait-il qu'un troisième consul et qu'une nouvelle armée viendraient à son secours ? Il tenait de pareils discours et parmi les soldats, et jusque dans la tente de Scipion. Le temps de l'élection des nouveaux généraux qui approchait, lui faisait craindre qu'on ne lui envoyât un successeur avant qu'il eût pu terminer la guerre, et il croyait devoir profiter de la maladie de son collègue pour s'assurer à lui seul tout l'honneur de la victoire. Comme il ne cherchait pas le temps des affaires, dit Polybe, mais le sien, il ne pouvait manquer de prendre de mauvaises mesures. Il donna donc ordre aux soldats de se tenir prêts à combattre.

C'était tout ce que désirait Annibal, qui avait pour maxime qu'un général qui s'est avancé dans un pays ennemi ou étranger, et qui a formé une entreprise extraordinaire, n'a de ressource qu'en soutenant toujours les espérances des alliés par quelque nouvel exploit. D'ailleurs, sachant qu'il n'aurait affaire qu'à des troupes de nouvelle levée qui étaient sans expérience, il désirait profiter de l'ardeur des Gaulois qui demandaient le combat, et de l'absence de Scipion à qui sa blessure ne permettait pas d'y assister. Il ordonna donc à Magon de se mettre en embuscade avec deux mille hommes, tant cavalerie qu'infanterie, sur les bords escarpés du petit ruisseau qui séparait les deux camps, et de se tenir caché parmi les arbrisseaux qui y étaient en grande quantité. Souvent une embuscade est plus sûre dans un terrain plat et uni, mais fourré, comme était celui-là, que dans des bois, parce qu'on s'en défie moins. Il fit ensuite passer la Trébie aux cavaliers numides, avec ordre de s'avancer dès le point du jour jusques aux portes du camp des ennemis pour les attirer au combat, et de repasser la rivière en se retirant pour engager les Romains à la passer aussi. Ce qu'il avait prévu ne manqua pas d'arriver. Le bouillant Sempronius envoya d'abord contre les Numides toute sa cavalerie, puis six mille hommes de trait, qui furent bientôt suivis de tout le reste de l'armée. Les Numides lâchèrent le pied à dessein. Les Romains les poursuivirent avec chaleur, et passèrent la Trébie sans résistance, mais non sans beaucoup souffrir, ayant de l'eau jusque sous les aisselles, parce qu'ils trouvèrent le ruisseau enflé par les torrents qui y étaient tombés des montagnes voisines pendant la nuit. On était pour lors vers le solstice d'hiver, c'est à dire en décembre. Il négeait ce jour-là même, et il faisait un froid glacial. Les Romains étaient sortis à jeûn, et sans avoir pris aucune précaution ; au lieu que les Carthaginois, par l'ordre d'Annibal, avaient bu et mangé sous leurs tentes, avaient mis leurs chevaux en état, s'étaient frottés d'huile et revêtus de leurs armes auprès du feu.

On en vint aux mains en cet état. Les Romains se défendirent assez longtemps et avec assez de courage ; mais la faim, le froid, la fatigue leur avaient ôté la moitié de leurs forces.

La cavalerie carthaginoise qui surpassait de beaucoup la romaine en nombre et en vigueur, l'enfonça et la mit en fuite. Le désordre se mit bientôt aussi dans l'infanterie. L'embuscade étant sortie à propos, vint fondre tout à coup sur elle par les derrières, et acheva la déroute. Un gros de troupes, au nombre de plus de dix mille hommes, eut le courage de se faire jour à travers les Gaulois et les Africains, dont ils firent un grand carnage ; et ne pouvant ni secourir les leurs, ni retourner au camp, dont la cavalerie numide, la rivière et la pluie ne leur permettaient pas de reprendre le chemin, ils se retirèrent en bon ordre à Plaisance. La plupart des autres qui restèrent, périrent sur le bord de la rivière, écrasés par les éléphants et par la cavalerie. Ceux qui purent échapper, allèrent joindre le gros dont nous avons parlé. Scipion se rendit aussi à Plaisance la nuit suivante. La victoire fut complète du côté des Carthaginois, et la perte peu considérable, si ce n'est que le froid, la pluie, la neige leur firent périr beaucoup de chevaux, et que de tous les éléphants on n'en put sauver qu'un seul.

Cette campagne et la suivante furent plus heureuses pour les Romains en Espagne. Cn. Scipion la subjugua jusqu'à l'Ebre, défit Hannon et le fit prisonnier.

Annibal profita des quartiers d'hiver pour faire reposer ses troupes et pour gagner les habitants du pays. Dans cette vue, après avoir déclaré aux prisonniers qu'il avait faits sur les alliés des Romains qu'il n'était pas venu pour leur faire la guerre, mais pour remettre les Italiens en liberté, et pour les défendre contre les Romains, il les renvoya tous sans rançon dans leur patrie.

A peine l'hiver était-il fini, qu'il prit le chemin de la Toscane, où il se hâtait de passer pour deux grandes raisons. La première était pour éviter les effets de la mau-

8.

vaise volonté des Gaulois, qui se lassaient du long séjour de l'armée carthaginoise sur leurs terres, et qui souffraient avec impatience de porter tout le poids d'une guerre dans laquelle ils n'étaient entrés que pour la faire chez leurs ennemis communs ; la seconde, pour augmenter par une démarche hardie la réputation de ses armes parmi tous les peuples d'Italie, en portant la guerre jusque dans le voisinage de Rome, et pour ranimer l'ardeur de ses troupes et des Gaulois ses alliés par le pillage des terres ennemies. Mais il fut attaqué au passage de l'Apennin d'une horrible tempête, qui lui fit perdre beaucoup du monde. Le froid , la pluie, les vents, la grêle, semblaient avoir conjuré sa ruine, en sorte que ce que les Carthaginois avaient souffert au passage des Alpes leur paraissait moins affreux. De là il retourna à Plaisance, où il donna contre Sempronius, qui était aussi revenu de Rome, un second combat. La perte fut à peu près égale de part et d'autre.

Ce fut dans ce même quartier d'hiver qu'il s'avisa d'un stratagème vraiment carthaginois. Il était environné de peuples légers et inconstants : la liaison qu'il avait contractée avec eux était encore toute récente. Il avait à craindre que changeant à son égard de dispositions, ils ne lui dressassent des piéges et n'attentassent sur sa vie. Pour la mettre en sûreté, il fit faire des perruques et des habits pour toutes les différentes sortes d'âge. Il prenait tantôt l'un, tantôt l'autre, et se déguisait si souvent, que non-seulement ceux qui ne le voyaient qu'en passant, mais ses amis même avaient peine à le reconnaître.

On avait nommé à Rome pour consuls Cn. Servilius et

C. Flaminius. Annibal ayant appris que celui-ci était déjà arrivé à Arrétium, ville de la Toscane, crut devoir hâter sa marche pour l'atteindre au plus tôt. De deux chemins qu'on lui indiqua, il prit le plus court, quoiqu'il fût très-difficile et presque impraticable, parce qu'il fallait passer à travers un marais. L'armée y souffrit des fatigues incroyables. Pendant quatre jours et trois nuits elle eut le pied dans l'eau, sans pouvoir prendre un moment de sommeil. Annibal lui-même, monté sur le seul éléphant qui lui restait, eut bien de la peine à en sortir. Les veilles continuelles, jointes aux vapeurs grossières qui s'exhalaient de ces lieux marécageux et à l'intempérie de la saison, lui firent perdre un œil.

BATAILLE DE THRASYMÈNE

Annibal, après être sorti presque contre toute espérance de ce pas dangereux, et avoir fait prendre quelque repos à ses troupes, alla camper entre Arrétium et Fésule, dans le territoire le plus riche et le plus fertile de la Toscane. Il s'attacha d'abord à connaître le caractère de Flaminius, pour tirer avantage de son faible ; ce qui, selon Polybe, doit faire la principale étude d'un général d'armée. Il apprit que c'était un homme entêté de son mérite, entreprenant, hardi, impétueux, avide de gloire. Pour le précipiter de plus en plus dans ces vices qui lui étaient naturels, il commença à irriter sa témérité par le dégât et les incendies qu'il fit faire à sa vue dans toute la campagne.

Flaminius n'était pas d'humeur à rester tranquille dans son camp, quand même Annibal serait demeuré en repos. Mais quand il vit qu'on ravageait à ses yeux les terres des alliés, il crut que c'était une honte pour lui qu'Annibal pillât impunément l'Italie, et s'avançât sans trouver de résistance vers les murailles même de Rome. Il rejeta avec mépris les sages avis de ceux qui lui conseillaient d'attendre son collègue, et de se contenter pour le présent d'arrêter les ravages de l'ennemi.

Cependant Annibal avançait toujours vers Rome, ayant Cortone à sa gauche, et le lac de Thrasymène à sa droite. Quand il vit que le consul suivait de près dans le desssein de le combattre pour l'arrêter dans sa marche, ayant reconnu que le terrain était propre à donner bataille, il ne songea aussi de son côté qu'aux moyens de la donner. Le lac de Thrasymène et les racines des montagnes de Cortone forment un défilé fort serré, au-delà duquel on entre dans un vallon assez spacieux, bordé des deux côtés dans sa longueur par des hauteurs assez grandes, et fermé dans le débouché, qui est à l'autre extrémité, par une colline escarpée et de difficile accès. C'est sur cette colline qu'Annibal alla camper avec le gros de son armée, après avoir traversé tout le vallon, et avoir posté l'infanterie légère en embuscade sur les collines à droite, et fait couler une partie de sa cavalerie derrière les éminences jusque vers l'entrée du défilé par où Flaminius devait nécessairement passer. En effet ce général, qui suivait l'ennemi avec chaleur pour le combattre, étant arrivé à la vue du défilé près du lac, fut obligé de s'y arrêter, parce que la nuit approchait : mais il y entra le lendemain dès la pointe du jour.

Annibal l'ayant laissé avancer avec toutes ses troupes plus de la moitié du vallon, et voyant l'avant-garde des Romains assez près de lui, donna le signal du combat, et envoya ordre à ses troupes de sortir de leur embuscade pour fondre en même temps sur l'ennemi de tous côtés. On peut juger du trouble des Romains.

Ils n'étaient pas encore rangés en bataille, et n'avaient pas préparé leurs armes, lorsqu'ils se virent pressés par-devant, par-derrière, et par les flancs. Le désordre se met en un moment dans tous les rangs. Flaminius seul intrépide dans une consternation si universelle, ranime ses soldats de la main et de la voix, et les exhorte à se faire un passage par le fer à travers les ennemis. Mais le tumulte qui règne partout, les cris affreux des ennemis, et le brouillard qui s'était élevé, empêchent qu'on ne puisse ni le voir ni l'entendre. Cependant, lorsqu'ils aperçurent qu'ils étaient enfermés de tous côtés ou par les ennemis, ou par le lac, l'impossibilité de se sauver par la fuite rappela leur courage, et l'on commença à combattre de tous côtés avec une animosité étonnante. L'acharnement fut si grand dans les deux armées, que personne ne sentit un tremblement de terre qui arriva dans cette contrée, et qui renversa des villes entières. Dans cette confusion, Flaminius ayant été tué par un Gaulois insubrien, les Romains commencèrent à plier, et prirent ensuite ouvertement la fuite. Un grand nombre, cherchant à se sauver, se précipita dans le lac;

d'autres, ayant pris le chemin des montagnes, se jetèren*
eux-mêmes au milieu des ennemis qu'ils voulaient éviter.
Six mille seulement s'ouvrirent un passage à travers les
vainqueurs, et se retirèrent en un lieu de sûreté : mais ils
furent arrêtés et faits prisonniers le lendemain. Il y ent
quinze mille Romains de tués dans cette bataille. Environ
dix mille se rendirent à Rome par différents chemins. Annibal renvoya les Latins, alliés des Romains, sans rançon. Il
fit chercher inutilement le corps de Flaminius pour lui donner la sépulture. Il mit ensuite ses troupes en quartiers
de rafraîchissement, et rendit les derniers devoirs aux
principaux de son armée, qui étaient restés sur le champ
de bataille au nombre de trente. De son côté, la perte ne
fut en tout que de quinze cents hommes, la plupart Gaulois.

Annibal dépêcha alors un courrier à Carthage, pour y
porter la nouvelle des heureux succès qu'il avait eus jusque-
là en Italie. Elle y causa une joie infinie pour le présent,
fit concevoir de merveilleuses espérances pour l'avenir, et
ranima le courage de tous les citoyens. Ils s'appliquèrent
avec une ardeur incroyable à prendre des mesures pour envoyer en Italie et en Espagne tous les secours capables d'y
soutenir les affaires.

A Rome, au contraire, la douleur et l'alarme furent uni-
verselles, quand le préteur, du haut de la tribune aux harangues, eut prononcé ces mots en présence du peuple : *Nous
avons perdu une grande bataille.* Le Sénat, uniquement
occupé du bien public, crut que, dans un si grand malheur
et dans un danger si pressant, il fallait avoir recours à des

remèdes extraordinaires. On nomma pour dictateur Quintus Fabius, personnage aussi distingué par sa sagesse que par sa naissance. A Rome, dès qu'on avait nommé un dictateur, toute autorité cessait, excepté celle des tribuns du peuple. On lui donna pour général de la cavalerie Marcus Minucius. C'était la seconde année de la guerre.

CONDUITE D'ANNIBAL PAR RAPPORT A FABIUS

Annibal, après la bataille de Thrasymène, ne jugeant pas encore à propos de s'approcher de Rome, se contenta de battre la campagne et de ravager le pays. Il traversa l'Ombrie et le Picénum, et arriva dans le territoire d'Adria, après dix jours de marche. Il fit dans cette route un riche butin. Ennemi implacable des Romains, il avait ordonné que l'on fît main basse sur tout ce qui s'en rencontrerait en âge de porter les armes; et, ne trouvant d'obstacle nulle par, il s'avança jusque dans la Pouille, en abandonnant au pillage les pays qui se trouvaient sur sa route, et faisant partout le dégat, pour forcer les peuples à quitter l'alliance des Romains, et pour apprendre à toute l'Italie que Rome découragée lui cédait la victoire.

Fabius, suivi de Minucius et de quatre légions, était parti de Rome pour aller chercher l'ennemi, mais dans la ferme résolution de ne lui donner aucune prise sur lui, de ne pas faire un seul mouvement sans avoir bien reconnu

8..

les lieux, et de ne point hasarder de bataille qu'il ne fût assuré du succès.

Dès que les deux armées furent en présence, Annibal, pour jeter l'épouvante dans les troupes romaines, ne manqua pas de leur présenter la bataille en s'avançant jusqu'auprès des retranchements de leur camp. Mais quand il vit que tout y était calme, il se retira, blâmant en apparence la lâcheté de ses ennemis, à qui il reprochait d'avoir enfin perdu cette valeur martiale si naturelle à leurs pères, mais outré au fond de voir qu'il avait affaire à un général si différent de Sempronius et de Flaminius, et que les Romains, instruits par leurs défaites, avaient enfin trouvé un chef capable de tenir tête à Annibal.

Dès ce moment il comprit qu'il n'aurait point à craindre d'attaques vives et hardies de la part du dictateur, mais une conduite prudente et mesurée, qui pourrait le jeter dans de très-grands embarras. Restait à savoir si le nouveau général aurait assez de fermeté pour suivre constamment le plan qu'il paraissait s'être tracé. Il essaya donc de l'ébranler par les divers mouvements qu'il faisait, par le ravage des terres, par le pillage des villes, par l'incendie des bourgs et des villages. Tantôt il décampait avec précipitation, tantôt il s'arrêtait tout d'un coup dans quelque vallon détourné, pour voir s'il ne pourrait point le surprendre en rase campagne. Mais Fabius conduisait ses troupes par les hauteurs, sans perdre de vue Annibal; ne s'approchant jamais assez de l'ennemi pour en venir aux mains, mais ne s'en éloignant pas non plus tellement qu'il pût lui échapper. Il tenait exactement ses soldats dans son camp, ne les laissant jamais sortir que pour les fourrages , où il ne les envoyait qu'avec de fortes escortes. Il n'engageait que de légères escarmouches , et avec tant de précaution , que ses troupes y avaient toujours l'avantage. Par ce moyen il rendait insensiblement au soldat la confiance que la perte de trois batailles lui avait ôtée , et il le mettait en état d compter comme autrefois sur son courage et sur son bo# heur.

Annibal , après avoir fait un butin immense dans la Campanie où il était demeuré assez longtemps , décampa pour ne point consommer les provisions qu'il avait amassées, et dont il se réservait l'usage pour la saison où la terre n'en fournit plus. D'ailleurs il ne pouvait plus demeurer dans un pays de vignobles et de vergers , plus agréable pour le spectacle, qu'utile pour la subsistance d'une armée, où il se serait vu réduit à passer ses quartiers d'hiver entre des marais, des rochers et des sables , pendant que les Romains auraient tiré abondamment leurs convois de Capoue et des plus riches contrées d'Italie. Il prit donc le parti d'aller s'établir ailleurs.

Fabius jugea bien qu'Annibal serait obligé de prendre pour son retour le même chemin par lequel il était venu. et qu'il serait facile de l'inquiéter dans sa marche. Il commence par s'assurer de Casilin , petite ville située sur le Vulturne , qui séparait les terres de Falerne de celles de Capoue , en y jetant un corps de troupes assez considérable : il détache quatre mille hommes pour s'emparer du seul défilé par lequel Annibal pouvait sortir; puis , selon sa coutume ordinaire, il va se poster avec le reste de l'armée sur les hauteurs qui bordaient le chemin.

Les Carthaginois arrivent et campent dans la plaine au pied des montagnes. Pour ce coup, le rusé Carthaginois tomba dans le même piége qu'il avait tendu à Flaminius au défilé de Thrasymène ; et il semblait ne pouvoir jamais se tirer de ce mauvais pas, n'y ayant qu'une seule issue, dont les Romains étaient les maîtres. Fabius, comptant que sa proie ne pouvait point lui échapper, ne délibérait plus que sur la manière de s'en saisir. Il se flattait, avec assez d'apparence, de terminer la guerre par cette seule action. Cependant il jugea à propos de remettre l'attaque au lendemain.

Annibal reconnut qu'on employait contre lui ses propres artifices. C'est dans de pareilles conjonctures qu'un commandant a besoin d'une présence d'esprit et d'une fermeté d'âme non communes pour envisager le péril dans toute son étendue sans s'effrayer, et pour imaginer de sûres et de promptes ressources sans délibérer. Le général carthaginois sur-le-champ fait assembler une grande quantité de bœufs jusqu'au nombre de deux mille, et commande qu'on attache à leurs cornes de petits faisceaux de sarment. Vers le milieu de la nuit y ayant fait mettre le feu, il fait pousser ces animaux à grands coups vers le sommet des montagnes sur lesquelles étaient campés les Romains. Lorsque la flamme eut pénétré jusqu'au vif, ces animaux que la douleur rendait furieux, se dispersèrent de tous côtés, communiquant le feu aux buissons et aux arbrisseaux qu'ils rencontraient. Cet escadron d'une nouvelle

espèce était soutenu par un bon nombre de soldats armés à
la légère, qui avaient ordre de s'emparer du sommet de la
montagne, et de charger les ennemis en cas qu'ils les y
rencontreraient. Tout réussit comme Annibal l'avait prévu.
Les Romains qui regardaient le défilé, voyant que les
feux gagnaient les collines qui les commandaient, et
croyant que c'était Annibal qui marchait de ce côté-là à la
faveur des flambeaux pour se sauver, quittent leur poste
et accourent vers les hauteurs pour lui en disputer le passage. Le gros de l'armée qui ne savait que penser de tout
ce tumulte, et Fabius lui-même n'osant faire aucun mouvement dans les ténèbres de la nuit de peur de surprise,
attendent le retour du jour. Annibal saisit ce moment, fait
traverser à ses troupes et au butin le défilé qui était sans
garde, et sauve son armée d'un piége où un peu plus de
vivacité de la part de Fabius aurait pu la faire périr, ou du
moins l'affaiblir considérablement. Il est beau de savoir
tirer avantage de ses fautes mêmes, et de les faire servir à
sa propre gloire.

L'armée carthaginoise reprit le chemin de la Pouille,
toujours poursuivie et harcelée par celle des Romains. Le
dictateur, obligé de faire un voyage à Rome pour quelque
cérémonie de religion, conjura, avant que de partir, le
général de la cavalerie de ne faire aucune entreprise
pendant son absence. Minucius ne fit aucun cas de ses
avis ni de ses prières, et à la première occasion qui se
présenta, pendant qu'une partie des troupes d'Annibal
était allée au fourrage, il attaqua le reste et remporta quelque avantage. Il en écrivit aussitôt à Rome comme d'une

victoire considérable. Cette nouvelle, jointe à ce qui était arrivé tout récemment au passage des défilés, excita des plaintes et des murmures contre la lente et timide circonspection de Fabius. Enfin, la chose en vint à ce point que le peuple lui égala en pouvoir son général de cavalerie, ce qui était sans exemple. Il apprit cette nouvelle en chemin : car il était parti de Rome, pour ne point être témoin oculaire de ce qui se tramait contre lui. Sa confiance n'en fut point ébranlée. Il savait bien qu'en partageant l'autorité dans le commandement, on n'avait pas partagé l'habileté dans le métier de la guerre. Cela parut bientôt.

Minucius, tout fier de l'avantage qu'il venait de remporter sur son collègue, proposa qu'ils commandassent chacun leur jour, ou même un plus long espace de temps. Fabius rejeta ce parti, qui aurait exposé toute l'armée au danger pendant le temps qu'elle aurait été commandée par Minucius. Il aima mieux partager les troupes, pour être en état de conserver au moins la partie qui lui serait échue.

Annibal, parfaitement instruit de tout ce qui se passait dans le camp romain, eut une grande joie d'apprendre la division des deux chefs. Il eut soin de présenter un appât et de tendre un piége à la témérité de Minucius. Celui-ci ne manqua pas d'y donner tête baissée, et engagea la bataille sur une colline où l'on avait caché une embuscade. Ses troupes furent mises en désordre et allaient être taillées en pièces, lorsque Fabius, averti par les cris des blessés : « Courons, dit-il à ses soldats, au secours de Minucius. » Allons arracher aux ennemis la victoire, et à nos citoyens » l'aveu de leur faute. » Il arriva fort à propos, et obligea

Annibal de sonner la retraite. Ce dernier, en se retirant, disait « que cette nuée, qui depuis longtemps paraissait » sur le haut des montagnes, avait enfin crevé avec un » grand fracas, et causé un grand orage. » Un service si important, et placé dans une telle conjoncture, ouvrit les yeux à Minucius. Il reconnut son tort, rentra sur-le-champ dans le devoir et l'obéissance, et montra qu'il est quelque-fois plus glorieux de savoir réparer ses fautes que de n'en point commettre

ÉTAT DES AFFAIRES EN ESPAGNE

Pendant cette même campagne, Cn. Scipion étant venu fondre tout d'un coup sur la flotte des Carthaginois com-mandée par Amilcar, la défit, prit vingt-cinq vaisseaux, et remporta un grand butin. Cette victoire fit comprendre aux Romains qu'ils devaient donner une attention particulière aux affaires d'Espagne, d'où Annibal pouvait tirer des secours considérables d'argent et de troupes. Ils y envoyè-rent une flotte et en donnèrent le commandement à P. Scipion, qui s'étant joint à son frère, après son arrivée en Espagne, rendit de très-grands services à la République. Jusqu'alors les Romains n'avaient osé passer l'Ebre. Ils avaient cru assez faire de gagner l'amitié des peuples d'en deçà, et de la fortifier par des alliances : mais sous Publius ils traversèrent ce fleuve et portèrent leurs armes bien au-delà.

Ce qui contribua le plus à avancer leurs affaires, fut la trahison d'un Espagnol qui était à Sagonte. Annibal y avait laissé en dépôt les otages des peuples de l'Espagne : c'étaient les enfants des familles les plus distinguées du pays. Abelox, c'était le nom de cet Espagnol, persuada à Bostar, qui commandait dans la place, de renvoyer ces jeunes gens dans leur patrie, pour attacher par là plus fortement les peuples au parti des Carthaginois. Il fut chargé lui-même de cette commission. Il les conduisit aux Romains, qui les remirent ensuite entre les mains de leurs parents, et gagnèrent leur amitié par un présent agréable.

BATAILLE DE CANNES

Au printemps suivant, on élut à Rome pour consul C. Terentius Varron et L. Æmilius Paulus. On fit dans cette campagne (c'était la troisième de la seconde guerre Punique) ce qui ne s'était jamais pratiqué jusqu'alors, qui fut de composer l'armée de huit légions, chacune de cinq mille hommes, sans les alliés. Car, comme nous l'avons déjà dit, les Romains ne levaient jamais que quatre légions dont chacune était environ de quatre mille hommes et de trois cents chevaux. Ce n'était que dans les conjonctures les plus importantes qu'ils y mettaient cinq mille des uns et quatre cents des autres. Pour les troupes des alliés, leur infanterie était égale à celle des légions, mais il y avait trois fois plus de cavalerie. On donnait ordinairement à chaque consul la moitié des troupes des alliés, et deux légions, pour agir séparément ; et il était rare que l'on se servit de toutes ces forces en même temps pour la même expédition. Ici les Romains emploient non-seulement quatre, mais huit légions, tant l'affaire leur paraît importante. Le Sénat voulut même que les deux consuls de l'année précédente, Servilius et Atilius, servissent dans l'armée, en qualité de proconsuls : mais le dernier ne le put faire à cause de son grand âge.

Varron, en partant de Rome, avait déclaré hautement que dès le premier jour qu'il rencontrerait l'ennemi il donnerait le combat et terminerait la guerre, ajoutant qu'elle ne finirait point, tant qu'on mettrait des Fabius à la tête des armées. Un avantage assez considérable qu'il remporta sur les Carthaginois, dont près de dix-sept cents demeurèrent sur la place, augmenta encore sa fierté et sa hardiesse. Annibal regarda cette perte comme un véritable gain pour lui, persuadé qu'elle servirait d'appât pour amorcer la témérité du consul et pour l'engager dans une action. Il en avait un besoin extrême. On sut depuis qu'il était réduit à une telle disette de vivres, qu'il ne lui était pas possible de subsister encore dix jours. Les Espagnols songeaient déjà à l'abandonner. C'en était fait de lui et de son armée, si la bonne fortune ne lui eût envoyé Varron.

Les armées, après plusieurs mouvements, se trouvèrent en présence près de Cannes, petite ville située dans l'Apulie sur le fleuve Aufide. Comme Annibal était campé dans une plaine fort unie et toute découverte, et que sa cavalerie était de beaucoup supérieure à celle des Romains, Emilius ne jugea pas à propos d'engager le combat dans cet endroit. Il voulait qu'on attirât l'ennemi dans un terrain où l'infanterie pût avoir le plus de part à l'action. Son collègue, général sans expérience, fut d'un avis contraire. Et c'est le grand inconvénient d'un commandement partagé par deux généraux, entre lesquels la jalousie, ou l'antipathie d'humeur, ou la diversité des vues, ne manquent guère de mettre la division.

Les troupes de part et d'autre s'étaient contentées pendant quelque temps de faire de légères escarmouches. Enfin, un jour que Varron commandait, car le commandement roulait de jour à autre entre les deux consuls, tout se prépara au combat des deux côtés. Emilius n'avait point été consulté ; mais, quoiqu'il désapprouvât extrêmement la conduite de son collègue, comme il ne pouvait l'empêcher, il le seconda du mieux qu'il lui fut possible.

Annibal, après avoir fait convenir ses troupes, que quand on leur aurait donné le choix d'un terrain propre pour combattre, supérieures comme elles étaient en cavalerie, elles n'en pouvaient pas choisir de plus favorable : « Rendez donc grâces aux dieux, leur dit-il, d'avoir amené » ici les ennemis pour vous en faire triompher ; et sachez- » moi gré aussi d'avoir réduit les Romains à la nécessité » de combattre. Après trois grandes victoires consécutives, » que faut-il pour vous inspirer de la confiance que le sou-

» venir de vos propres exploits? Les combats précédents
» vous ont rendus maîtres du plat pays ; par celui-ci vous
» le deviendrez de toutes les villes , et j'ose le dire, de tou-
» tes les richesses et de la puissance des Romains. Il n'est
» plus question de parler , il faut agir. J'espère de la pro-
» tection des dieux que vous verrez dans peu l'effet de mes
» promesses. »

Les deux armées étaient bien inégales en nombre. Il y
avait dans celle des Romains, en comptant les alliés, quatre-vingt mille hommes de pied et plus de six mille chevaux ; et dans celle des Carthaginois quarante mille hommes de pied, tous fort aguerris, et dix mille chevaux. Emilius commandait à la droite des Romains, Varron à la gauche ; Servilius, l'un des deux consuls de l'année précédente, était au centre. Annibal , qui savait profiter de tout ,
s'était posté de manière que le vent Vulturne, qui se lève
dans un certain temps réglé , devait souffler directement
contre le visage des Romains pendant le combat et les
couvrir de poussière ; et ayant appuyé à gauche sur la
rivière d'Aufide , et distribué sa cavalerie sur les ailes , il
forma son corps de bataille en plaçant l'infanterie espagnole
et gauloise au centre , et l'infanterie africaine pesamment
armée moitié à leur droite et moitié à leur gauche , sur
même ligne avec la cavalerie. Après cette disposition , il se
mit à la tête de ce corps d'infanterie espagnole et gauloise,
et l'ayant tiré de la ligne, il marcha en avant pour commencer le combat, en arrondissant son front à mesure qu'il
approchait de l'ennemi , et en allongeant ses flancs en
espèce de demi-cercle, afin de ne point laisser d'intervalle

entre son corps et le reste de la ligne composée de l'infanterie pesante qui ne s'était point ébranlée.

On en vint bientôt aux mains, et les légions romaines
qui étaient aux deux ailes, voyant leur centre vivement
attaqué, s'avancèrent pour prendre l'ennemi en flanc. Le
corps d'Annibal, après une vigoureuse résistance, se
voyant pressé de toutes parts, céda au nombre et se retira
par l'intervalle qu'il avait laissé dans le centre de la ligne.
Les Romains l'y ayant suivi pêle-mêle avec chaleur, les
deux ailes de l'infanterie africaine qui était fraîche, bien
armée et en bon ordre, s'étant tout d'un coup, par une
demi-conversion, tournées vers ce vide dans lequel les
Romains déjà fatigués s'étaient jetés en désordre et en
confusion, les chargèrent des deux côtés avec vigueur, sans
leur donner le temps de se reconnaître, ni leur laisser de
terrain pour se former. Cependant les deux ailes de la
cavalerie venaient de battre celles des Romains qui leur
étaient fort inférieures ; et n'ayant laissé à la poursuite des
escadrons rompus et défaits que ce qu'il fallait pour en
empêcher le ralliement, elles vinrent fondre par derrière
sur l'infanterie romaine, qui étant en même temps enve-
loppée de toutes parts par la cavalerie et l'infanterie des
ennemis, fut toute taillée en pièces, après avoir fait des
prodiges de valeur. Emilius, qui avait été couvert de bles-
sures dans le combat, fut tué ensuite par un gros d'ennemis qui ne le reconnurent point, et avec lui deux questeurs,
vingt-un tribuns militaires, plusieurs hommes consulaires
ou qui avaient été préteurs, Servilius, consul de l'armée
précédente, et Minucius, qui avait été maître de la cava-

lerie sous Fabius , et quatre-vingts sénateurs. Il demeura sur la place plus de soixante-dix mille hommes ; et les Carthaginois, acharnés contre l'ennemi , ne cessèrent de tuer, jusqu'à ce qu'Annibal dans la plus grande ardeur du carnage se fut écrié plusieurs fois : *Arrête, soldat ; épargne le vaincu.* Dix mille hommes qui avaient été laissés à la garde du camp se rendirent prisonniers de guerre après la bataille. Le consul Varron se retira à Venouse, accompagné seulement de soixante-dix cavaliers ; et quatre mille hommes environ se sauvèrent dans les villes voisines. Du côté d'Annibal la victoire fut complète, et il la dut principalement, aussi bien que les précédentes, à la supériorité de sa cavalerie. Il y perdit quatre mille Gaulois, quinze cents tant Espagnols qu'Africains, et deux cents chevaux.

Maharbal, l'un des généraux carthaginois, voulait que sans perdre de temps l'on marchât droit à Rome, promettant à Annibal de le faire souper à cinq jours de là dans le Capitole. Et sur ce que celui-ci répliqua qu'il fallait prendre du temps pour délibérer sur cette proposition : « Je » vois bien, dit Maharbal, que les dieux n'ont pas donné au » même homme tous les talents à la fois. Vous savez vaincre, » Annibal , mais vous ne savez pas profiter de la victoire. »

On prétend que ce délai sauva Rome et l'Empire. Plusieurs, et Tite-Live entre autres , le reprochent à Annibal comme une faute capitale. Quelques-uns sont plus réservés, et ne peuvent se résoudre à condamner, sans des preuves bien claires , un si grand capitaine, qui dans tout le reste n'a jamais manqué ni de prudence pour prendre le bon parti , ni de vivacité et de promptitude pour exécuter. Ils sont encore retenus par l'autorité, ou du moins par le silence de Polybe, qui, en parlant des grandes suites de cette mémorable journée, convient que parmi les Carthaginois on conçut de grandes espérances d'emporter Rome d'emblée ; mais pour lui il ne s'explique point sur ce qu'il eût fallu faire à l'égard d'une ville fort peuplée, extrêmement aguerrie, bien fortifiée, et défendue par une garnison de deux légions ; et il ne laisse nulle part entrevoir qu'un tel projet fût praticable, ni qu'Annibal eut tort de ne l'avoir point tenté.

En effet, en examinant les choses de plus près, on ne voit pas que les règles communes de la guerre permissent de l'entreprendre. Il est constant que toute l'infanterie d'Annibal, avant la bataille, ne montait qu'à quarante mille hommes ; qu'étant diminué de six mille hommes qui avaient été tués dans l'action, et d'un plus grand nombre sans doute qui avait été blessé et mis hors de combat, il ne lui restait que vingt-six ou vingt-sept mille hommes de pied en état d'agir ; et que ce nombre ne pouvait suffire pour faire la circonvallation d'une ville aussi étendue que Rome et coupée par une rivière, ni pour l'attaquer dans les formes, n'ayant ni machines, ni munitions, ni aucune des choses nécessaires pour un siége. Par la même raison, Annibal, après le succès de Thrasymène, tout victorieux qu'il était, avait attaqué inutilement Spolète ; et un peu après la bataille de Cannes, il avait été contraint de lever le siége d'une petite ville sans nom et sans force. On ne peut disconvenir que si, dans l'occasion dont il s'agit, il avait échoué, comme il devait s'y attendre, il aurait ruiné sans ressource toutes ses affaires. Mais il faudrait être du métier, et peut-être du temps même de l'action, pour juger sainement de ce fait. C'est un ancien procès, sur lequel il ne sied bien qu'aux connaisseurs de prononcer.

Annibal, aussitôt après la bataille de Cannes, avait dépêché son frère, Magon, pour porter à Carthage la nouvelle de sa victoire, et pour demander du secours afin de terminer la guerre. Lorsque Magon fut arrivé, il fit en plein Sénat un discours magnifique sur les exploits de son frère, et sur les grands avantages qu'il avait remportés contre les Romains; et, pour faire juger la grandeur de la victoire par quelque chose de sensible en parlant en quelque sorte aux yeux, il fit répandre au milieu du Sénat un boisseau d'anneaux d'or qu'on avait tirés des doigts des nobles romains qui avaient été tués à la bataille de Cannes. Il termina sa harangue par demander de l'argent, des vivres et de nouvelles troupes. Tous les assistants ressentirent une joie extraordinaire; et Imilcon, partisan d'Annibal, croyant que c'était là une belle occasion d'insulter Hannon, chef de la faction contraire, lui demanda s'il était encore mécontent de la guerre qu'on avait entreprise contre les Romains, et s'il croyait qu'on leur dût livrer Annibal. Hannon, sans s'émouvoir, lui répondit qu'il était toujours dans les mêmes sentiments, et que les victoires dont il parlait, supposé qu'elles fussent véritables, ne lui pouvaient donner de joie qu'autant qu'on s'en servirait pour faire une paix avantageuse; puis, il entreprit de prouver que ces grands exploits que l'on faisait sonner si

haut, n'étaient que chimériques et imaginaires. « J'ai taillé
» en pièces, disait-il en reprenant le discours de Magon,
» les armées romaines ; envoyez-moi des soldats. Que de-
» manderiez-vous autre chose si vous aviez été vaincu?
» Je me suis deux fois rendu maître du camp ennemi,
» plein apparemment de toutes sortes de provisions; en-
» voyez-moi des vivres et de l'argent? Tiendriez-vous un
» autre langage si vous aviez perdu votre camp? » Ensuite, il demanda à Magon si quelqu'un des peuples latins
s'était venu rendre à Annibal, si les Romains lui avaient
fait quelques propositions de paix. Magon avait été forcé
d'avouer qu'il n'en était rien. — « Nous avons donc, re-
» prit Hannon, la guerre dans l'Italie aussi forte que ja-
» mais. » Sa conclusion fut qu'il ne fallait leur envoyer ni
hommes, ni argent. Comme la faction d'Annibal était alors
la plus puissante, on n'eut aucun égard aux remontrances
d'Hannon, qui furent regardées comme l'effet de sa jalousie et de sa prévention, et il fut ordonné qu'on ferait inces-
samment des levées d'hommes et d'argent pour envoyer à
Annibal les secours qu'il demandait. Magon partit sur-le-
champ en Espagne pour lever vingt-quatre mille hommes
d'infanterie et quatre mille chevaux. Mais ce secours fut
arrêté dans la suite et envoyé d'un autre côté, tant la faction contraire était appliquée à traverser les desseins d'un
général qu'elle ne pouvait souffrir. Pendant qu'à Rome on
remerciait un consul qui avait fui de n'avoir pas désespéré
de la République, à Carthage on savait presque mauvais
gré à Annibal de la victoire qu'il venait de remporter.
Hannon ne lui pouvait pardonner les avantages d'une

guerre entreprise contre son avis. Plus jaloux de l'honneur de ses sentiments que du bien de l'État, plus ennemi du général des Carthaginois que des Romains, il n'oubliait rien pour empêcher les succès qu'on pouvait avoir, ou pour ruiner ceux qu'on avait eus.

QUARTIER D'HIVER PASSÉ A CAPOUE PAR ANNIBAL

La journée de Cannes soumit à Annibal les plus puissants peuples d'Italie, attira dans son parti ceux de la grande Grèce avec la ville de Tarente, et détacha des Romains leurs plus anciens alliés, entre lesquels Capoue tenait le premier rang. C'était une ville que la bonté de son terroir, sa situation avantageuse, et la longue paix dont elle jouissait, avaient rendue fort riche et fort puissante. Le luxe et les délices, qui sont une suite ordinaire de l'opulence, avaient corrompu l'esprit de tous ses citoyens, déjà portés par inclination naturelle au plaisir et à la débauche.

Annibal choisit cette ville pour y passer son quartier d'hiver. Ce fut là que cette armée, qui avait essuyé les plus grands travaux et bravé les périls les plus affreux sans y succomber, fut vaincue par l'abondance et les délices, dans lesquelles elle se plongea avec d'autant plus d'avidité, qu'elle n'y était point accoutumée. Leurs courages s'amollirent si fort pendant ce séjour, que s'ils se soutinrent encore quelque temps, ce fut plutôt par l'éclat de leurs victoires passées, que par leurs forces présentes. Quand Annibal tira ses soldats de cette ville, on eût dit que c'étaient d'autres hommes, tout différents de ce qu'ils avaient été jusque-là. Accoutumés à demeurer dans des maisons commodes, à vivre dans l'abondance et dans l'oisiveté, ils ne pouvaient plus souffrir la faim, la soif, les longues marches, les veilles, ni les autres travaux de la guerre; outre qu'ils ne savaient plus ce que c'était que d'obéir aux officiers, ni de garder aucune discipline.

Je ne fais ici que copier Tite-Live. Si on l'en croit, le séjour de Capoue est dans la vie d'Annibal une grande tache, et il prétend que ce général fit en cela une faute incomparablement plus grande que quand, après le gain de la bataille, il manqua d'aller à Rome. — Car ce délai, dit Tite-Live, pouvait paraître avoir seulement différé sa victoire; au lieu que cette dernière faute le mit absolument hors d'état de vaincre. En un mot, comme Marcellus sut bien le dire dans la suite, ce que Cannes avait été aux Romains, Capoue le fut aux Carthaginois et à leur général. Là se perdit leur vertu guerrière et leur attachement à la discipline; là disparut et leur gloire passée et l'espérance presque sûre que leur montrait l'avenir. En effet, depuis ce jour, les affaires d'Annibal allèrent toujours en décadence : la fortune se rangea du côté de la prudence, et la victoire sembla s'être réconciliée avec les Romains.

Je ne sais si tout ce que dit ici Tite-Live des suites funestes qu'eurent les quartiers d'hiver passés par l'armée carthaginoise dans cette ville délicieuse, est bien juste et bien fondé. Quand on examine avec soin toutes les circonstances de cette histoire, on a de la peine à se persuader qu'il faille attribuer le peu de progrès qu'eurent les armes d'Annibal dans la suite, au séjour de Capoue. C'en est bien une cause, mais la moins considérable; et la bravoure avec laquelle ses troupes battirent depuis ce temps-là des consuls et des préteurs, prirent des villes à la vue des Romains, maintinrent leurs conquêtes, et restèrent encore quatorze ans en Italie, sans en pouvoir être chassés, tout cela porte assez à croire que Tite-Live exagère les pernicieux effets des délices de Capoue.

La véritable cause de la chute des affaires d'Annibal, c'est le défaut de recrues et de secours de la part de sa patrie. Après l'exposé de Magon, le Sénat de Carthage avait jugé nécessaire, pour pousser les conquêtes d'Italie, d'y envoyer d'Afrique un renfort considérable de cavalerie numide, quarante éléphants, mille talents, qui font trois millions, et d'acheter en Espagne vingt mille hommes de pied et quatre mille chevaux, pour en renforcer leurs armées d'Espagne et d'Italie. Néanmoins, Magon n'en pu' obtenir que douze mille fantassins, avec deux mille cinq cents chevaux; et même, quand il fut prêt à partir pour l'Italie avec cette troupe si fort au-dessous de celle qu'on lui avait promise, il fut contremandé pour passer en Espagne. Annibal, après de si grandes promesses, ne reçut donc ni infanterie, ni cavalerie, ni éléphants, ni argent, et il fut absolument abandonné à ses ressources personnelles. Son armée se trouvait réduite à vingt-six mille hommes de pied et à neuf mille chevaux. Comment, avec une armée si affaiblie, pouvoir occuper, dans un pays étranger, tous les postes nécessaires, contenir les nouveaux alliés, maintenir les conquêtes, en faire de nouvelles, et tenir la campagne avec avantage contre deux armées des Romains, qui se renouvelaient tous les ans? Voilà la véritable cause de la décadence des affaires d'Annibal, et de la ruine de celles de Carthage. Si nous avions l'endroit où Polybe avait parlé sur cette matière, nous verrions sans doute qu'il avait plus insisté sur cette cause que sur les délices de Capoue.

AFFAIRES D'ESPAGNE ET DE SARDAIGNE

Les deux Scipions avaient toujours le commandement des Espagnes, et y faisaient d'assez grands progrès, lorsque Asdrubal, qui seul paraissait capable de leur résister, reçut ordre de Carthage de passer dans l'Italie, au secours de son frère. Avant que de quitter la province, il écrivit au Sénat pour lui faire connaître la nécessité qu'il y avait d'envoyer en sa place un général qui pût tenir tête aux Romains. On y envoya Imilcon avec une armée, et Asdrubal se mit en chemin avec la sienne pour aller joindre son frère. La première nouvelle de son départ avait rangé la plus grande partie des Espagnes sous le pouvoir des Scipions. Ces deux généraux, animés par un si grand succès, se mirent en devoir de lui fermer la sortie de la province. Ils considéraient le danger auquel seraient exposés les Romains, si, ayant déjà bien de la peine à résister au seul Annibal, les deux frères venaient à leur tomber sur les bras avec deux puissantes armées. Ils le poursuivirent donc dans sa marche, et l'obligèrent malgré lui à combattre. Asdrubal fut vaincu ; et, loin de pouvoir passer dans l'Italie, il ne se vit pas même en état de demeurer en sûreté dans l'Espagne.

Les Carthaginois ne réussirent pas mieux dans la Sardaigne. Prétendant profiter de quelques révoltes qu'ils y avaient excitées, ils y perdirent douze mille hommes dans une bataille contre les Romains, qui firent encore un grand nombre de prisonniers, parmi lesquels furent Asdrubal, surnommé Calvus, Hannon et Magon, distingués par leur naissance et par leurs emplois militaires.

MAUVAIS SUCCÈS D'ANNIBAL. SIÉGES DE CAPOUE ET DE ROME

Depuis le séjour d'Annibal à Capoue, les affaires des Carthaginois, en Italie, ne se soutinrent plus avec le même éclat. M. Marcellus, d'abord comme préteur, ensuite comme consul, eut beaucoup de part à ce changement. Il harcelait Annibal en toute occasion ; il lui enlevait des quartiers, il lui faisait lever des siéges ; il le battit même en plusieurs rencontres ; en sorte qu'il fut appelé l'épée de Rome, comme Fabius en avait été nommé le bouclier.

Ce qui fut plus sensible au général carthaginois, fut de voir Capoue assiégée par les Romains. Pour ne point perdre son crédit parmi ses alliés, en négligeant de soutenir ceux qui y tenaient le premier rang, il vola au secours de cette ville, en fit approcher ses troupes, attaqua les Romains, leur donna plusieurs combats pour leur faire lever le siége. Enfin, voyant que toutes ses tentatives étaient inutiles pour faire une puissante diversion, il marcha brusquement vers Rome. Il ne désespérait pas que s'il pouvait, dans la première surprise, s'emparer de quelque quartier de la ville, le danger où serait la capitale n'obligeât les généraux romains de lever le siége de Capoue, pour accourir avec toutes leurs troupes au secours de leur patrie ; du moins il se flattait que si, pour continuer le siége, ils partageaient leurs forces, leur affaiblissement pourrait faire naître aux assiégés ou à lui quelque occasion de les battre. Rome fut étonnée, mais non déconcertée. Sur ce que l'un des sénateurs proposa de rappeler toutes les armées au secours de Rome, Fabius remontra qu'il serait honteux de se laisser effrayer et de changer de dessein aux moindres mouvements d'Annibal. On se contenta de faire revenir, avec une partie de l'armée, l'un des deux commandants qui étaient au siége : ce fut Q. Fulvius, proconsul. Annibal, après avoir fait quelques ravages, rangea son armée en bataille devant la ville, et les consuls en firent autant. Chacun se disposait à bien faire son devoir dans un combat dont Rome devait être le prix, lorsque une tempête violente obligea les deux partis de se retirer. Ils ne furent pas plutôt rentrés dans leur camp, que le temps devint calme et serein. La même chose arriva plusieurs fois de suite; en sorte qu'Annibal, croyant qu'il y avait dans cet événement quelque chose de surnaturel, dit, au rapport de Tite-Live, que tantôt la fortune, et tantôt la volonté lui manquait pour se rendre maître de Rome.

Mais ce qui le surprit étrangement et l'effraya le plus, c'est qu'il apprit que pendant qu'il était campé à une des portes de Rome, les Romains avaient fait sortir, par une autre, des recrues pour l'armée d'Espagne, et que le champ dans lequel il s'était campé avait été vendu dans le même temps, sans que cette circonstance eût rien diminué de son prix. Un mépris si marqué le piqua vivement. Il fit mettre aussi à l'encan les boutiques d'orfèvres, qui étaient autour de la place publique à Rome. Après cette bravade, il se retira et pilla, en passant, le riche temple de la déesse Féronie.

Capoue, ainsi abandonnée à elle-même, ne tint pas longtemps. Après que ceux de ses sénateurs qui avaient eu le plus de part à la révolte, et qui par cette raison n'attendaient aucun quartier de la part des Romains, se furent donné à eux-mêmes la mort d'une manière tout à fait tragique, la ville se rendit à discrétion. Le succès de ce siége, qui fut décisif par les suites heureuses qu'il eut, et qui rendit pleinement aux Romains la supériorité sur les Carthaginois, montra en même temps combien la puissance romaine était formidable quand elle entreprenait de punir

des alliés infidèles, et combien peu il fallait compter sur
Annibal pour la défense de ceux qu'il avait reçus sous sa
protection.

DÉFAITE ET MORT DES DEUX SCIPIONS EN ESPAGNE

La face des affaires était bien changée en Espagne. Les
Carthaginois y avaient trois armées : l'une était commandée par Asdrubal, fils de Gisgon, l'autre par Asdrubal, fils
d'Amilcar ; la troisième, sous la conduite de Magon, s'é-
tait jointe au premier Asdrubal. Les deux Scipions, Cneus
et Publius, crurent devoir diviser leurs troupes pour attaquer les ennemis séparément ; et c'est ce qui fut la cause de
leur perte. Ils convinrent que Cneus, avec un petit nombre de Romains, et trente mille Celtibériens, irait contre
Asdrubal, fils d'Amilcar, pendant que Publius avec le
reste des troupes, composé de Romains et d'alliés d'Italie,
marcherait contre les deux autres généraux.

Publius fut accablé le premier : aux deux chefs qu'il
avait en tête, s'était joint Masinissa, fier des victoires qu'il
venait de remporter contre Syphax, et il devait bientôt
être suivi par Indibilis, prince puissant en Espagne. On en
vint aux mains. Les Romains, attaqués en même temps de
tous côtés, se défendirent courageusement tant qu'ils eurent
leur général à leur tête ; mais, lorsqu'il eut été tué, le peu
qui avait échappé au carnage prit la fuite.

Les trois armées victorieuses partirent aussitôt pour aller contre Cneus et pour terminer la guerre par sa défaite. Il était déjà plus qu'à demi-vaincu par la désertion de ses alliés, qui avaient tous abandonné son parti, et qui laissèrent aux chefs romains cette importante instruction de ne souffrir jamais que, dans leur armée, le nombre de leurs propres troupes fût inférieur à celui des troupes étrangères. Il eut quelque pressentiment de la mort et de la défaite de son frère en voyant les ennemis arriver en si grand nombre. Il ne lui survécut pas longtemps, et fut tué dans le combat. Ces deux grands hommes furent également pleurés par leurs concitoyens et par leurs alliés, et les Espagnes les regrettèrent à cause de leur justice et de leur modération.

La perte de ces vastes pays paraissait inévitable pour les Romains; mais la valeur d'un simple officier, nommé L. Marcius, chevalier romain, les leur conserva. Bientôt après on y envoya le jeune Scipion, qui vengea bien la mort de son père et de son oncle, et y rétablit entièrement les affaires des Romains.

DÉFAITE ET MORT D'ASDRUBAL

Un échec inopiné acheva de ruiner en Italie toutes les mesures et toutes les espérances d'Annibal. Les consuls de cette année, la onzième de la seconde guerre Punique (car je passe beaucoup d'événements pour abréger), étaient C. Claudius Néro et M. Livius. Celui-ci avait pour département la Gaule Cisalpine, où il devait s'opposer à Asdrubal, qu'on disait être près de passer les Alpes; l'autre commandait dans le pays des Brutiens et dans la Lucanie, c'est-à-dire dans l'extrémité opposée de l'Italie; et là il tenait tête à Annibal.

Le passage des Alpes ne coûta presque point de peine à Asdrubal, parce qu'il trouva le chemin frayé par son frère et tous les peuples disposés à le recevoir. Quelque temps après, il dépêcha des courriers vers Annibal; ils furent arrêtés. Néron apprit, par les lettres dont ils étaient chargés, qu'Asdrubal devait se joindre à son frère dans l'Ombrie. Il jugea que, dans une conjoncture aussi importante qu'était celle-là, d'où dépendait le salut de l'Etat, il était permis de se mettre au-dessus des règles ordinaires pour le service et le bien même de la République, et il crut devoir faire un coup hardi et imprévu, capable de jeter la terreur dans l'esprit des ennemis, en se hâtant d'aller joindre son collègue pour attaquer brusquement Asdrubal avec leurs forces réunies. Ce dessein, à bien examiner toutes les circonstances, ne doit pas être facilement taxé d'imprudence : c'était sauver l'Etat que d'empêcher la jonction des deux frères. On ne hasardait pas beaucoup, en supposant même qu'Annibal dût être informé de l'absence du consul. Sur son armée de quarante-deux mille hommes, il n'en avait pris que sept mille pour son détachement, qui étaient, à la vérité, l'élite des troupes, mais qui n'en faisaient qu'une très-petite partie. Le reste était demeuré dans le camp, bien fortifié et bien retranché. Était-il a craindre qu'Annibal attaquât et forçât un bon camp défendu par trente-cinq mille hommes?

Néron partit sans avertir ses soldats de son dessein. Lorsqu'il eut fait assez de chemin pour le leur découvrir sans danger, il leur dit qu'il les menait à une victoire certaine ; que, dans la guerre, tout dépendait de la renommée ; que le bruit seul de leur arrivée déconcerterait les Carthaginois ; qu'au reste ils auraient tout l'honneur de cette action.

Ils marchèrent avec une diligence extraordinaire. La jonction se fit de nuit, et sans multiplier les camps, pour mieux tromper l'ennemi. Les troupes nouvellement arrivées se joignirent à celles de Livius. L'armée du préteur Porcius était campée tout près de celle du consul. Dès le matin du lendemain on tiot conseil. Livïus était d'avis de donner quelques jours de repos aux troupes. Néron le pria de ne point rendre téméraire par le délai une entreprise que la promptitude seule pouvait faire réussir, et de profiter de l'erreur de leurs ennemis, tant absents que présents. On donna donc le signal pour la bataille. Asdrubal, s'étant avancé aux premiers rangs, reconnut à plusieurs marques qu'il était arrivé de nouvelles troupes, et il ne douta point que ce ne fussent celles de l'autre consul ; d'où il conjectura qu'il fallait que son frère eût reçu quelque perte considérable, et il craignit fort d'être venu trop tard à son secours.

Après ces réflexions, il fit sonner la retraite. Son armée se mit en marche avec assez de désordre. La nuit survint,

et ses guides l'ayant abandonné, il ne sut quelle route tenir. Il suivait au hasard les bords du fleuve Métaure, et il
se mettait en devoir de le passer, lorsqu'il fut joint par les
trois armées ennemies. Il jugea, dans cette extrémité, qu'il
lui était impossible d'éviter le combat, et il fit tout ce qu'on
pouvait attendre de la présence d'esprit et du courage d'un
grand capitaine. Il prit tout d'un coup un poste avantageux,
et rangea ses troupes dans un terrain étroit, qui lui donnait
lieu de placer sa gauche, composée des troupes les plus faibles, de manière qu'elle ne pouvait être ni attaquée de
front, ni prise en flanc, et de donner à son corps de bataille
et à sa droite autant de profondeur que de front. Après
cette disposition faite à la hâte, il se mit au centre, et
marcha le premier pour attaquer la gauche des ennemis,
bien convaincu qu'il s'agissait de tout, et qu'il fallait vaincre ou mourir. L'action dura longtemps, et on combattit
de part et d'autre avec beaucoup d'opiniâtreté. Asdrubal
sur out mit, dans cette journée, le comble à la gloire qu'il
s'était déjà acquise par un grand nombre de belles actions.
Il mena ses soldats, épouvantés et tremblants, au combat
contre un ennemi qui les surpassait en nombre et en confiance; il les anima par ses paroles; il les soutint par son
exemple; il employa les prières et les menaces pour ramener les fuyards, jusqu'à ce qu'enfin, voyant que la victoire
se déclarait pour les Romains, et ne pouvant survivre à
tant de milliers d'hommes qui avaient quitté leur patrie
pour le suivre, il se jeta au milieu d'une cohorte romaine,
où il périt en digne fils d'Amilcar et en digne frère d'Annibal.

Ce combat fut pour les Carthaginois le plus sanglant de toute cette guerre, et, soit par la mort du chef, soit par le carnage qui fut fait des troupes carthaginoises, il servit comme de représailles pour la journée de Cannes. Il fut tué du côté des Carthaginois cinquante-cinq mille hommes, et il y en eut six mille de pris. Les Romains perdirent huit mille hommes. Ils étaient si las de tuer, que quelqu'un étant venu avertir Livius qu'il était aisé de tailler en pièces un gros d'ennemis qui s'enfuyait : « Il est bon, dit-il, qu'il » en reste quelques-uns pour porter aux Carthaginois la » nouvelle de leur défaite. »

Néron se mit en marche dès la nuit même qui suivit le combat. Partout où il passait, les cris de joie et les applaudissements prirent la place de l'inquiétude et de la frayeur qu'il y avait laissées en venant. Il arriva à son camp le sixième jour. La tête d'Asdrubal, jetée dans le camp des Carthaginois, apprit à leur chef le funeste sort de son frère. Annibal reconnut à ce cruel coup la fortune de Carthage. « C'en est fait, dit-il, je ne lui enverrai plus de superbes » courriers. En perdant Asdrubal, je perds toute mon es- » pérance et tout mon bonheur. » Il se retira ensuite dans l'extrémité du pays des Brutiens, où il ramassa toutes ses troupes, qui eurent beaucoup de peine à y subsister, parce qu'il ne recevait aucun convoi de Carthage.

SCIPION SE REND MAITRE DE TOUTE L'ESPAGNE. IL EST NOMMÉ CONSUL ET PASSE EN AFRIQUE. ANNIBAL Y EST RAPPELÉ.

Le sort des armes ne fut pas plus heureux pour les Carthaginois en Espagne. La sage vivacité du jeune Scipion y avait rétabli entièrement les affaires des Romains, comme la courageuse lenteur de Fabius l'avait fait auparavant en Italie. Les trois chefs des Carthaginois, qui y commandaient de nombreuses armées, savoir Asdrubal, fils de Gisgon, Hannon et Magon, ayant été défaits en plusieurs rencontres par les troupes romaines, Scipion enfin se rendit maître de l'Espagne, et la soumit tout entière aux Romains. Ce fut pour lors que Masinissa, prince très-puissant en Afrique, se rangea de leur côté. Syphax, au contraire, embrassa le parti des Carthaginois.

Scipion, étant retourné à Rome, y fut nommé consul; il avait pour lors trente ans. On lui donna pour collègue P. Licinius Crassus. Le département du premier fut la Sicile, avec permission de passer en Afrique s'il le jugeait à propos; il partit le plus promptement qu'il put pour sa province. L'autre devait commander dans le pays où Annibal s'était retiré.

La prise de Carthagène, où Scipion avait fait paraître toute la prudence, tout le courage, toute l'habileté qu'on peut attendre des plus grands capitaines, et la conquête de l'Espagne entière, étaient plus que suffisantes pour immortaliser son nom; mais il ne les avait regardées que comme des degrés et des préparatifs qui devaient l onduire à une plus grande entreprise : c'était la conquête de l'Afrique. Il y passa, en effet, et y établit le théâtre de la guerre.

Le ravage des terres, le siége d'Utique, une des plus fortes places de l'Afrique, la défaite entière des deux armées de Syphax et d'Asdrubal dont Scipion brûla le camp, et ensuite la prise de Syphax même, qui était la plus puissante ressource des Carthaginois : tout cela les obligea à songer enfin à la paix. Ils députèrent pour cet effet trente des principaux Sénateurs, choisis dans cette Compagnie qui était si puissante à Carthage, et qu'on nommait le Conseil des Cent. Dès qu'ils furent admis dans la tente du général romain, ils se prosternèrent tous par terre (c'était la coutume du pays), lui parlèrent avec beaucoup de soumission, rejetant la cause de tous leurs malheurs sur Annibal, et promirent de la part du Sénat une aveugle obéissance à tout ce qu'ordonnerait le peuple romain. Scipion leur répondit que quoiqu'il fût venu dans l'Afrique pour vaincre et non pour faire la paix, il la leur accorderait cependant à condition qu'ils rendraient aux Romains leurs prisonniers et leurs transfuges, qu'ils feraient sortir leurs armées de l'Italie et des Gaules; qu'ils n'entreraient plus en Espagne; qu'ils se retireraient de toutes les îles qui sont entre l'Italie et l'Afrique; qu'ils livreraient aux vainqueurs tous leurs vaisseaux, excepté vingt; qu'ils donneraient cinq cent mille boisseaux de froment et trois cent mille boisseaux d'orge; et qu'ils paieraient la somme de cinq mille talents, c'est à dire quinze millions. Que si ces conditions les accommodaient, ils pourraient envoyer des ambassadeurs au Sénat. Ils feignirent d'y donner les mains, mais en effet ils ne cherchaient qu'à gagner du temps jusqu'au retour d'Annibal. On accorda une trêve aux Carthaginois, qui firent partir sur-le-champ leurs députés pour Rome, et qui envoyèrent en même temps vers Annibal pour lui ordonner de revenir en Afrique.

Il était pour lors retiré dans les extrémités de l'Italie, comme nous l'avons déjà dit. C'est là que lui furent portés les ordres de Carthage, qu'il ne put entendre sans pousser des soupirs, et sans presque verser des larmes, frémissant de colère de se voir ainsi forcé d'abandonner sa proie. Jamais exilé ne témoigna plus de regret en quittant son pays natal qu'Annibal en sortant d'une terre ennemie. Il tourna souvent ses yeux vers les côtes d'Italie, accusant les dieux et les hommes de son malheur, en prononçant contre lui-même, dit Tite-Live, mille exécrations de ce qu'au sortir de la bataille de Cannes il n'avait pas conduit à Rome ses soldats encore tout fumants du sang des Romains.

A Rome, le Sénat, fort mécontent des mauvaises excuses qu'employaient les députés de Carthage pour justifier leur République, et de l'offre absurde qu'ils faisaient en son nom de s'en tenir au traité de Lutatius, crut devoir renvoyer la décision du tout à Scipion, qui étant sur les lieux, pouvait mieux juger de ce que demandait le bien de l'Etat.

Vers ce même temps, le préteur Octavius, passant de Sicile en Afrique avec deux cents vaisseaux de charge, fut attaqué près de Carthage par une furieuse tempête qui dissipa toute sa flotte. Le peuple de la ville ne pouvant se résoudre à laisser échapper de ses mains une si riche proie, demande à grands cris qu'on fasse sortir la flotte carthagnoise pour s'en emparer. Le Sénat, après une faible résistance, y consent. Asdrubal, étant sorti du port, se saisit de la plupart des vaisseaux romains, et les amène à Carthage malgré la trève qui subsistait encore.

Scipion envoya des députés au Sénat de Carthage pour en faire ses plaintes. On y eut peu d'égard. L'approche d'Annibal leur avait rendu le courage et leur avait fait concevoir de grandes espérances. Il s'en fallut peu même que le peuple ne maltraitât les députés. Ils demandèrent une escorte pour s'en retourner en sûreté. Elle leur fut accordée, et deux vaisseaux de la République les accompagnèrent. Mais les magistrats, qui ne voulaient point de paix, et qui étaient déterminés à recommencer la guerre, firent dire sous main à Asdrubal, qui était avec sa flotte près d'Utique, de faire attaquer la galère romaine, lorsqu'elle serait arrivée au fleuve Bagrada tout près du camp des Romains, où l'escorte avait ordre de les laisser. Il le fit, et détacha contre les ambassadeurs deux galères; ils se sauvèrent pourtant, non sans peine, ni sans danger.

Ce fut un nouveau sujet de guerre entre les deux peuples, plus animés, ou plutôt plus acharnés que jamais l'un contre l'aut e; les Romains par le désir de venger une si noire perfidie, les Carthaginois par la persuasion où ils étaient qu'il n'y avait plus de paix à attendre pour eux.

Dans ce temps-là même, Lélius et Fulvius, chargés des

pleins pouvoirs que le Sénat et le peuple romain envoyaient à Scipion, arrivent au camp, et avec eux les députés carthaginois. Carthage ayant, non-seulement rompu la trêve, mais violé le droit des gens dans la personne des ambassadeurs romains, il était naturel d'user de représailles contre les députés carthaginois. Mais Scipion, considérant plus ce que demandait la générosité romaine que ce que méritait la perfidie carthaginoise, pour ne point s'éloigner des principes de sa nation, ni de son propre caractère, renvoya les députés sans leur faire aucun mal. Une modération si étonnante, dans de telles conjonctures, effraya et fit rougir Carthage même, et donna à Annibal une nouvelle estime pour un chef qui n'opposait à la mauvaise foi de ses ennemis qu'une droiture et une noblesse d'âme encore plus dignes d'admiration que toutes ses vertus guerrières.

Cependant Annibal, pressé par ses citoyens, avançait dans le pays. Il arriva à Zama, qui est à cinq journées de Carthage, et il y fit camper ses troupes. Il envoya de là des espions, pour observer la contenance des Romains. Scipion les ayant surpris, loin de les punir, les fit promener par tout son camp ; et après leur en avoir fait remarquer soigneusement toute la disposition, il les renvoya à Annibal. Celui-ci sentait bien d'où partait une si noble assurance. Après tout ce qui lui était arrivé, il ne comptait plus sur le retour de sa fortune. Pendant que tout le monde l'exhortait à donner la bataille, il était le seul qui songeât à la paix. Il espérait la faire à des conditions plus raisonnables, se trouvant à la tête d'une armée, et le sort des armes pouvant encore paraître incertain. Il envoya donc demander à Scipion une entrevue. On convint du temps et du lieu.

ENTREVUE D'ANNIBAL ET DE SCIPION EN AFRIQUE, SUIVIE DU COMBAT.

Ces deux capitaines, non-seulement les plus illustres de leur temps, mais dignes d'être mis en parallèle avec ce qu'il y avait jamais eu de plus grands princes et de plus fameux généraux, s'étant rendus au lieu marqué, demeurèrent quelque temps en silence comme étonnés à la vue l'un de l'autre, et comme saisis d'une mutuelle admiration. Enfin Annibal prit le premier la parole, et après avoir loué Scipion d'une manière fine et délicate, il lui fit une vive peinture des désordres de la guerre et des maux qu'elle avait causés tant aux victorieux qu'aux vaincus. Il l'exhorta à ne se laisser pas éblouir par l'éclat de ses victoires. Il lui représenta que quelque heureux qu'il eût été jusque-là, il devait appréhender l'inconstance de la fortune; que sans en chercher bien loin des exemples, il en était lui-même qui lui parlait une preuve éclatante; que Scipion était alors ce qu'Annibal avait été à Thrasymène et à Cannes; qu'il profitât de l'occasion mieux qu'il n'avait fait lui-même, en faisant la paix dans un temps où il était maître des conditions. Il finit en déclarant que les Carthaginois voulaient bien céder aux Romains la Sicile, la Sardaigne, l'Espagne et toutes les îles qui sont entre l'Afrique et l'Italie; qu'il fallait bien se résoudre, puisque les dieux en ordonnaient ainsi, à se renfermer dans les bords de l'Afrique, tandis qu'ils verraient les Romains faire respecter leurs lois jusque dans les régions les plus éloignées.

Scipion répondit en moins de paroles, mais avec non moins de dignité. Il reprocha aux Carthaginois la perfidie avec laquelle ils venaient de piller quelques galères romaines avant que la trêve fût expirée. Il rejeta sur eux seuls et sur leur injustice tous les maux qu'avaient entraînés les deux guerres. Après avoir remercié Annibal des conseils qu'il lui donnait sur l'incertitude des événements humains, il finit en l'avertissant de se préparer au combat, s'il n'aimait mieux accepter les conditions qu'il avait déjà proposées, auxquelles néanmoins on en ajouterait encore quelques-unes pour punir les Carthaginois d'avoir rompu la trêve.

Annibal ne put se résoudre à accepter ces conditions, et on se sépara dans le dessein de décider du sort de Carthage par une action générale. Chacun des généraux exhorta donc ses troupes à combattre vaillamment. Annibal faisait le dénombrement des victoires qu'il avait remportées sur les Romains, des chefs qu'il avait tués, des armées qu'il avait taillées en pièces. Scipion représentait aux siens la conquête des Espagnes, les succès qu'ils avaient eus en Afrique, et l'aveu que les ennemis faisaient de leur faiblesse en venant demander la paix; et il disait tout cela d'un air et d'un ton de vainqueur. Jamais motifs ne furent plus puissants pour porter des troupes à bien combattre. Ce jour allait mettre le comble à la gloire de l'un ou de l'autre

des chefs, et décider qui de Rome ou de Carthage donnerait la loi aux nations.

Je n'entreprends point de décrire l'ordre de la bataille ,
ni la valeur des deux armées. Il est aisé d'imaginer que
deux capitaines si expérimentés n'oublièrent rien de ce qui
pouvait contribuer à la victoire. Les Carthaginois, après
un combat fort opiniâtre, furent enfin obligés de prendre
la fuite, en laissant vingt mille des leurs sur le champ de
bataille ; et les Romains firent un pareil nombre de prisonniers. Annibal se sauva pendant le tumulte, et étant entré
dans Carthage, il avoua qu'il était vaincu sans ressource ,
et que la ville n'avait plus d'autre parti à prendre que de
demander la paix à quelques conditions que ce fût. Scipion
lui donna de grands éloges, principalement sur son habileté
à prendre ses avantages, à disposer son armée, à donner
les ordres dans le combat ; et il assura qu'Annibal s'était
surpassé lui-même dans cette journée, quoique le succès
n'eût pas répondu à son courage, ni à sa prudence. -

Pour lui, il sut bien profiter de sa victoire et de la consternation des ennemis. Il ordonna à un de ses lieutenants
de mener son armée de terre à Carthage, pendant que lui-
même allait y conduire la flotte.

Il n'en était pas éloigné, lorsqu'il rencontra un vaisseau
couvert de banderoles et de branches d'oliviers, qui portait dix ambassadeurs, choisis d'entre les plus considérables de la ville et chargés d'aller implorer sa clémence. Il
les renvoya sans réponse, avec ordre de le venir trouver à
Tunis, où il devait s'arrêter. Les députés de Carthage vinrent au nombre de trente trouver Scipion au lieu marqué,

et lui demandèrent la paix en des termes très-soumis. Il assembla son conseil. La plupart étaient assez d'avis qu'il prît et rasât Carthage, et qu'il en traitât les habitants avec la dernière sévérité. Mais la vue du temps que durerait le siége d'une ville si bien fortifiée, et la crainte qu'avait Scipion qu'on ne lui envoyât un successeur pendant qu'il serait occupé à ce siége, le firent pencher vers la douceur.

PAIX CONCLUE ENTRE LES CARTHAGINOIS ET LES ROMAINS. FIN DE LA SECONDE GUERRE PUNIQUE.

Les conditions de paix qu'il leur dicta furent : que les Carthaginois vivraient libres en conservant leur lois, aussi bien que les villes et les terres qu'ils possédaient en Afrique avant cette guerre ; qu'ils rendraient aux Romains tous les transfuges, les esclaves et les prisonniers qu'ils avaient à eux ; qu'ils leur livreraient tous leurs vaisseaux, à l'exception de dix à trois rangs de rames ; qu'ils livreraient aussi tous les éléphants qu'ils avaient alors, et qu'ils n'en dresseraient plus dorénavant pour la guerre ; que toute guerre hors l'Afrique leur serait absolument interdite, et que dans l'Afrique même ils ne pourraient la faire sans la permission du peuple romain ; qu'ils restitueraient à Masinissa tout ce qu'ils avaient pris sur lui ou sur ses ancêtres ; qu'ils fourniraient des vivres et paieraient la solde aux troupes auxiliaires des Romains, jusqu'à ce que leurs députés fussent de retour de Rome ; qu'ils paieraient aux Romains dix mille talents euboïques d'argent en cinquante paiements d'année en année ; qu'ils donneraient cent otages au choix de Scipion. Pour leur donner le temps d'envoyer à Rome, il convint de leur accorder une trève, à condition qu'ils rendraient les vaisseaux qu'ils avaient pris à l'occasion de la première, sans quoi ils ne devaient espérer ni trève ni paix.

Quand les députés furent de retour à Carthage, ils exposèrent au Sénat les conditions que Scipion leur avait dictées. Alors Gisgon, qui les trouvait insupportables, se leva, et fit un discours pour détourner ses citoyens d'une paix si honteuse. Annibal, indigné qu'on écoutât tranquillement un tel harangueur, prit Gisgon par le bras et le jeta en bas de son siége. Une démarche si violente, et bien éloignée du goût d'une ville libre comme était Carthage, excita un murmure universel. Annibal en fut troublé, et sur-le-champ s'excusa. « Sorti de cette ville à l'âge de neuf ans, » leur dit-il, et n'y étant revenu qu'après trente-six ans » d'absence, j'ai eu tout le temps de m'instruire dans l'art » militaire, et je me flatte d'y avoir assez bien réussi. Pour » vos lois et vos coutumes, on ne doit pas être surpris que » je les ignore ; et c'est de vous que je veux les appren- » dre. » Il s'étendit ensuite sur la nécessité indispensable où ils étaient de faire la paix. Il ajouta qu'on devait remercier les dieux de ce que les Romains voulaient bien l'accorder même à ces conditions ; et il leur montra de quelle importance il était de se réunir dans le Sénat, et de ne point donner lieu, par le partage des sentiments, à porter devant le peuple une affaire de cette nature. Tout le monde revint à son avis, et la paix fut acceptée. Le Sénat satisfit Scipion sur les vaisseaux qu'il avait redemandés; et après avoir obtenu de lui une trève de trois mois, il fit partir des ambassadeurs pour Rome.

Quand ils y furent arrivés, le Sénat leur donna audience. Ils étaient tous recommandables par leur âge et leur dignité. Asdrubal, surnommé Hœdus, toujours ennemi d'Annibal et de sa faction, parla le premier; et après avoir excusé autant qu'il put le peuple de Carthage en rejetant la rupture du traité sur l'ambition de quelques particuliers, il ajouta que si les Carthaginois eussent voulu suivre ses conseils et ceux d'Hannon, ils auraient donné aux Romains la paix qu'ils étaient obligés de leur demander. « Mais, ajouta-t-il, il est bien rare que la prospérité et la » modération se rencontrent ensemble, et qu'il soit donné » aux hommes d'être en même temps heureux et sages. Le » peuple romain est invincible, parce qu'il ne se laisse » point aveugler par la bonne fortune. Et il faudrait s'é- » tonner s'il agissait autrement. Car la prospérité ne » transporte de joie et n'éblouit que ceux pour qui elle est » nouvelle; au lieu que les Romains sont si accoutumés à » vaincre, qu'ils ne sont presque plus sensibles au plaisir » que cause la victoire; et qu'on peut dire à leur honneur » qu'ils ont en un sens plus augmenté leur empire en trai- » tant les vaincus avec bonté qu'en remportant des victoi- » res. » Les autres députés parlèrent d'un ton plus plaintif, en représentant le triste état où Carthage allait être réduite, après s'être vue au comble de la grandeur et de la puissance.

Le Sénat et le peuple, qui étaient également portés à la paix, donnèrent un plein pouvoir à Scipion pour en traiter, le laissèrent maître des conditions , et lui permirent de ramener son armée après la conclusion du traité.

Les ambassadeurs demandèrent la permission d'entrer dans la ville et de racheter quelques-uns de leurs prisonniers. Il s'en trouva environ deux cents qu'ils souhaitaient recouvrer. Le Sénat les envoya à Scipion pour les rendre sans rançon, en cas que la paix se conclût.

Les Carthaginois , après le retour de leurs ambassadeurs, firent la paix avec Scipion aux conditions qu'il leur avait imposées. Ils lui remirent plus de cinq cents vaisseaux, qu'il fit brûler à la vue de Carthage : spectacle bien triste pour les habitants de cette malheureuse ville! Il fit trancher la tête aux alliés du nom latin et pendre les citoyens romains qui lui furent rendus comme transfuges.

Quand on procéda au premier paiement de la taxe imposée par le traité, comme les fonds de l'Etat étaient épuisés par les dépenses d'une si longue guerre, la difficulté de ramasser cette somme causa une grande tristesse dans le Sénat, et plusieurs ne purent retenir leurs larmes. On dit qu'Annibal alors se mit à rire. Asdrubal Hœdus lui faisant de vifs reproches de ce qu'il insultait ainsi à l'affliction publique, dont il était la cause : « Si l'on pouvait, dit-il, » pénétrer dans le fond de mon cœur, et en démêler les » dispositions, comme on voit ce qui se passe sur mon » visage, on reconnaîtrait bientôt que ce rire qu'on me » reproche n'est pas un rire de joie , mais l'effet du trouble » et du transport que me causent les maux publics. Et ce

» rire, après tout, est-il plus hors de saison que ces larmes
» que je vous vois répandre ? C'était lorsqu'on nous a ôté
» nos armes, qu'on a brûlé nos vaisseaux, qu'on nous a
» interdit toute guerre contre les étrangers; c'était alors
» qu'il fallait pleurer ; car voilà le coup et la plaie mortelle
» qui nous ont abattus. Mais nous ne sentons les maux
» publics qu'autant qu'ils nous intéressent personnelle-
» ment ; et ce qu'ils ont pour nous de plus affligeant et de
» plus douloureux, est la perte de notre argent. C'est
» pourquoi, lorsqu'on enlevait à Carthage vaincue ses dé-
» pouilles, lorsqu'on la laissait sans armes et sans défense
» au milieu de tant de peuples d'Afrique puissants et armés,
» personne de vous n'a poussé un soupir. Et maintenant,
» parce qu'il faut contribuer par tête à la taxe publique,
» vous vous désolez comme si tout était perdu. Ah ! que
» j'ai lieu de craindre que ce qui vous arrache aujourd'hui
» tant de larmes, ne vous paraisse bientôt le moindre de
» vos malheurs ! »

Scipion, après que tout fut terminé, s'embarqua pour repasser en Italie. Il arriva à Rome à travers une multitude infinie de peuples que la curiosité attirait sur son passage. On lui décerna le triomphe le plus magnifique qu'on eût encore vu, et on lui donna le surnom d'*Africain*, honneur inouï jusque-là, personne avant lui n'ayant pris le nom d'une nation vaincue. Ainsi fut terminée la seconde guerre Punique, après avoir duré dix-sept ans.

COURTE RÉFLEXION SUR LE GOUVERNEMENT DE CARTHAGE AU TEMPS DE LA SECONDE GUERRE PUNIQU*

Je finirai ce qui regarde la seconde guerre Punique par une réflexion de Polybe, qui peut beaucoup servir à faire connaître la différence des deux Républiques dont nous parlons. Au commencement de la seconde guerre Punique, et du temps d'Annibal, on peut dire en quelque sorte que Carthage était sur le retour. Sa jeunesse, sa fleur, sa vigueur étaient déjà flétries. Elle avait commencé à déchoir de sa première élévation, et elle penchait vers sa ruine; au lieu que Rome alors était, pour ainsi dire, dans la force et la vigueur de l'âge, et s'avançait à grand pas vers la conquête de l'univers. La raison que Polybe rend de la décadence de l'une et de l'accroissement de l'autre est tirée de la différente manière dont étaient gouvernées ces deux Républiques dans le temps dont nous parlons. Chez les Carthaginois, le peuple s'était emparé de la principale autorité dans les affaires publiques; on n'écoutait plus les avis des vieillards et des magistrats : tout se conduisait par cabale et par intrigues. Sans parler de ce que la faction contraire à Annibal fit contre lui pendant tout le temps de son commandement, le seul fait des vaisseaux romains pillés pendant un temps de trève, perfidie à laquelle le peuple força le Sénat de prendre part et de prêter son nom, est une preuve bien claire de ce que dit ici Polybe. Au contraire, à Rome, c'était le temps où le Sénat, c'est-à-dire cette compagnie composée d'hommes si sages, avait plus de crédit que jamais, et où les vieillards étaient écoutés et respectés comme des oracles. On sait combien le peuple romain était jaloux de son autorité sur tout ce qui regarde l'élection des magistrats. Une centurie composée des jeunes, à qui il était échu par le sort de donner la première son suffrage qui entraînait ordinairement celui de tous les autres, avait nommé deux consuls. Sur la simple remontrance de Fabius, qui représenta au peuple que dans un temps de tempête et d'orage, comme était celui où l'on se trouvait pour lors, on ne pouvait choisir de trop habiles pilotes pour conduire le vaisseau de la République, la centurie retourna aux suffrages et nomma d'autres consuls. De cette différence de gouvernement Polybe conclut qu'il était nécessaire qu'un peuple conduit par la prudence des anciens l'emportât sur un État gouverné par les avis téméraires de la multitude. Rome, en effet, guidée par les sages conseils du Sénat, eut enfin le dessus dans le gros de la guerre, quoique en détail elle eût eu du désavantage dans plusieurs combats, et elle établit sa puissance et sa grandeur sur les ruines de sa rivale.

INTERVALLE ENTRE LA SECONDE ET LA TROISIÈME GUERRE PUNIQUE

Cet intervalle, quoiqu'assez considérable pour la durée puisqu'il est de plus de cinquante ans, l'est fort peu par rapport aux événements qui regardent Carthage. On peut les réduire à deux chefs : dont l'un concerne la personne d'Annibal, l'autre regarde quelques différends particuliers entre les Carthaginois et Masinissa, roi des Numides. Nous les traiterons séparément, mais sans leur donner beaucoup d'étendue.

§ I

SUITE DE L'HISTOIRE D'ANNIBAL, SA RETRAITE ET SA MORT

Lorsque la seconde guerre Punique fut terminée par le traité de paix conclu avec Scipion, Annibal avait quarante-cinq ans, comme il le dit lui-même en plein Sénat. Ce qu'il nous reste à dire de ce grand homme comprend un espace de vingt-cinq ans.

ANNIBAL ENTREPREND ET VIENT A BOUT DE RÉFORMER A CARTHAGE LA JUSTICE ET LES FINANCES

Depuis la conclusion de la paix , Annibal fut fort considéré à Carthage, du moins dans les commencements, et il y exerça les premiers emplois de la République avec honneur et avec éclat. Il fut chargé du commandement des troupes dans quelques guerres que les Carthaginois eurent à soutenir en Afrique. Mais les Romains , à qui le seul nom d'Annibal faisait ombrage, ne pouvant voir tranquillement qu'on lui laissât encore les armes à la main, en firent des plaintes, et il fut rappelé à Carthage.

A son retour on le nomma préteur. Il paraît que cette charge était très-considérable et donnait beaucoup d'autorité. Carthage va donc être pour lui un nouveau théâtre, où il fera paraître des vertus et des qualités d'un genre tout différent de celles qui nous l'ont fait admirer jusqu'ici , et qui achèveront de nous donner de ce grand homme une juste et parfaite idée.

Tout occupé du désir de rétablir les affaires de sa patrie désolée, il comprit que les deux plus puissants moyens pour faire fleurir un Etat sont une grande exactitude à rendre la justice à tous les sujets et une grande fidélité dans le maniement des finances. L'une , en maintenant l'égalité parmi les citoyens , et en les faisant jouir d'une liberté tranquille sous la protection des lois qui mettent en sûreté leurs biens, leur honneur et leur vie, lie plus étroitement les particuliers entre eux, et les attache plus fortement à l'Etat, à qui ils doivent la conservation de ce qu'ils ont de plus cher et de plus précieux. L'autre, en ménageant avec fidélité les fonds publics, fournit ponctuellement à toutes les dépenses de l'Etat, tient en réserve des ressources toujours prêtes pour ses besoins imprévus, et épargne au peuple l'imposition des nouvelles charges que la dissipation rend nécessaires, et qui contribuent le plus à indisposer les esprits contre le gouvernement.

Annibal vit avec douleur le désordre qui régnait également dans l'administration de la justice et dans le maniement des finances. Quand on l'eut nommé préteur, comme son amour pour l'ordre lui faisait regarder avec peine tout ce qui s'en écartait, et le portait à tout tenter pour le rétablir, il eut le courage d'entreprendre la réforme de ce double abus qui en entraînait une infinité d'autres; sans craindre l'animosité de l'ancienne faction qui lui était opposée, ni les nouvelles inimitiés que son zèle pour la République ne manquerait pas de lui attirer.

L'ordre des juges exerçait impunément les concussions les plus criantes. C'étaient autant de petits tyrans, qui disposaient à leur gré des biens et de la vie des citoyens, sans qu'il fût possible de se mettre à l'abri de leurs violences, parce que leurs charges étaient à vie et qu'ils se soutenaient mutuellement. Annibal, en qualité de préteur, manda chez lui un officier de cette compagnie, qui abusait apparemment de son pouvoir : Tite-Live dit qu'il était ques-

teur. Cet officier, qui était de la faction opposée à Annibal,
et qui avait déjà tout l'orgueil et toute la fierté des juges,
dans l'ordre desquels il devait passer en sortant de la
questure , refusa insolemment d'obéir. Annibal n'était pas
d'un caractère à souffrir tranquillement une telle injure.
Il le fit saisir par un licteur, et le traduisit devant le peuple. Là, non content de s'en prendre à cet officier particulier, il accusa l'ordre entier des juges, dont l'orgueil insupportable et tyrannique n'était arrêté ni par la crainte
des lois ni par le respect des magistrats. Et comme il s'a-
perçut qu'on l'écoutait favorablement, et que les plus faibles d'entre le peuple témoignaient ne pouvoir plus souffrir
l'insolente fierté de ces juges qui semblaient en vouloir à
leur liberté, il proposa et fit passer une loi qui ordonnait
qu'on choisirait tous les ans de nouveaux juges, sans qu'aucun pût être continué au-delà de ce terme. Autant que par
cette loi il gagna l'amitié du peuple, autant s'attira-t-il la
haine du plus grand nombre des puissants et des nobles.

Il entreprit une autre réforme qui ne lui fit pas moins
d'ennemis, ni moins d'honneur. Les deniers publics, ou
étaient dissipés par la négligence de ceux qui les maniaient ,
ou devenaient la proie et le butin des principaux de la ville
et des magistrats, en sorte que ne se trouvant plus d'argent pour fournir chaque année au paiement du tribut que
l'on devait aux Romains, on était près d'imposer une taxe
sur les particuliers. Annibal, entrant dans un fort grand
détail, se fit rendre un compte exact des revenus de la République, de l'usage que l'on en faisait, des charges et des
dépenses ordinaires de l'Etat; et ayant reconnu par ce

examen qu'une grande partie des fonds publics était dé-
tournée par la mauvaise foi des gens d'affaires, il déclara
et promit en grande assemblée du peuple, que sans imposer de nouvelles taxes aux particuliers, la République serait
désormais en état de payer le tribut aux Romains, et il
accomplit sa promesse. Les fermiers généraux, dont il avait
dévoilé au peuple les vols et les rapines, accoutumés jusque-là à s'engraisser des deniers publics, jetèrent alors les
hauts cris, comme si c'eût été leur ravir leur bien et non
arracher de leurs mains avares celui qu'ils avaient volé à
l'Etat.

RETRAITE ET MORT D'ANNIBAL

Cette double réforme fit beaucoup crier contre Annibal.
Ses ennemis ne cessaient d'écrire à Rome aux premiers de
la ville et à leurs amis, qu'il avait de secrètes intelligences
avec Antiochus, roi de Syrie, qu'il recevait souvent des
courriers, et que ce prince lui avait envoyé sous main des
députés pour prendre avec lui de justes mesures sur la
guerre qu'il méditait. Que comme il y a des animaux si
féroces qu'ils ne s'apprivoisent jamais, ainsi cet homme,
d'un esprit inquiet et implacable, ne pouvait souffrir le
repos, et que tôt ou tard il éclaterait. Ces discours étaient
écoutés à Rome, et ce qui s'était passé dans la guerre précédente, dont il avait été presque seul l'auteur et le promo-
teur, y donnait une grande vraisemblance. Scipion s'op-

posa toujours fortement aux violentes résolutions qu'on voulait prendre sur ce sujet , en représentant qu'il n'était point de la dignité du peuple romain de prêter son nom à la haine et aux accusations des ennemis d'Annibal, d'appuyer de son autorité leurs injustes passions, et de s'acharner à le poursuivre jusque dans le sein de sa patrie ; comme si c'eût été trop peu pour les Romains de l'avoir vaincu dans la guerre les armes à la main.

Malgré de si sages remontrances, le Sénat nomma trois commissaires, et les chargea de porter leurs plaintes à Carthage, et de demander qu'on leur livrât Annibal. Quand ils y furent arrivés, quoiqu'ils couvrissent leur voyage d'un autre prétexte, Annibal sentit bien que c'était à lui seul qu'on en voulait. Il se sauva vers le soir sur un vaisseau qu'il avait fait préparer secrètement, déplorant le sort de sa patrie encore plus que le sien. C'était la sixième année depuis la conclusion de la paix. La première ville où il aborda fut Tyr. Il y fut reçu comme dans une seconde patrie , et on lui rendit tous les honneurs dus à un homme de sa réputation. Après s'être arrêté quelques jours , il partit pour Antioche, d'où le roi venait de sortir. Il alla le trouver à Ephèse. L'arrivée d'un capitaine de ce mérite lui fit grand plaisir, et ne contribua pas peu à le déterminer à la guerre contre les Romains ; car jusque-là il avait toujours paru incertain et flottant sur le parti qu'il devait prendre. C'est dans cette ville qu'un philosophe, qui passait pour le plus beau discoureur de l'Asie , eut l'imprudence de parler fort longtemps en présence d'Annibal sur les devoirs d'un général d'armée et sur les règles de l'art militaire.

Tout l'auditoire fut charmé de son éloquence. Comme on demanda au Carthaginois ce qu'il en pensait : « J'ai bien » vu des vieillards, dit-il, qui manquaient de sens et de » jugement; mais je n'en ai point vu de moins censé et de » moins judicieux que celui-ci. »

Les Carthaginois, qui craignaient avec raison de s'attirer les armes romaines, ne manquèrent pas de faire savoir à Rome qu'Annibal s'était retiré près d'Antiochus. Ce fut un grand sujet d'inquiétude pour les Romains, et ce pouvait être une grande ressource pour le roi, s'il en eût su profiter.

Le premier conseil qu'Annibal lui donna pour lors, et qu'il ne cessa de lui donner dans la suite, fut de porter la guerre dans l'Italie, qui ne pouvait être vaincue que dans l'Italie même. Il demandait cent vaisseaux, avec onze ou douze mille hommes de débarquement, et s'offrait de commander la flotte, de passer en Afrique pour engager les Carthaginois à entrer dans cette guerre, et d'aller ensuite faire une descente en Italie, pendant que le roi demeurerait en Grèce avec son armée, se tenant toujours prêt à passer en Italie lorsqu'il en serait temps. C'était l'unique parti qu'il eût à prendre, et le roi goûta d'abord cet avis.

Annibal crut devoir prévenir et préparer les amis qu'il avait à Carthage, pour les mieux faire entrer dans ses desseins. Outre que des lettres sont peu sûres, elles ne peuvent s'expliquer suffisamment, ni entrer dans un assez grand détail. Il envoie donc un homme de confiance, et lui donne ses instructions. A peine est-il arrivé à Carthage, qu'on se doute du sujet qui l'y amène. On l'épie, on le fait suivre, et enfin on donne des ordres pour l'arrêter; mais il les prévient et se sauve de nuit, après avoir fait afficher en plusieurs endroits des placards où il déclarait nettement le sujet de son voyage. Le Sénat, sur-le-champ, donna avis aux Romains de tout ce qui s'était passé.

Villius, l'un des députés qui avaient été envoyés en Asie pour s'informer sur les lieux de l'état des affaires, et pour découvrir, s'ils pouvaient, quels étaient les desseins d'Antiochus, rencontra Annibal à Éphèse. Il eut avec lui plusieurs entretiens, lui rendit plusieurs visites, et affecta de lui témoigner par tout une considération particulière. Sa principale vue était de diminuer son crédit auprès du roi en le lui rendant suspect; et, en effet, il y réussit.

Il y a quelques auteurs qui assurent que Scipion était de cette ambassade, et qui rapportent même l'entretien qu'il eut avec Annibal. Ils disent que le Romain lui ayant demandé qui il croyait avoir été le plus grand de tous les capitaines, il répondit que c'était Alexandre-le-Grand, parce qu'avec une poignée de Macédoniens, il avait défait des armées innombrables, et porté ses conquêtes dans des pays si éloignés, qu'à peine paraissait-il possible d'y aller, même en voyageant. Interrogé ensuite à qui il donnait le second rang, il dit que c'était à Pyrrhus; que ce prince avait été le premier qui avait enseigné à camper avantageusement; que personne n'avait jamais su mieux choisir ses postes, ni ranger ses troupes; qu'il avait eu une dextérité merveilleuse pour se concilier l'amitié des peuples, jusque-là que ceux d'Italie auraient mieux aimé l'avoir pour maître, tout étranger qu'il était, que les Romains établis.

depuis si long-temps dans le pays. Scipion, continuant à l'interroger pour savoir qui il mettait le troisième, il ne fit point de difficultés pour se donner cette place à lui-même. Scipion ne put s'empêcher de rire : « — Et que feriez-vous » donc, lui dit-il, si vous m'aviez vaincu ? » — « Je me » mettrais, reprit Annibal, au-dessus d'Alexandre, de » Pyrrhus, et de tous les généraux qui ont jamais été. » Scipion ne fut pas insensible à une flatterie si délicate et si fine à laquelle il ne s'attendait pas, et qui, le mettant hors de pair, semblait insinuer que nul capitaine ne méritait d'entrer en parallèle avec lui.

Annibal s'étant aperçu du refroidissement d'Antiochus pour lui depuis les entretiens qu'il avait eus avec Villius ou avec Scipion, dissimula quelque temps et ferma les yeux. Mais enfin, il jugea plus à propos d'avoir un éclaircissement avec le roi, et de s'expliquer nettement avec lui. « — Ma haine contre les Romains, lui dit-il, est connue de » tout le monde. Je m'y suis engagé par serment dès ma » plus tendre enfance. C'est cette haine qui a armé mes » mains contre eux pendant trente-six ans. C'est elle qui, » pendant la paix, m'a fait chasser de ma patrie, et qui » m'a obligé de venir chercher un asile dans vos Etats. » Toujours conduit et animé par cette haine, si je vois » ici mes espérances frustrées, j'irai par toute la terre » chercher et susciter des ennemis aux Romains. Je les » hais, et je les haïrai toujours mortellement ; ils me haïs- » sent de même. Tant que vous serez déterminé à leur » faire la guerre, vous pouvez mettre Annibal au nombre » de vos meilleurs amis. Si d'autres raisons vous font pen-

» ser à la paix, je vous le déclare une fois pour toutes,
» cherchez d'autres conseils que les miens. » Un tel discours, qui partait du cœur, et dont la sincérité se faisait
sentir, toucha le roi et parut dissiper tous ses soupçons. Il
résolut de lui donner le commandement d'une partie de la
flotte.

Mais, quels ravages ne fait point la flatterie dans la cour
et dans l'esprit des princes? On représenta à celui-ci qu'il
n'était pas de sa prudence de se fier à Annibal; que c'était
un exilé et un Carthaginois, à qui sa fortune ou son génie
pouvaient suggérer dans un même jour mille projets différents, que d'ailleurs, cette réputation même qu'il avait
acquise dans la guerre, et qui faisait comme son apanage,
était trop grande pour un simple lieutenant; que le roi devait être seul chef, seul général; qu'il devait seul attirer
sur lui les yeux et l'attention; au lieu que si Annibal était
employé, cet étranger aurait seul la gloire de tous les heureux succès. — Il n'y a point, dit Tite-Live, d'esprits plus
susceptibles de jalousie, que ceux qui n'ont point un mérite égal à leur naissance et à leur rang, parce qu'alors tout
mérite leur devient odieux par cette raison seule qu'il leur
est étranger. Cela parut bien clairement dans cette occasion. On avait su prendre Antiochus par son faible. Un
sentiment de basse jalousie, qui est la marque et le défaut
des petits esprits, étouffa en lui toute autre pensée et toute
autre réflexion. Il ne fit plus aucun cas ni aucun usage
d'Annibal. Le succès vengea bien celui-ci, et montra quel
malheur c'est pour un prince d'ouvrir son cœur à l'envie
et ses oreilles aux discours empoisonnés des flatteurs.

Dans un conseil, qui se tint quelque temps après, où Annibal avait été appelé pour la forme, lorsque son rang de parler fut venu, il s'appliqua surtout à prouver qu'il fallait, à quelque prix que ce fût, engager dans l'alliance d'Antiochus Philippe et la Macédoine, ce qui n'était pas si difficile qu'on se l'imaginait. « — Pour la manière de » faire la guerre, dit-il, je m'en tiens toujours à mon pre- » mier sentiment; et si l'on m'avait cru d'abord, on enten- » drait dire maintenant que la Toscane et la Ligurie sont » en feu, et, ce qui fait la terreur des Romains, qu'Anni- » bal est en Italie. Quand je ne serais pas fort habile pour » le reste, j'ai dû certainement apprendre, par mes bons » et mes mauvais succès, comment il leur faut faire la » guerre. Je ne puis que vous donner mes conseils et vous » offrir mes services. Puissent les dieux faire ré ssir le » parti que vous prendrez, quel qu'il soit! » — On ap- plaudit à Annibal, mais on n'exécuta rien de ce qu'il avait proposé.

Antiochus, trompé et endormi par ses flatteurs, demeu- rait tranquille à Éphèse après avoir été chassé de la Grèce par les Romains, ne pouvant s'imaginer que ceux-ci son- geassent à le venir attaquer dans son propre pays. Annibal, qui pour lors était rentré en faveur, lui répétait sans cesse qu'au premier jour il verrait la guerre en Asie, et l'ennemi à ses portes; qu'il fallait qu'il se résolût ou à renoncer à son empire, ou à tenir tête à un peuple qui voulait se ren- dre maître de toute la terre. Ces discours réveillèrent un peu le roi de son assoupissement. Il fit quelques légers efforts; mais, comme dans sa conduite il n'y avait rien de suivi, après plusieurs pertes considérables, la guerre se termina par une paix honteuse, dont une des conditions fut qu'il livrerait Annibal aux Romains. Celui-ci ne lui en laissa pas le temps, et se retira d'abord dans l'île de Crète, pour y délibérer sur le parti qu'il aurait à prendre.

Les richesses qu'il avait emportées avec lui, et dont on eut quelque connaissance dans l'île, pensèrent l'y faire périr. Les ruses ne manquaient pas à Annibal; il en fit usage ici pour sauver ses trésors, et pour se sauver lui-même. Il remplit plusieurs vases de plomb fondu, couvrant seulement la surface d'or et d'argent, et il les mit en dépôt dans le temple de Diane, en présence des Crétois, à la bonne foi desquels, disait-il, il confiait toutes ses richesses. On fit bonne garde depuis ce temps-là autour du temple, et on laissa une entière liberté à Annibal, de qui l'on croyait tenir les trésors. Il les avait cachés dans des statues d'airain creuses qu'il portait toujours avec lui. Ayant trouvé un moment favorable, il partit, et alla chercher un asile chez Prusias, roi de Bithynie.

Il paraît qu'il fit quelque séjour dans la cour de ce prince, qui entra bientôt en guerre contre Euménès, roi de Pergame, ami déclaré des Romains. Annibal fit remporter aux troupes de Prusias plusieurs victoires, tant sur terre que sur mer.

Des services si importants semblaient assurer pour toujours à Annibal un asile chez ce roi. Mais les Romains ne l'y laissèrent pas en repos, et députèrent Quintius Flamininus vers ce roi, pour se plaindre de ce qu'il lui donnait une retraite. Il ne fut pas difficile à Annibal de deviner le sujet de cette ambassade, et il n'attendit pas qu'on le livrât à ses ennemis. D'abord, il essaya de se sauver par la fuite; mais il s'aperçut que les sept issues cachées qu'il avait fait faire à son palais, étaient occupées par les soldats de Prusias, qui voulait faire sa cour aux Romains en trahissant son hôte. Il se fit donc apporter le poison qu'il gardait depuis longtemps pour s'en servir dans l'occasion, et, le tenant entre ses mains : « — Délivrons, dit-il, le peu- » ple romain d'une inquiétude qui le tourmente depuis » longtemps, puisqu'il n'a pas la patience d'attendre la » mort d'un vieillard. La victoire que remporte Flamini- » nus sur un homme désarmé et trahi ne lui sera pas beau- » coup d'honneur. Ce jour seul fait voir combien les Ro- » mains ont dégénéré. Leurs pères avertirent Pyrrhus de se » garder d'un traître qui voulait l'empoisonner, et cela dans » le temps que ce prince leur faisait la guerre dans le » cœur de l'Italie; et ceux-ci ont envoyé un homme con- » sulaire pour engager Prusias à faire mourir par un crime » abominable son ami et son hôte. » Après avoir fait des imprécations contre Prusias, et invoqué contre lui les dieux protecteurs et vengeurs des droits sacrés de l'hospitalité, il avala le poison, et mourut âgé de soixante-dix ans.

Cette année fut célèbre par la mort de trois grands hommes : Annibal, Philopémen et Scipion, qui eurent cela de commun, qu'ils terminèrent tous trois leur vie hors de leur patrie par un genre de mort qui répondait peu à la gloire de leurs actions. Les deux premiers périrent par le poison, Annibal ayant été trahi par son hôte, et Philopémen fait prisonnier dans un combat par les Messéniens, et ensuite jeté dans un cachot, où on le força de prendre du poison. Pour Scipion, il se condamna lui-même à un exil volontaire, pour éviter une accusation injuste qu'on lui intentait à Rome, et il y mourut dans une sorte d'obscurité.

ÉLOGE ET CARACTÈRE D'ANNIBAL

Ce serait ici le lieu de représenter les excellentes qualités d'Annibal, qui a fait tant d'honneur à Carthage. Mais, comme j'ai tâché ailleurs d'en marquer le caractère et d'en donner une juste idée en le comparant avec Scipion, je ne crois pas devoir beaucoup m'étendre sur son éloge.

Les personnes destinées à la profession des armes ne peuvent trop étudier ce grand homme, que les connaisseurs regardent comme le capitaine le plus accompli, presque en tout genre, qui ait jamais été.

Dans l'espace de dix-sept ans que dura la guerre, on ne lui reproche que deux fautes : la première, de n'avoir pas, aussitôt après la bataille de Cannes, mené ses troupes victorieuses vers Rome pour en former le siége ; la seconde, d'avoir laissé amollir leur courage dans les quartiers d'hiver qu'il leur fit prendre à Capoue, fautes qui montrent seulement que les grands hommes ne le sont pas en tout, et qui peut-être même peuvent être excusées en partie.

Mais pour ce peu de fautes, que d'éminentes qualités dans Annibal ! Quelle étendue de vues et de desseins, même dès sa plus tendre jeunesse ; quelle grandeur d'âme ; quelle intrépidité ; quelle présence d'esprit dans le feu même de l'action pour savoir profiter du tout ; quelle dextérité à manier les esprits, en sorte que parmi tant de nations différentes, qui manquaient souvent de vivres et d'argent, il n'y eut jamais aucune sédition dans son camp ni contre lui, ni contre aucun de ses généraux ! Quelle équité, quelle modération dut-il faire paraître à l'égard des nouveaux alliés, pour être venu à bout de les tenir inviolablement attachés à son service, quoiqu'il fût obligé de leur faire porter presque tout le poids de la guerre par les séjours de son armée, et par les contributions qu'il en tirait ! Enfin quelle fécondité de ressources pour soutenir si long-temps la guerre dans un pays éloigné, malgré une puissante faction domestique qui lui refusait tout, et le traversait en tout ! On peut dire que pendant le cours d'une si longue guerre, Annibal parut seul le soutien de l'Etat et l'âme de tout l'empire des Carthaginois, qui ne purent jamais croire qu'ils étaient vaincus, jusqu'à ce qu'Annibal leur eût avoué lui-même qu'il l'était.

Ce ne serait pas bien connaître Annibal que de ne le considérer qu'à la tête des armées. Ce que l'histoire nous apprend des intelligences secrètes qu'il entretenait avec Philippe, roi de Macédoine ; des sages conseils qu'il donna à Antiochus, roi de Syrie ; de la double réforme qu'il mit à

Carthage dans l'administration des finances et dans celle
de la justice, montre qu'il était un grand homme d'État en
toutes manières. Son génie supérieur et universel lui faisait embrasser toutes les parties du gouvernement, et ses
talents naturels le rendaient capables d'en remplir avec
gloire toutes les fonctions. Il était aussi grand politique
que grand guerrier, aussi propre aux emplois civils qu'aux
militaires. En un mot, il réunissait les différents mérites
de toutes les professions, de l'épée, de la robe et des
finances.

Il n'était pas même sans érudition, et tout occupé qu'il
fût des travaux militaires et d'une infinité de guerres qu'il
eut à soutenir, il trouva des moments pour cultiver les lettres. Plusieurs reparties spirituelles d'Annibal que l'histoire nous a conservées, marquent qu'il avait un fonds
d'esprit excellent ; et il le perfectionna par la meilleure
éducation qu'on pouvait recevoir dans ce temps et dans une
République telle qu'était celle de Carthage. Il parlait pas-
sablement le grec, et avait même écrit quelques lignes en
cette langue. Il avait eu pour maître un Lacédémonien
nommé Sosile, qui l'accompagna toujours dans ses expéditions guerrières, aussi bien que Philénius, autre Lacédémonien ; ils travaillaient tous deux à l'histoire de ce grand
capitaine.

Pour ce qui regarde la religion et les mœurs, il n'était
point tout-à-fait tel que Tite-Live nous le représente, d'une
cruauté inhumaine, d'une perfidie plus que carthaginoise,
sans respect pour la vérité, pour la probité, pour la sainteté du serment, sans crainte des dieux, sans religion.

Polybe dit qu'il rejeta avec horreur une proposition cruelle qu'on lui fit avant son entrée en Italie, qui était de manger de la chair humaine, parce que les vivres lui manquaient. Quelques années après, loin de sévir, comme on l'y exhortait, contre le cadavre de Sempronius Gracchus que Magon lui avait envoyé, il lui fit rendre les derniers honneurs à la vue de toute son armée. Nous l'avons vu en plusieurs occasions marquer un grand respect pour les dieux ; et Justin, qui écrivait d'après un auteur bien digne de foi, remarque qu'il fit toujours paraître beaucoup de sagesse et de modération parmi le grand nombre des femmes qu'il fit prisonnières pendant le cours d'une si longue guerre, en sorte qu'on n'aurait pas cru qu'il fût né en Afrique, où l'incontinence était le vice du pays et de la nation.

Son désintéressement au milieu de tant d'occasions de s'enrichir par les dépouilles des villes qu'il prenait et des peuples qu'il domptait, nous marque qu'il savait le véritable usage qu'un général doit faire des richesses, qui est de gagner le cœur des soldats, et de s'attacher les alliés, en faisant à propos des largesses, et n'épargnant point les récompenses : qualité bien importante pour un commandant, et qui n'est pas commune. Annibal ne se servait de l'argent que pour acheter le succès, bien persuadé qu'un homme qui est à la tête des affaires trouve tout le reste dans la gloire de réussir.

Il mena toujours une vie dure et sobre, même en temps de paix, et au milieu de Carthage, lorsqu'il y occupait la première dignité, où l'histoire remarque qu'il ne mangeait jamais couché sur un lit, comme c'était la coutume, et qu'il ne buvait que fort peu de vin. Une vie si réglée et si uniforme est un grand exemple pour nos guerriers, qui mettent souvent parmi les devoirs des officiers de faire bonne chère et de vivre dans les délices.

Je ne prétends pas cependant justifier pleinement Annibal de tous les reproches qu'on lui a fait. Au milieu de ces grandes qualités que nous avons rapportées, on ne peut dissimuler qu'il lui restait quelque chose du caractère et des vices de sa nation, et qu'il y a dans sa vie des actions et des circonstances qu'il serait difficile d'excuser. Polybe remarque qu'il était accusé d'avarice à Carthage et de cruauté à Rome. Il ajoute en même temps que les sentiments étaient partagés sur son sujet; et il ne serait pas étonnant que les ennemis qu'il s'était faits dans l'une et l'autre de ces villes eussent répandu des bruits contraires à sa réputation. En supposant même que les faits qu'on lui impute fussent vrais, Polybe est porté à croire qu'ils venaient moins de son naturel et de son fonds, que de la difficulté des temps et des affaires pendant une longue et pénible guerre, et de la complaisance qu'il était forcé d'avoir pour des officiers généraux qui étaient absolument nécessaires à l'exécution de ses entreprises, et qu'il ne pouvait pas toujours contenir, non plus que les soldats qui servaient sous eux.

§ II

DIFFÉRENDS ENTRE LES CARTHAGINOIS ET MASINISSA ROI DE NUMIDIE

Entre les conditions de la paix accordée aux Carthagi nois, il y en avait une qui portait qu'ils rendraient à Masi nissa toutes les terres et les villes qui lui avaient appartenu avant la guerre ; et d'ailleurs Scipion, pour récompenser le zèle et la fidélité qu'il avait fait paraître à l'égard du peuple romain, avait ajouté à son domaine tout ce qui était de Syphax. Ce présent fut dans la suite une source de disputes et de divisions entre les Carthaginois et les Numides.

Ces deux princes, Syphax et Masinissa, régnaient tous deux en Numidie, mais sur différents peuples. Ceux qui obéissaient au premier s'appelaient *Masasuli*, et avaient pour capitale *Cirtha* ; les autres se nommaient *Massyli*. Les uns et les autres sont plus connus sous le nom de Numides, qui leur est commun. Leur principale force était la cavalerie. Ils se tenaient à cru sur les chevaux ; plusieurs même les conduisaient sans bride, d'où vient que Virgile les appelle *Numidæ infræni*.

Au commencement de la seconde guerre Punique, Syphax s'était rangé du côté des Romains. Gala, père de

Masinissa, pour prévenir les progrès d'un voisin si puissant, crut devoir embrasser le parti des Carthaginois; et envoya contre lui une armée nombreuse sous la conduite de son fils, âgé seulement alors de 17 ans. Syphax, vaincu dans une bataille, où l'on dit qu'il y eut trente mille hommes de tués, se sauva en Mauritanie. Mais dans la suite les choses changèrent bien de face.

Masinissa ayant perdu son père, se trouva plusieurs fois réduit à la dernière extrémité, chassé de son royaume par un usurpateur, poursuivi vivement par Syphax, prêt à chaque moment de tomber entre les mains de ses ennemis, sans troupes, sans argent, sans ressources. Il était alors allié des Romains et ami de Scipion, avec qui il avait eu une entrevue en Espagne. Ses malheurs ne lui laissèrent pas le moyen d'amener de grands secours à ce général. Quand Lélius arriva en Afrique, Masinissa alla le joindre avec une petite troupe de cavaliers, et, depuis ce temps-là, il demeura toujours inviolablement attaché au parti des Romains. Syphax, au contraire, ayant épousé la fameuse Sophonisbe, fille d'Asdrubal, passa dans celui des Carthaginois.

Le sort des deux princes changea encore une fois, mais sans retour. Syphax perd une grande bataille et tombe vivant entre les mains de l'ennemi. Masinissa, vainqueur, attaque Cirtha, capitale de son royaume, et s'en rend maître. Mais il y trouve un danger plus grand que dans le combat, Sophonisbe, aux attraits et aux caresses de laquelle il ne peut résister. Pour la mettre en sûreté, il l'épouse; mais il est bientôt obligé, pour présent nuptial, de lui envoyer du poison, n'imaginant point d'autre voie de lui tenir parole et de la soustraire au pouvoir des Romains.

C'était une faute considérable en elle-même, et qui d'ailleurs ne pouvait pas manquer de déplaire extrêmement à une nation fort jalouse de son autorité. Ce jeune prince la répara avantageusement par les services signalés qu'il rendit depuis à Scipion. Nous avons dit qu'après la défaite et la prise de Syphax, il fut mis en possession du royaume de ce prince, et que les Carthaginois furent obligés de lui restituer tout ce qui lui appartenait. C'est ce qui donna lieu aux contestations dont il nous reste à parler.

Un territoire situé vers le bord de la mer, près de la petite Syrte, en fut le sujet. C'était un pays très-fertile et très-riche. La preuve en est que la seule ville de Leptis, qui y était située, payait chaque jour aux Carthaginois pour tribut un talent, c'est-à-dire mille écus. Masinissa s'était emparé d'une partie de ce territoire. De part et d'autre on envoya des députés à Rome qui plaidèrent chacun leur cause dans le Sénat. On jugea à propos d'envoyer sur les lieux Scipion l'Africain et deux autres commissaires, pour examiner l'affaire. Ils revinrent sans avoir prononcé de jugement, et laissèrent tout en suspens. Peut-être agirent-ils ainsi par ordre du Sénat : et c'était secrètement favoriser Masinissa, qui était en possession du territoire.

Dix ans après, de nouveaux commissaires nommés pour examiner la même affaire en usèrent comme les premiers, et ne décidèrent rien.

Après un pareil espace de temps, les Carthaginois portèrent encore leurs plaintes devant le Sénat, mais avec beaucoup plus de force qu'auparavant. Ils représentèrent qu'outre les terres dont il s'était agi d'abord, Masinissa, dans les deux années précédentes, avait usurpé sur eux plus de soixante-dix places ou châteaux ; qu'ils avaient les mains liées par l'article du dernier traité qui leur défendait de faire la guerre à aucun des alliés du peuple romain ; qu'ils ne pouvaient plus soutenir la fierté, l'avarice, la cruauté de ce prince ; qu'ils étaient envoyés pour demander au peuple romain qu'il lui plût d'ordonner de trois choses l'une : ou que l'affaire serait examinée et jugée dans le Sénat, ou qu'il leur serait permis de repousser la force par la force et de se défendre par la voie des armes ; ou que, si la faveur l'emportait sur la justice, il plût au peuple romain de marquer une fois pour toutes ce qu'il voulait qui fût donné à Masinissa des terres qui appartenaient aux Carthaginois : qu'au moins ils sauraient désormais à quoi s'en tenir, et que le peuple romain garderait quelque mesure à leur égard, au lieu que ce prince ne mettrait d'autres bornes à ses prétentions que son insatiable avidité. Les députés finirent par demander que si, depuis la conclusion de la paix, les Romains avaient quelque faute à leur reprocher, ils la punissent par eux-mêmes, plutôt que de les abandonner à la discrétion d'un prince qui leur rendait et la liberté et la vie insupportables. Après ce discours, pénétrés de douleur, et versant des larmes en abondance, ils se prosternèrent par terre : spectacle qui toucha de compassion tous les assistants et rendit Masinissa extrêmement odieux. On demanda à Gulussa son fils qui était présent ce qu'il avait à répliquer. Il répondit que le roi son père ne lui avait donné aucune instruction, ne sachant pas qu'on dût l'accuser; qu'il priait les Romains de faire réflexion que ce qui lui attirait la haine de Carthage, était l'inviolable fidélité qu'il avait toujours gardée à leur égard. Le Sénat, après les avoir entendus, répondit qu'il était disposé à rendre à chacun d'eux la justice qui leur était due; que Gulussa eût à partir sur-le-champ pour avertir Masinissa d'evoyer au plus tôt des députés avec ceux de Carthage; qu'ils feraient pour lui tout ce qui dépendrait d'eux, mais sans faire tort aux autres; qu'il était juste de s'en tenir aux anciennes bornes, et que l'intention du peuple romain n'était pas que pendant la paix on enlevât par violence aux' Carthaginois les terres et les villes qui leur avaient été laissées par le traité. On les renvoya ainsi de part et d'autre, après leur avoir fait les présents ordinaires.

Tout cela n'était que des paroles. Il est visible qu'à Rome on ne se mettait point du tout en peine de satisfaire les Carthaginois, ni de leur rendre justice, et qu'on y traînait exprès cette affaire en longueur, pour laisser à Masinissa le temps de s'affermir dans ses usurpations et d'affaiblir ses ennemis.

On ordonna une nouvelle députation pour aller sur les lieux faire de nouvelles enquêtes. Caton était du nombre des commissaires. Quand ils furent arrivés, il demandèrent aux parties si elles voulaient s'en rapporter à leur arbitrage. Masinissa y consentit volontiers. Les Carthaginois répondirent qu'ils avaient une règle fixe à laquelle ils s'en tenaient, qui était le traité conclu par Scipion, et demandèrent à être jugés en rigueur. On ne put donc rien décider. Les députés visitèrent tout le pays qu'ils trouvèrent en fort bon état, surtout la ville de Carthage ; et ils furent étonnés de la voir, si peu de temps après le malheur qui lui était arrivé, rétablie au point de grandeur et de puissance où elle était. A leur retour, ils ne manquèrent pas d'en rendre compte au Sénat, déclarant que Rome ne serait jamais en sûreté tant que Carthage subsisterait. Et depuis ce temps-là, sur quelque affaire qu'on délibérât dans le Sénat, Caton ajoutait toujours à son avis : *Et je conclue de plus qu'il faut détruire Carthage ;* sans que ce grave sénateur se mît en peine de prouver que les seuls ombrages de la puissance d'un voisin soient des titres suffisants pour détruire une ville contre la loi des traités. Scipion Nasica pensait au contraire que la ruine de cette ville entraînerait celle de la République, parce que Rome n'ayant plus de rivale à craindre, quitterait ses anciennes mœurs et s'abandonnerait absolument au luxe et aux délices, qui sont la perte certaine des Etats les plus florissants.

Cependant la division se mit dans Carthage. La faction populaire, étant devenue supérieure à celle des grands et des sénateurs, exila quarante citoyens et fit prêter serment au peuple que jamais il ne souffrirait qu'on parlât de rappeler les exilés. Ceux-ci se retirèrent chez Masinissa, qui envoya à Carthage deux de ses fils, Gulussa et Micipsa, pour solliciter leur rétablissement. On leur ferma les portes de la ville, et l'un d'eux même fut vivement poursuivi par Amilcar, l'un des généraux de la République. Nouveau sujet de guerre : on lève une armée de part et d'autre. La bataille se donne. Scipion le jeune, qui depuis ruina Carthage, en fut spectateur. Il était venu vers Masinissa de la part de Lucullus, qui faisait la guerre en Espagne, et sous qui il servait, pour lui demander des éléphants. Pendant tout le combat il se tint sur le haut d'une colline qui était tout près du lieu où il se donnait. Il fut étonné de voir Masinissa, âgé pour lors de quatre-vingt-huit ans, monté à cru sur un cheval, selon la coutume du pays, donner partout les ordres comme un jeune officier et soutenir les fatigues les plus dures. Le combat fut très-opiniâtre, et dura depuis le matin jusqu'à la nuit; mais enfin les Carthaginois plièrent. Scipion disait qu'il avait assisté à bien des batailles, mais que nulle ne lui avait fait tant de plaisir que celle-ci, où tranquille et de sang-froid il avait vu plus de cent mille hommes en venir ensemble aux mains et se disputer longtemps la victoire. Et comme il était fort versé dans la lecture d'Homère, il ajoutait que jusqu'à son temps, il n'avait été donné qu'à Jupiter et à Neptune de jouir d'un pareil spectacle, lorsque l'un du haut du mont Ida, l'autre du haut de la Samothrace, avaient eu le plaisir de voir un combat entre les Grecs et les Troyens. Je ne sais si la vue de cent mille hommes qui s'entrecoupent la gorge cause une joie bien pure, ni si cette joie peut subsister avec le sentiment d'humanité qui nous est naturel.

Les Carthaginois, après le combat, prièrent Scipion de vouloir bien terminer leurs disputes avec Masinissa. Il écouta les deux parties. Les premiers consentaient à céder le territoire d'Emporium qui avait fait le premier sujet du procès, à payer actuellement à Masinissa deux cents talents

d'argent, et à y en ajouter dans la suite huit cents en différents termes dont on conviendrait. Mais comme Masinissa
demandait le rétablissement des exilés, les Carthaginois
n'ayant point voulu écouter cette proposition, on se sépara
sans rien conclure. Scipion, après avoir fait ses compli-
ments et ses remerciements à Masinissa, partit avec les
éléphants qu'il y était venu chercher.

Le roi, depuis le combat, tenait le camp des ennemis
enfermé sur une colline, où il ne pouvait leur arriver ni
vivres, ni troupes. Sur ces entrefaites arrivent des députés
de Rome. Ils avaient ordre, en cas que Masinissa eût eu
du dessous, de terminer l'affaire; autrement de ne rien
décider, et de donner de bonnes espérances au roi; et c'est
ce dernier parti qu'ils suivirent. Cependant la famine
augmentait tous les jours dans le camp des ennemis; et
pour surcroît de malheur, la peste s'y joignit et fit un horrible ravage. Réduits à la dernière extrémité, ils se rendirent, avec promesse de livrer à Masinissa les transfuges, de
lui payer cinq mille talents d'argent dans l'espace de cinquante années, et de rétablir les exilés malgré le serment
qu'ils avaient fait au contraire. Ils furent tous passés sous
le joug et renvoyés chacun avec un habit seulement. Gulussa,
pour se venger du mauvais traitement que nous avons dit
auparavant qu'il avait reçu, envoya contre eux un corps de
cavalerie, dont ils ne purent ni éviter l'attaque, ni soutenir
le choc, dans l'état de faiblesse où ils étaient. Ainsi de
cinquante-huit mille hommes, il en retourna fort peu à Carthage.

ARTICLE IV

TROISIÈME GUERRE PUNIQUE

La troisième guerre Punique, moins considérable que les deux premières par le nombre et la grandeur des combats et par la durée qui ne fut guère que de quatre ans, le fut beaucoup plus par le succès et l'événement, puisqu'elle se termina par la ruine et la destruction entière de Carthage.

Cette ville sentit bien depuis sa dernière défaite ce qu'elle avait à craindre des Romains, en qui elle avait toujours remarqué beaucoup de mauvaise volonté toutes les fois qu'elle s'était adressée à eux dans ses démêlés avec Masinissa. Pour en prévenir l'effet, ils déclarèrent par un décret du Sénat Asdrubal et Carthalon, qui avaient été l'un général de l'armée, l'autre commandant des troupes auxiliaires, coupables de crimes d'État, comme étant les auteurs de la guerre contre le roi de Numidie. Puis ils députèrent à Rome, pour savoir ce qu'on pensait et ce qu'on souhaitait d'eux. On leur répondit froidement que c'était au Sénat et au peuple de Carthage à voir quelle satisfaction ils devaient aux Romains. N'ayant pu tirer d'autre réponse ni d'autre éclaircissement par une seconde députation, ils entrèrent dans une grande inquiétude ; et saisis d'une vive crainte par le souvenir des temps passés, ils croyaient déjà voir l'ennemi à leurs portes, et se représentaient toutes les suites funestes d'un long siége et d'une ville prise d'assaut.

Cependant à Rome on délibérait dans le Sénat sur le parti que devait prendre la République ; et les disputes entre Caton l'Ancien et Scipion Nasica, qui pensaient tout différemment sur ce sujet, se renouvelèrent. Le premier, à son retour d'Afrique, avait déjà représenté vivement qu'il avait trouvé Carthage non dans l'état où les Romains la croyaient, épuisée d'hommes et de biens, affaiblie et humiliée, mais au contraire remplie d'une florissante jeunesse, d'une quantité immense d'or et d'argent, d'un prodigieux amas de toutes sortes d'armes, et d'un riche appareil de guerre ; et si fière et si pleine de confiance dans tous ces grands préparatifs, qu'il n'y avait rien de si haut à quoi elle ne portât son ambition et ses espérances. On dit même qu'après avoir tenu ce discours, il jeta au milieu du Sénat des figues d'Afrique qu'il avait dans le pan de sa robe ; et que, comme les Sénateurs en admiraient la beauté et la grosseur, il leur dit : *Sachez qu'il n'y a que trois jours que ces fruits ont été cueillis. Telle est la distance qui nous sépare de l'ennemi.*

Caton et Nasica avaient tous deux leurs raisons pour opiner comme ils faisaient. Nasica, voyant que le peuple était d'une insolence qui lui faisait commettre toutes sortes d'excès , qu'enflé d'orgueil par ses prospérités il ne pouvait plus être retenu par le Sénat même, et que sa puissance était parvenue à un point qu'il était en état d'entraîner par force la ville dans tous les partis qu'il voudrait embrasser , Nasica, dis-je, dans cette vue, voulait lui laisser la crainte de Carthage comme un frein , pour modérer et réprimer son audace. Car il pensait que les Carthaginois étaient trop faibles pour subjuguer les Romains, et qu'ils étaient aussi trop forts pour en être méprisés. Caton, de son côté, trouvait que par rapport à un peuple devenu fier et insolent par ses victoires, et qu'une licence sans bornes précipitait dans toutes sortes d'égarements , il n'y avait rien de plus dangereux que de lui laisser pour rivale et pour ennemie une ville jusque-là toujours puissante , mais devenue par ses malheurs mêmes plus sage et plus précautionnée que jamais, et de ne pas lui ôter entièrement toute crainte du dehors , lorsqu'il avait au-dedans tous les moyens de se porter aux derniers excès.

Mettant à part pour un moment les lois de l'équité , je laisse au lecteur à décider qui de ces deux grands hommes pensait plus juste selon les règles d'une politique éclairée et par rapport aux véritables intérêts de l'Etat. Ce qui est certain, c'est que tous les historiens ont remarqué que depuis la destruction de Carthage le changement de conduite et de gouvernement fut sensible à Rome; que ce ne fut plus timidement et comme à la dérobée que le vice s'y glissa, mais qu'il leva la tête et saisit avec une rapidité étonnante tous les ordres de la République; et qu'on se livra sans réserve, et sans plus garder de mesures, au luxe et aux délices, qui ne manquèrent pas, comme cela est inévitable , d'entraîner la ruine de l'Etat. « Le premier » Scipion, dit Paterculus en parlant des Romains, avait

» jeté les fondements de leur grandeur future ; le dernier,
» par ses conquêtes, ouvrit la porte à toutes sortes de dé-
» règlements et de dissolutions. Depuis que Carthage, qui
» tenait Rome en haleine en lui disputant l'empire, eut
» été entièrement détruite, la décadence des mœurs n'alla
» plus lentement, ni par degrés, mais fut prompte et préci-
» pitée. »

Quoi qu'il en soit, il fut résolu dans le Sénat qu'on déclarerait la guerre aux Carthaginois ; et les raisons ou les
prétextes qu'on en apporta furent que, contre la teneur du
traité, ils avaient conservé des vaisseaux, conduit une
armée hors de leurs terres contre un prince allié de Rome,
dont ils avaient maltraité le fils dans le temps même qu'il
avait avec lui un ambassadeur romain.

Un événement que le hasard fit tomber heureusement
dans le temps qu'on délibérait sur l'affaire de Carthage,
contribua sans doute beaucoup à faire prendre cette résolution. Ce fut l'arrivée des députés d'Utique, qui venaient
se mettre eux, leurs biens, leurs terres et leur ville entre
les mains des Romains. Rien ne pouvait arriver plus à
propos. Utique était la seconde place d'Afrique, fort riche
et fort opulente, qui avait un port également spacieux et
commode qui n'était éloigné de Carthage que de soixante
stades et qui pouvait servir de place d'armes pour l'attaquer.
On n'hésita plus pour lors, et la guerre fut déclarée dans les
formes. On pressa les deux consuls de partir le plus promptement qu'il serait possible : c'étaient M. Manilius et
L. Marcius Censorinus. Ils reçurent du Sénat un ordre
secret de ne terminer la guerre que par la destruction de

Cartnage. Ils partirent aussitôt et s'arreterent à Lilybée en Sicile. La flotte était considérable. Elle portait quatre-vingt mille hommes d'infanterie et environ quatre mille de cavalerie.

Carthage ne savait point encore ce qui avait été résolu à Rome. La réponse que les députés en avaient rapportée n'avait servi qu'à y augmenter le trouble et l'inquiétude. C'était aux Carthaginois, leur avait-on dit, à voir par où ils pouvaient satisfaire les Romains. Ils ne savaient quel parti prendre. Enfin ils envoient encore de nouveaux députés, mais avec plein pouvoir de faire tout ce qu'ils jugeraient à propos, et même (à quoi ils n'avaient jamais pu se résoudre dans les guerres précédentes) de déclarer que les Carthaginois s'abandonnaient eux et tout ce qui leur appartenait à la discrétion des Romains. C'était, selon la force de cette formule, les rendre maitres absolus de leur sort et se reconnaître pour leurs vassaux. Ils n'attendaient point cependant un grand succès de cette démarche, quelque humiliante qu'elle fût pour eux, parce que ceux d'Utique les ayant prévenus, leur avaient enlevé le mérite d'une prompte et volontaire soumission.

En arrivant à Rome, les députés apprirent que la guerre était déclarée, et que l'armée était partie. Rome avait dépêché un courrier à Carthage, qui y porta le décret du Sénat, et déclara en même temps que la flotte était en mer. Ils n'eurent donc pas à délibérer, et se remirent eux et tout ce qui leur appartenait entre les mains des Romains. En conséquence de cette démarche, il leur fut répondu que parce qu'enfin ils avaient pris le bon parti, le Sénat leur accordait la liberté, l'usage de leurs lois, toutes leurs terres, et tous les autres biens que possédaient soit les particuliers, soit la République; à condition que dans l'espace de trente jours ils enverraient en otage à Lilybée trois cents des jeunes gens les plus qualifiés de la ville, et qu'ils feraient ce que leur ordonneraient les consuls. Ce dernier mot les jeta dans une étrange inquiétude; mais le trouble où ils étaient ne leur permit pas de rien répliquer, ni de demander aucune explication; et ç'aurait été bien inutilement. Ils partirent donc pour Carthage, et y rendirent compte de leur députation.

Tous les articles du traité étaient affligeants; mais le silence gardé sur les villes, dont il n'était point fait mention dans le dénombrement de ce que Rome voulait bien leur laisser, les inquiéta extrêmement. Cependant il ne leur restait autre chose à faire que d'obéir. Après les pertes anciennes et récentes qu'ils avaient faites, ils n'étaient pas en état de tenir tête à un tel ennemi, eux qui n'avaient pu résister à Masinissa. Troupes, vivres, vaisseaux, alliés, tout leur manquait : l'espérance et le courage encore plus que tout le reste.

Ils ne crurent pas devoir attendre l'expiration du terme de trente jours qui leur avait été accordé; mais pour tâcher de fléchir l'ennemi par la promptitude de leur obéissance, quoique pourtant ils n'osassent pas s'en flatter, ils firent partir sur le champ les otages. C'était l'élite et toute l'espérance des plus nobles familles de Carthage. Jamais spectacle ne fut plus touchant. On n'entendait que cris, on ne voyait que pleurs. Tout retentissait de gémissements et de lamentations. Surtout les mères éplorées, toutes baignées de larmes, s'arrachaient les cheveux, se frappaient la poitrine, et comme forcenées par la douleur et le désespoir jetaient des hurlements capables de toucher les cœurs les plus durs. Ce fut encore tout autre chose dans le moment fatal de la séparation, lorsqu'après les avoir conduits jusqu'au bord du vaisseau, elles leur faisaient les derniers adieux ne comptant plus les revoir jamais, les baignaient de leurs larmes, ne se lassaient point de les embrasser, les tenaient étroitement serrés entre leurs bras sans pouvoir consentir à leur départ, en sorte qu'il fallut les leur arracher par force, ce qui était plus dur pour elles que si on leur eût arraché leurs entrailles. Quand ils furent arrivés en Sicile, on fit passer les otages à Rome, et les consuls dirent aux députés que quand ils seraient à Utique, ils leur feraient savoir les ordres de la République.

Dans de pareilles conjonctures il n'y a rien de plus cruel qu'une affreuse incertitude, qui sans rien montrer en détail, laisse envisager tous les maux. Dès qu'on sut que la flotte était arrivée à Utique, les députés se rendirent au camp des Romains, marquant qu'ils venaient au nom de l'Etat pour recevoir leurs ordres, auxquels on était prêt d'obéir en tout. Le consul, après avoir loué leur bonne disposition et leur obéissance, leur ordonna de lui livrer sans fraude et sans délai généralement toutes leurs armes. Ils y consentirent, mais ils le prièrent de faire réflexion à quel état il les réduisait dans un temps où Asdrubal, qui n'était devenu leur ennemi qu'à cause de leur parfaite soumission aux ordres des Romains, était presque à leurs portes avec une armée de vingt mille hommes. On leur répondit que Rome y pourvoirait.

Cet ordre fut exécuté sur-le-champ. On vit arriver dans le camp une longue file de charriots, chargés de tous les préparatifs de guerre qui étaient dans Carthage : deux cent mille armures complètes , un nombre infini de traits et de javelots, deux mille machines propres à lancer des pierres et des dards, suivaient les députés de Carthage, accompagnés de ce que le Sénat avait de plus respectables vieillards, et la religion de prêtres plus vénérables, pour tâcher d'exciter à la compassion les Romains dans ce moment critique, où l'on allait prononcer leur sentence, et décider en dernier lieu de leur sort. Le consul Censorinus, car ce fut toujours lui qui porta la parole, se leva un moment à leur arrivée avec quelques témoignages de bonté et de douceur; puis, reprenant tout à coup un air grave et sévère : « Je ne puis pas, leur dit-il, ne point louer votre promptitude à exécuter les ordres du Sénat. Il m'ordonne de vous déclarer que sa dernière volonté est que vous sortiez de Carthage qu'il a résolu de détruire, et que vous transportiez votre demeure dans quel endroit où il vous plaira de votre domaine, pourvu que ce soit à quatre-vingts stades de la mer ».

Quand le consul eut prononcé cet arrêt foudroyant, ce ne fut qu'un cri lamentable parmi les Carthaginois. Frappés comme d'un coup de tonnerre qui les étourdit sur-le-champ, ils ne savaient ni où ils étaient, ni ce qu'ils faisaient. Ils se roulaient dans la poussière, déchirant leurs habits, et ne s'expliquant que par des gémissements et des sanglots entrecoupés. Puis revenus un peu à eux, ils tendaient des mains suppliantes tantôt vers les dieux, tantôt vers les Romains, et imploraient leur miséricorde et la justice pour un peuple qui allait être réduit au désespoir. Mais comme tout était sourd à leurs prières, ils les convertirent bientôt en reproches et en imprécations, les faisant ressouvenir qu'il y avait des dieux vengeurs aussi bien que témoins des crimes et de la perfidie. Les Romains ne purent refuser des larmes à un spectacle si touchant, mais leur parti était pris. Les députés ne purent même obtenir qu'on sursît l'exécution de l'ordre jusqu'à ce qu'ils se fussent encore présentés au Sénat pour tâcher d'en obtenir la révocation. Il fallut partir et porter la réponse à Carthage.

On les y attendait avec une impatience et un tremblement qui ne se peuvent exprimer. Ils eurent bien de la peine à percer la foule qui s'empressait autour d'eux pour savoir la réponse, qu'il n'était que trop aisé de lire sur leurs visages. Quand ils furent arrivés dans le Sénat, et qu'ils eurent exposé l'ordre cruel qu'ils avaient reçu, un cri général apprit au peuple quel était son sort ; et dès ce moment ce ne fut plus dans toute la ville que hurlements, que désespoir, que rage et que fureur.

Qu'il me soit permis de m'arrêter ici un moment, pour faire quelque attention sur la conduite des Romains. Je ne puis assez regretter que le fragment de Polybe, où cette députation est rapportée, finisse précisément dans l'endroit de cette histoire le plus intéressant ; et j'estimerais beaucoup plus une courte réflexion d'un auteur si judicieux, que les longues harangues qu'Appien met dans la bouche des députés et dans celle du consul. Or, je ne puis croire que Polybe, plein de bon sens, de raison et d'équité comme il l'était, eût pu approuver dans l'occasion dont il s'agit le procédé des Romains. On n'y reconnaît point, ce me semble, leur ancien caractère : cette grandeur d'âme, cette noblesse, cette droiture, cet éloignement déclaré des petites ruses, des déguisements, des fourberies, qui ne sont point, comme il est dit quelque part, du génie romain. Pourquoi ne point attaquer les Carthaginois à force ouverte ? Pourquoi leur déclarer nettement par un traité, qui est une chose sacrée, qu'on leur accorde la liberté et l'usage de leurs lois, en sous-entendant des conditions qui en sont la ruine entière ? Pourquoi cacher sous la honteuse réticence du mot de *ville* dans ce traité le perfide dessein de détruire Carthage, comme si à l'ombre de cette équivoque ils le pouvaient faire avec justice ? Pourquoi enfin ne leur faire la dernière déclaration qu'après avoir tiré d'eux à différentes reprises leurs otages et leurs armes, c'est-à-dire après les avoir mis absolument hors d'état de leur rien refuser ? N'est-il pas visible que Carthage, après tant de pertes, tant de défaites, tout affaiblie et épuisée qu'elle est, fait encore trembler les Romains, et qu'ils ne croient pas pouvoir la dompter par la voie des armes ? Il est bien dangereux d'être assez puissant pour commettre impunément l'injustice et pour en espérer même de grands avantages. L'expérience de tous les empires nous apprend qu'on ne manque guère de la commettre, quand on la croit utile.

L'éloge magnifique que Polybe fait des Achéens est bien éloigné de ce que nous voyons ici. Ces peuples, dit-il, 'oin d'employer des ruses et des tromperies à l'égard de leurs alliés pour augmenter leur puissance, ne croyaient pas même qu'il leur fût permis d'en user contre leurs ennemis, et ne comptaient pour solide et glorieuse victoire que celle qui se remporte les armes à la main par le courage et la bravoure. Il avoue dans le même endroit qu'il ne reste plus chez les Romains que de légères traces de l'ancienne générosité de leurs pères ; et il se croit obligé, dit-il, de faire cette remarque comme un principe fort commun de son temps parmi ceux qui étaient chargés du gouvernement, qui croyaient que la bonne foi n'est point compatible avec la bonne politique, et qu'il est impossible de réussir dans l'administration des affaires publiques, soit en guerre, soit en paix, sans employer quelquefois la fraude et la tromperie.

Je reviens à mon sujet. Les consuls ne se hâtèrent pas de marcher contre Carthage, ne s'imaginant pas qu'ils eussent rien à craindre d'une ville désarmée. On y profita de ce délai pour se mettre en état de défense ; car il fut résolu d'un commun accord de ne point abandonner la ville. On nomma pour général au dehors Asdrubal qui était à la tête de vingt mille hommes, vers qui l'on députa pour le prier d'oublier en faveur de sa patrie l'injustice qu'on lui avait faite par la crainte des Romains. On donna le commandement des troupes dans la ville à un autre Asdrubal, petit-fils de Masinissa. Puis on fabriqua des armes avec une promptitude incroyable. Les temples, les palais, les

places publiques, furent changés en autant d'ateliers ;
hommes et femmes y travaillaient jour et nuit. On faisait
chaque jour cent quarante boucliers, trois cents épées,
cinq cents piques ou javelots, mille traits et un grand nombre de machines propres à les lancer ; et parce qu'on manquait de matières pour faire les cordes, les femmes coupè-
rent leurs cheveux, et en fournirent abondamment.

Masinissa était mécontent de ce qu'après qu'il avait
extrêmement affaibli les forces des Carthaginois, les Romains venaient profiter de sa victoire, sans même qu'ils
lui eussent fait part en aucune sorte de leur dessein, ce
qui causa entre eux quelque refroidissement.

Cependant les consuls s'avancent vers la ville pour en
former le siége. Ils ne s'étaient attendus à rien moins
qu'à y trouver une vigoureuse résistance, et la hardiesse
incroyable des assiégés les jeta dans un grand étonnement.
Ce n'étaient que sorties fréquentes et vives pour repousser
les assiégeants, pour brûler les machines, pour harceler
les fourrageurs. Censorinus attaquait la ville d'un côté,
et Manilius de l'autre. Scipion, surnommé depuis l'Africain, servait alors en qualité de tribun, et se distinguait
parmi tous les officiers autant par sa prudence que par sa
bravoure. Le consul sous qui il commandait fit plusieurs
fautes pour n'avoir pas voulu suivre ses avis. Ce jeune officier tira les troupes de plusieurs mauvais pas où l'imprudence des chefs les avait engagées. Un célèbre Phaméas,
chef de la cavalerie ennemie, qui harcelait sans cesse et
incommodait beaucoup les fourrageurs, n'osait paraître en
campagne, quand le tour de Scipion était venu pour les

soutenir ; tant il savait contenir ses troupes dans l'ordre et se poster avantageusement. Une si grande et si générale réputation lui attira d'abord de l'envie; mais comme il se conduisait en tout avec tant de modestie et de retenue, elle se changea bientôt en admiration, de sorte que quand le Sénat envoya des députés dans le camp pour s'informer de l'état du siége, toute l'armée se réunit pour lui rendre un témoignage favorable, soldats, officiers, généraux même, et ce ne fut qu'une voix pour relever le mérite du jeune Scipion : tant il est important d'amortir, pour parler ainsi, l'éclat d'une gloire naissante par des manières douces et modestes et de ne pas irriter la jalousie par des airs de hauteur et de suffisance, dont l'effet naturel est de réveiller dans les autres l'amour propre et de rendre la vertu même odieuse !

Dans le même temps, Masinissa se voyant près de mourir, pria Scipion de vouloir bien venir lui rendre une visite, afin qu'il pût lui mettre en main un plein pouvoir de disposer comme il le jugerait à propos de son royaume et de ses biens en faveur des enfants qu'il laissait. Il le trouva mort en arrivant. Ce prince leur avait commandé en mourant de s'en rapporter pour toutes choses à ce que réglerait Scipion, qu'il leur laissait pour père et pour tuteur. Je diffère à parler ailleurs avec plus d'étendue de la famille et de la postérité de Masinissa, pour ne point interrompre trop longtemps l'histoire de Carthage.

L'estime que Phaméas avait conçue pour Scipion, l'engagea à quitter le parti des Carthaginois pour embrasser celui des Romains. Il vint se rendre à lui avec plus de deux mille cavaliers, et il fut dans la suite d'un grand secours aux assiégeants.

Calpurnius Pison, consul, et L. Mancinus, son lieutenant, arrivèrent en Afrique au commencement du printemps. La campagne se passa sans qu'ils fissent rien de considérable. Ils eurent même du dessous en plusieurs occasions, et ils ne poussèrent que lentement le siége de Carthage. Les assiégés, au contraire, avaient repris courage, leurs troupes augmentaient considérablement : ils faisaient tous les jours de nouveaux alliés. Ils envoyèrent jusque dans la Macédoine vers le faux Philippe qui se faisait passer pour le fils de Persée, et qui faisait pour lors la guerre aux Romains, l'exhortant de la presser vivement, et lui promettant de lui fournir de l'argent et des vaisseaux.

Ces nouvelles causèrent de l'inquiétude à Rome. On commença à craindre le succès d'une guerre qui devenait de jour en jour plus douteuse et plus importante qu'on ne se l'était d'abord imaginé. Autant qu'on était mécontent de la lenteur des généraux et qu'on parlait mal d'eux, autant chacun s'empressait de dire du bien du jeune Scipion et à vanter ses rares vertus. Il était venu à Rome pour demander l'édilité. Dès qu'il parut dans l'assemblée, son nom, son visage, sa réputation, la croyance commune que les dieux le destinaient pour terminer la troisième guerre Punique, comme le premier Scipion son grand-père adoptif avait terminé la seconde, tout cela frappa extrêmement le peuple ; et quoique la chose fût contre les lois, et que par cette raison les anciens s'y opposassent, au lieu de l'édilité qu'il demandait, le peuple lui donna le consulat, laissant dormir les lois pour cette année, et voulut qu'il eût l'Afrique pour département, sans tirer les provinces au sort, comme c'était la coutume, et comme Drusus son collègue demandait qu'on le fît.

Dès que Scipion eut achevé ses recrues, il partit pour la Sicile, et arriva bientôt après à Utique. Ce fut fort à propos pour Mancinus, lieutenant de Pison, qui s'était engagé témérairement dans un poste où les ennemis le tenaient enfermé, et où ils allaient le tailler en pièces le matin même, si le nouveau consul, qui apprit en arrivant le danger où il était, n'eût fait remonter de nuit ses troupes dans ses vaisseaux, et n'eut volé à son secours.

Le premier soin de Scipion à son arrivée fut de rétablir parmi les troupes la discipline, qu'il y trouva entièrement ruinée. Nul ordre, nulle subordination, nulle obéissance. On ne songeait qu'à piller, qu'à faire bonne chère et qu'à se divertir. Il chassa du camp toutes les bouches inutiles, régla la qualité des viandes que les vivandiers pourraient apporter, et n'en voulut point d'autres que de simples et de militaires, écartant avec soin tout ce qui sentait le luxe et les délices.

Quand il eut bien établi cette réforme, qui ne lui coûta pas beaucoup de temps ni de peine, parce qu'il donnait l'exemple aux autres, il compta pour lors avoir des soldats, et songea sérieusement à pousser le siége. Ayant fait prendre à ses troupes des haches, des leviers et des échelles, il les conduisit de nuit en grand silence vers une partie de la ville appelée Mégare; et ayant fait jeter tout d'un coup de grands cris, il l'attaqua fort vivement. Les ennemis, qui ne s'attendaient pas à être attaqués de nuit, furent d'abord fort effrayés, mais ils se défendirent avec beaucoup de courage, et Scipion ne put pas escalader les murs. Mais ayant aperçu une tour qu'on avait abandonnée qui était hors de la ville, fort près des murs, il y envoya un nombre de soldats hardis et déterminés, qui par le moyen des pontons passèrent de la tour sur les murs, entrèrent dans Mégare et en brisèrent les portes. Scipion y entra dans le moment, chassa de ce poste les ennemis, qui troublés par cette attaque imprévue et croyant que toute la ville avait été prise, s'enfuirent dans la citadelle et y furent suivis par les troupes mêmes qui campaient hors de la ville, et abandonnèrent leur camp aux Romains croyant devoir aussi se mettre en sûreté.

Avant que de passer outre, je dois donner ici quelque idée de la situation et de la grandeur de Carthage, qui contenait au commencement de la guerre contre les Romains sept cent mille habitants. Elle était située dans le fond d'un golfe, environnée de mer en forme d'une presqu'île, dont le col, c'est-à-dire l'isthme qui la séparait du continent, était large d'une lieue et un quart (vingt-cinq stades). La presqu'île avait de circuit dix-huit lieues (trois cent soixante stades). Du côté de l'occident il en sortait une longue pointe de terre, large à peu près de douze toises (un demi-stade), qui s'avançant dans la mer la séparait d'avec le marais, et était fermée de tous côtés de rochers et d'une simple muraille. Du côté du midi et du continent, où était la citadelle appelée *Byrsa*, la ville était close d'une triple muraille haute de trente coudées sans le parapet ; et lès tours qui la flanquaient tout à l'entour par égales distances, éloignées l'une de l'autre de quatre-vingt toises. Chaque tour avait quatre étages; les murailles n'en avaient que deux; elles étaient voûtées, et dans le bas il y avait des étables pour mettre trois cents éléphants avec les choses nécessaires pour leur nourriture. Il s'y trouvait aussi de quoi y loger vingt-mille fantassins et quatre mille cavaliers. Enfin tout cet appareil de guerre était renfermé dans les seules murailles. Il n'y avait qu'un endroit de la ville dont les murs fussent faibles et bas ; c'était un angle négligé qui commençait à la pointe de terre dont nous avons parlé, et continuait jusqu'aux ports, qui étaient du côté du couchant. Il y en avait deux, qui se communiquaient l'un à l'autre, mais qui n'avaient qu'une seule entrée, large de soixante-dix pieds, et fermée avec des chaînes. Le premier était pour les marchands, où l'on trouvait plusieurs et diverses demeures pour les matelots. L'autre était le port des navires de guerre, au milieu duquel on voyait une île nommée Cothon, bordée, aussi bien que le port, de grands quais, où il y avait des loges séparées pour mettre à couvert deux cent vingt navires; et des magasins au-dessus, où l'on gardait tout ce qui est nécessaire à l'armement des vaisseaux. L'entrée de chacune de ces loges, destinées à retirer les vaisseaux, était ornée de deux colonnes de marbre d'ouvrage ionique; de sorte que tant le port que l'île représentaient des deux côtés deux magnifiques galeries. Dans cette île était le palais de l'amiral; et comme elle était vis-à-vis de l'entrée du port, il pouvait de là découvrir tout ce qui se passait dans la mer, sans que de la mer on pût rien voir de ce qui se passait dans l'intérieur du port. Les marchands de même n'avaient aucune vue sur les vaisseaux de guerre, les deux ports étant séparés par une double muraille, et il y avait dans chacun une porte particulière pour entrer dans la ville, sans passer par l'autre port. On peut donc distinguer trois parties dans Carthage. Le port, qui était double, appelé quelquefois *Cothon*, à cause de la petite île de ce nom; la citadelle, appelée *Byrsa*; la ville proprement dite, où demeuraient les habitants, qui environnait la citadelle et était nommée *Megara*.

Asdrubal, au point du jour, voyant la honteuse déroute de ses troupes, pour se venger des Romains et en même temps pour ôter aux habitants toute espérance d'accommodement et de pardon, fit avancer sur le mur tout ce qu'il avait de prisonniers romains, en sorte qu'ils fussent à portée d'être vus de toute l'armée. Là il n'y eut point de supplices qu'il ne leur fit souffrir. On leur crevait les yeux; on leur coupait le nez, les oreilles, les doigts; on leur arrachait toute la peau de dessus le corps avec des peignes de fer; et après les avoir ainsi tourmentés, on les précipitait du haut des murs en bas. Un traitement si cruel fit horreur aux Carthaginois; mais il ne les épargnait pas eux-mêmes, et fit égorger plusieurs des Sénateurs qui osèrent s'opposer à sa tyrannie.

Scipion, se voyant maître absolu de l'isthme, brûla le camp que les ennemis avaient abandonné, et en construisit un nouveau pour ses troupes. Il était de forme carrée, environné de profonds retranchements armés de bonnes palissades. Du côté des Carthaginois il éleva un mur haut de douze pieds, flanqué d'espace en espace de tours et de redoutes ; et sur la tour qui était au milieu s'en élevait une autre de bois fort haute, d'où l'on découvrait tout ce qui se passait dans la ville. Ce mur occupait toute la largeur de l'isthme, c'est-à-dire vingt-cinq stades. Les ennemis qui étaient à portée du trait, firent tous leurs efforts pour empêcher cet ouvrage ; mais comme toute l'armée y travaillait sans relâche jour et nuit, il fut achevé en vingt-quatre jours. Scipion en tira un double avantage : premièrement, parce que ses troupes étaient logées plus sûrement et plus commodément ; en second lieu, parce qu'il coupa par ce moyen les vivres aux assiégés, à qui l'on n'en pouvait plus porter que par mer, ce qui souffrait de très-grandes difficultés, tant à cause que la mer de ce côté-là est souvent orageuse, que par la garde exacte que faisait la flotte romaine. Et ce fut là une des principales causes de la famine qui se fit bientôt sentir dans la ville. D'ailleurs Asdrubal ne distribuait le blé qui lui arrivait qu'aux trente mille hommes de troupes qui servaient sous lui, se mettant peu en peine du reste de la multitude.

Pour leur couper encore davantage les vivres, Scipion entreprit de fermer l'entrée du port par une levée qui commençait par cette langue de terre dont nous avons parlé, laquelle était assez près du port. L'entreprise d'abord parut folle aux assiégés, et ils insultaient aux travailleurs. Mais quand ils virent que l'ouvrage avançait extraordinairement chaque jour, ils commencèrent véritablement à craindre, et songèrent à prendre des mesures pour le rendre inutile. Femmes et enfants, tout le monde se mit à travailler, mais avec un tel secret, que Scipion ne put jamais rien apprendre par les prisonniers de guerre, qui rapportaient seulement qu'on entendait beaucoup de bruit dans le port, mais sans qu'on sût pourquoi. Enfin, tout étant prêt, les Carthaginois ouvrirent tout d'un coup une nouvelle entrée d'un autre côté du port, et parurent en mer avec une flotte assez nombreuse qu'ils venaient tout récemment de construire des vieux matériaux qui se trouvèrent dans les magasins. On convient que s'ils avaient été sur-le-champ attaquer la flotte romaine, ils s'en seraient infailliblement rendus maîtres, parce que, comme on ne s'attendait à rien de tel, et que tout le monde était occupé ailleurs, ils l'auraient trouvée sans rameurs, sans soldats, sans officiers. Mais, dit l'historien, il était arrêté que Carthage serait détruite. Ils se contentèrent donc de faire comme une insulte et une bravade aux Romains et rentrèrent dans le port.

Deux jours après, ils firent avancer leurs vaisseaux pour se battre tout de bon, et ils trouvèrent l'ennemi bien disposé. Cette bataille devait décider du sort des deux partis. Elle fut longue et opiniâtre, les troupes de côté et d'autre faisant des efforts extraordinaires, celles-là pour sauver leur patrie réduite aux abois, celles-ci pour achever leur victoire. Dans le combat, les brigantins des Carthaginois se coulant par dessous le bord des grands vaisseaux des Romains, leur rompaient tantôt la poupe, tantôt le gouvernail, et tantôt les rames, et s'ils se trouvaient pressés, ils se retiraient avec une promptitude merveilleuse pour revenir incontinent à la charge. Enfin les deux armées ayant combattu avec égal avantage jusqu'au soleil couchant, les Carthaginois jugèrent à propos de se retirer, non qu'ils se comptassent vaincus, mais pour recommencer le lendemain. Une partie de leurs vaisseaux ne pouvant entrer assez promptement dans le port, parce que l'entrée en était trop étroite, se retira devant une terrasse fort spacieuse qu'on avait faite contre les murailles pour y descendre les marchandises, sur le bord de laquelle on avait élevé un petit rempart durant cette guerre, de peur que les ennemis ne s'en saisissent. Là, le combat recommença encore plus vivement que jamais, et dura bien avant dans la nuit. Les Carthaginois y souffrirent beaucoup, et ce qui leur resta de vaisseaux se réfugia dans la ville. Le matin étant venu, Scipion attaqua la terrasse, et s'en étant rendu maître avec beaucoup de peine, il s'y logea, s'y fortifia, et y fit faire une muraille de briques du côté de la ville fort proche des murs, et de pareille hauteur. Quand elle fut achevée, il y fit monter quatre mille hommes avec ordre de lancer sans cesse des traits et des dards sur les ennemis, qui en étaient fort incommodés, à cause que les deux murs étant d'une hauteur égale, ils ne jetaient presque aucun trait inutilement. Ainsi fut terminée cette campagne.

Pendant les quartiers d'hiver, Scipion s'appliqua à se débarrasser des troupes de dehors, qui incommodaient fort ses convois et facilitaient ceux qu'on envoyait aux assiégés. Pour cela il attaqua une place voisine, nommée Néphéris, qui leur servait de retraite. Dans une dernière action, il périt du côté des ennemis plus de soixante-dix mille hommes, tant soldats que paysans ramassés, et la place fut emportée avec beaucoup de peine après vingt-deux jours de siége. Cette prise fut suivie de la reddition de presque toutes les places d'Afrique, et contribua beaucoup à la prise même de Carthage, où depuis ce temps-là il n'était presque plus possible de faire entrer des vivres.

Au commencement du printemps, Scipion attaqua en même temps le port appelé Cothon et la citadelle. S'étant rendu maître de la muraille qui environnait ce port, il se jeta dans la grande place de la ville qui en était proche, d'où l'on montait à la citadelle par trois rues en pente bordées de côté et d'autre par un grand nombre de maisons du haut desquelles on lançait une grêle de dards sur les Romains qui furent contraints, avant de passer outre, de forcer les premières maisons et de s'y poster, pour pouvoir de là chasser ceux qui combattaient des maisons voisines. Le combat au haut et au bas des maisons dura pendant six jours, et le carnage fut horrible. Pour nettoyer les rues et en faciliter le passage aux troupes, on tirait avec des crocs les corps des habitants qu'on avait tués ou précipités du haut des maisons, et on les jetait dans des fosses, la plupart encore vivants et palpitants. Dans ce travail, qui dura six jours et six nuits, les soldats étaient relevés de temps en temps par d'autres tout frais, sans quoi ils auraient succombé à la fatigue. Il n'y eut que Scipion qui pendant tout ce temps-là ne dormit point, donnant partout les ordres, et s'accordant à peine le temps de prendre quelque nourriture.

Il y avait tout lieu de croire que ce siége durerait encore longtemps et coûterait beaucoup de sang. Mais le septième jour on vit paraître des hommes en habits de suppliants, qui demandaient pour toute composition qu'il plût aux Romains de donner la vie à tous ceux qui voudraient sortir de la citadelle, ce qui leur fut accordé, à la réserve seulement des transfuges. Il sortit cinquante mille tant hommes que femmes, qu'on fit passer vers les champs avec bonne garde. Les transfuges, qui étaient environ neuf cents, voyant qu'il n'y avait point de quartier à espérer pour eux, se retranchèrent dans le temple d'Esculape avec Asdrubal, sa femme, et ses deux enfants, où, quoiqu'ils fussent en petit nombre, ils pouvaient se défendre longtemps, parce que le lieu était fort élevé, assis sur des rochers, et qu'on y montait par soixante degrés. Mais enfin, pressés de la faim, des veilles et de la crainte, et voyant leur perte prochaine, l'impatience les saisit, et abandonnant le bas du temple, ils se retirèrent au dernier étage, résolus de ne le quitter qu'avec la vie.

Cependant Asdrubal, songeant à sauver la sienne, descendit secrètement vers Scipion, portant en main une branche d'olivier, et se jeta à ses pieds. Scipion le fit voir aussitôt aux transfuges, qui transportés de fureur et de rage, vomirent contre lui mille injures, et mirent le feu au temple. Pendant qu'on l'allumait, on dit que la femme d'Asdrubal se para le mieux qu'elle put, et se mettant à la vue de Scipion avec ses deux enfants, lui parla à haute voix en cette sorte : « Je ne fais point d'imprécations contre toi, » ô Romain, car tu ne fais qu'user des droits de la guerre. » Mais puissent les dieux de Carthage, et toi de concert

» avec eux, punir, comme il le mérite, ce perfide qui a
» trahi sa patrie, ses dieux, sa femme et ses enfants ! »
Puis adressant la parole à Asdrubal : « Scélérat, dit-elle,
» perfide, le plus lâche de tous les hommes, ce feu va
» nous ensevelir moi et mes enfants ; pour toi, indigne
» capitaine de Carthage, va orner le triomphe de ton vain-
» queur et subir à la vue de Rome la peine que tu mérites. »
Après ces reproches, elle égorgea ses enfants, les jeta dans
le feu, puis s'y précipita elle-même. Tous les transfuges en
firent autant.

Pour Scipion, voyant cette ville qui avait été si florissante pendant sept cents ans, comparable aux plus grands
empires par l'étendue de sa domination sur mer et sur
terre, par ses armées nombreuses, par ses flottes, par ses
éléphants, par ses richesses ; supérieure même aux autres
nations par le courage et la grandeur d'âme, qui, toute
dépouillée qu'elle était d'armes et de vaisseaux, lui avait
fait soutenir pendant trois années entières toutes les misères
d'un long siége ; voyant, dis-je, alors cette ville absolument ruinée, on dit qu'il ne put refuser des larmes à la
malheureuse destinée de Carthage. Il considérait que les
villes, les peuples, les empires sont sujets aux révolutions,
aussi bien que les hommes en particulier ; que la même
disgrâce était arrivée à Troie, jadis si puissante, et depuis
aux Assyriens, aux Mèdes, aux Perses, dont la domination s'étendait si loin, et tout récemment encore aux Macédoniens, dont l'empire avait jeté un si grand éclat. Plein
de ces lugubres pensées, il prononça deux vers d'Homère,
dont le sens est : *Il viendra un temps où la ville sacrée de*

Troie et le belliqueux Priam et son peuple périront, désignant par ces vers le sort futur de Rome, comme il l'avoua à Polybe, qui lui en demanda l'explication.

S'il avait été éclairé des lumières de la vérité, il aurait su ce que nous apprend l'Ecriture : « Qu'un royaume est » transféré d'un peuple à un autre à cause des injustices, » des violences, des outrages qui s'y commettent, et de la » mauvaise foi qui y règne en différentes manières. » Carthage est détruite parce que l'avarice, la perfidie, la cruauté y étaient montées à leur comble. Rome aura le même sort lorsque son luxe, son ambition, son orgueil, ses injustes usurpations, palliées sous le faux dehors de vertu et de justice, auront forcé le souverain Maître et distributeur des empires à donner par sa chute une grande leçon à l'univers.

Carthage, ayant été prise de la sorte, Scipion en abandonna le pillage aux soldats pendant quelques jours, à la réserve de l'or, de l'argent, des statues et des autres offrandes qui se trouveraient dans les temples. Ensuite, il leur distribua plusieurs récompenses militaires, aussi bien qu'aux officiers, parmi lesquels deux s'étaient surtout distingués : Tib. Gracchus et Cai. Fannius, qui, les premiers, avaient escaladé le mur. Il fit parer des dépouilles des ennemis un navire fort léger, et l'envoya à Rome porter la nouvelle de la victoire.

En même temps, il fit savoir aux habitants de la Sicile, qu'ils eussent chacun à venir reconnaître et reprendre les tableaux et les statues que les Carthaginois leur avaient enlevées dans les guerres précédentes. Et en rendant à ceux d'Agrigente le fameux taureau de Phalaris, il leur dit que ce taureau, qui était en même temps un monument de la cruauté de leurs anciens rois et de la bonté de leurs nouveaux maîtres, devait leur apprendre s'il leur serait plus avantageux d'être sous le joug des Siciliens, que sous le gouvernement du peuple romain.

Ayant mis en vente une partie des dépouilles qu'on avait trouvées à Carthage, il fit de sévères défenses à ses gens de rien prendre, ni même de rien acheter de ces dépouilles, tant il était attentif à écarter de sa personne et de sa maison jusqu'au plus léger soupçon d'intérêt.

Quand la nouvelle de la prise de Carthage fut arrivée à Rome, on s'y livra sans mesure aux sentiments de la joie la plus vive, comme si ce n'était que de ce moment que le repos public fût assuré. On repassait dans son esprit tous les maux qu'on avait soufferts de la part des Carthaginois, en Sicile, en Espagne, et même en Italie pendant seize ans consécutifs, durant lesquels Annibal avait saccagé quatre cents villes, fait périr en diverses rencontres trois cent mille hommes, et réduit Rome même à la dernière extrémité. Dans le souvenir de ces maux, on se demandait l'un à l'autre s'il était donc bien vrai que Carthage fût ruinée. Tous les ordres témoignèrent à l'envi leur reconnaissance envers les dieux, et la ville pendant plusieurs jours ne fut occupée que de sacrifices solennels, de prières publiques, de jeux et de spectacles.

Après qu'on eut satisfait aux devoirs de la religion, le Sénat envoya dix commissaires en Afrique pour en régler l'état et le sort à l'avenir conjointement avec Scipion. Le premier de leurs soins fut de faire démolir tout ce qui restait de Carthage. Rome, déjà maîtresse du monde presqu' entier, ne crut pas pouvoir être en sûreté, tandis que le nom de Carthage subsisterait, tant une haine invétérée et nourrie par de longues et de cruelles guerres dure au-delà même du temps où l'on a à craindre, et ne cesse de subsister que lorsque l'objet qui l'excite a cessé d'être. Défenses furent faites au nom du peuple romain d'y habiter désormais, avec d'horribles imprécations contre ceux qui, au préjudice de cet interdit, entreprendraient d'y rebâtir quelque chose, et principalement le lieu nommé Byrsa, et la place appelée Mégare. Au reste, on n'en défendait l'entrée à personne, Scipion n'étant pas fâché qu'on vît les tristes débris d'une ville qui avait osé disputer de l'empire avec Rome. Ils arrêtèrent encore que les villes qui, dans cette guerre, avaient tenu le parti des ennemis, seraient toutes rasées, et donnèrent leur territoire aux alliés du peuple romain ; et ils gratifièrent, en particulier, ceux d'Utique de tout le pays qui est entre Carthage et Hippone. Ils rendirent tout le reste tributaire, et en firent une province de l'empire romain, où l'on enverrait tous les ans un préteur.

Quand tout fut réglé, Scipion retourna à Rome, où il entra en triomphe. On n'en avait jamais vu d'aussi éclatant, car ce n'était que statues, que raretés, que pièces curieuses et d'un prix inestimable, que les Carthaginois, pendant le cours d'un grand nombre d'années, avaient apportées en Afrique, sans compter l'argent qui fut porté

12..

dans le trésor public, et qui montait à de très-grandes sommes.

Quelques précautions qu'on eût prises pour empêcher que jamais on ne pût songer à rétablir Carthage, moins de trente ans après, et du vivant même de Scipion, l'un des Gracques, pour faire sa cour au peuple, entreprit de la repeupler, et y conduisit une colonie composée de six mille citoyens. Le Sénat ayant appris que plusieurs signes funestes avaient répandu la terreur parmi les ouvriers, lorsqu'on désignait l'enceinte et qu'on jetait les fondements de la nouvelle ville, voulut en surseoir l'exécution; mais le tribun, peu délicat sur la religion et peu scrupuleux, pressa l'ouvrage malgré tous ces présages sinistres, et le finit en peu de jours. Ce fut là la première colonie romaine envoyée hors de l'Italie.

On n'y bâtit apparemment que des espèces de cabanes, puisque lorsque Marius, dans sa fuite en Afrique, s'y retira, il est dit qu'il menait une vie pauvre sur les ruines et les débris de Carthage, se consolant par la vue d'un spectacle si étonnant, et pouvant aussi en quelque sorte, par son état, servir de consolation à cette ville infortunée.

Appien rapporte que Jules César, après la mort de Pompée, étant passé en Afrique, vit en songe une grande armée qui l'appelait en versant des larmes; et que, touché de ce songe, il écrivit dans ses tablettes le dessein qu'il avait formé à cette occasion de rétablir Carthage et Corinthe; mais, qu'ayant été tué bientôt après par les conjurés, César Auguste, son fils adoptif, qui trouva ce mémoire parmi ses papiers, fit rétablir la ville de Carthage près du lieu où était l'ancienne, pour ne pas encourir les exécrations qu'on avait fulminées, lorsqu'elle fut démolie, contre quiconque oserait la rebâtir.

Je ne sais pas sur quoi est fondé ce que rapporte Appien, mais nous voyons dans Strabon que Carthage fut rétablie en même temps que Corinthe, par César, à qui il donne le nom de Dieu, par où, un peu auparavant, il avait clairement désigné Jules César ; et Plutarque, dans sa vie, lui attribue, en termes formels, l'établissement de ces deux colonies, et remarque que ce qu'il y a de singulier sur ces deux villes, c'est que, comme il leur était arrivé auparavant d'être prises et détruites toutes deux en même temps, il leur arriva aussi à toutes deux d'être en même temps rebâties et repeuplées. Quoi qu'il en soit, Strabon assure que de son temps, Carthage était aussi peuplée qu'aucune autre ville d'Afrique ; et elle fut toujours, sous les empereurs suivants, la capitale de toute l'Afrique. Elle a encore subsisté avec éclat pendant environ sept cents ans ; mais elle a été enfin entièrement détruite par les Sarrasins au commencement du septième siècle, sans que, dans le pays même, on en connaisse le nom ni les vestiges.

DIGRESSION SUR LES MŒURS ET LE CARACTÈRE DU SECOND SCIPION L'AFRICAIN

Scipion, le destructeur de Carthage, était le propre fils du fameux Paul Émile qui vainquit Persée, dernier roi de

Macédoine, et par conséquent petit-fils de cet autre Paul Émile, qui fut tué à la bataille de Cannes. Il fut adopté par le fils du grand Scipion l'Africain, et nommé *Scipio Æmilianus;* ce qui, et selon la loi des adoptions, réunissait les noms des deux familles. Il en soutint également l'honneur par toutes les grandes qualités qui peuvent illustrer la robe et l'épée. Pendant tout le cours de sa vie, dit un historien, on ne vit rien en lui que de louable : actions, discours, sentiments. Il se distingua particulièrement (éloge bien rare maintenant dans les gens de guerre !) par un goût exquis pour les belles lettres et pour toutes sortes de sciences, et par l'estime singulière qu'il faisait des personnes lettrées et savantes. Tout le monde sait qu'on lui attribuait les comédies de Térence, ouvrage le plus achevé que Rome ait jamais produit pour l'élégance et la finesse. On dit, à sa louange, que personne ne savait mieux que lui entremêler le repos et l'action, ni mettre à profit, avec plus de délicatesse et de goût, les vides que lui laissaient les affaires. Partagé entre les armes et les livres, entre les travaux militaires du camp et les occupations paisibles du cabinet, où il exerçait son corps par les fatigues de la guerre, ou il cultivait son esprit par l'étude des sciences. Il montra par là que rien n'est plus capable de faire honneur à un homme de qualité, dans quelque profession qu'il se trouve, que les belles connaissances. Cicéron dit de lui qu'il avait toujours entre les mains les ouvrages de Xénophon, si pleins d'instructions solides soit pour la guerre, soit pour la politique.

Ce goût exquis pour les belles lettres et pour les sciences était le fruit de l'excellente éducation que Paul Émile avait donnée à ses enfants. Il les avait fait instruire par les plus habiles maîtres en tout genre, n'épargnant pour cela aucune dépense quoiqu'il n'eût qu'un bien très-médiocre, et il assistait à tous leurs exercices autant que les affaires publiques le lui permettaient, voulant par là devenir lui-même leur premier maître.

L'union intime de notre Scipion avec Polybe acheva de perfectionner en lui les rares qualités qu'un heureux naturel et une excellente éducation y faisaient déjà admirer. Polybe, avec un grand nombre d'Achéens, qui étaient devenus suspects aux Romains pendant la guerre de Persée, était retenu à Rome, où son mérite le fit bientôt connaître et rechercher par les personnes de la ville les plus distinguées. Scipion, âgé à peine de dix-huit ans, se livra tout entier à lui, et regarda comme le plus grand bonheur de sa vie de pouvoir être formé par un tel maître, dont il préférait l'entretien à tous les vains amusements qui ont ordinairement tant d'attraits pour les jeunes gens.

Polybe commença par lui inspirer une aversion extrême pour ces plaisirs également dangereux et honteux, auxquels s'abandonnaient la jeunesse romaine, déjà presque généralement déréglée et corrompue par le luxe et la licence, que les richesses et les nouvelles conquêtes avaient introduits à Rome. Scipion, pendant les cinq premières années qu'il fut à une si excellente école, sut bien profiter des leçons qu'il y recevait ; et, se mettant au-dessus des railleries et du mauvais exemple des jeunes gens de son âge, il fut regardé dès lors dans toute la ville comme un modèle de retenue et de sagesse.

De là il fut aisé de le faire passer à la générosité, au noble désintéressement, au bel usage des richesses, vertus si nécessaires aux personnes d'une grande naissance, et que Scipion porta à un suprême degré, comme on le peut voir par quelques faits que Polybe en rapporte, qui sont bien dignes d'admiration.

Émilie, femme du premier Scipion l'Africain, et mère de celui qui avait adopté le Scipion dont parle ici Polybe, avait laissé à ce dernier en mourant une riche succession. Cette dame, outre les diamants et les pierreries et les autres bijoux qui composent la parure des personnes de son rang, avait une grande quantité de vases d'or et d'argent destinés pour les sacrifices, un train magnifique, des chars, des équipages, un nombre considérable d'esclaves de l'un et de l'autre sexe; le tout proportionné à l'opulence de la maison où elle était entrée. Quand elle fut morte, Scipion abandonna tout ce riche appareil à sa mère, Papiria, qui, ayant été répudiée, il y avait déjà quelque temps, par Paul Émile, et n'ayant pas de quoi soutenir la splendeur de sa naissance, menait une vie obscure, et ne paraissait plus dans les assemblées ni dans les cérémonies publiques. Quand on l'y vit reparaître avec cet éclat, une si magnifique libéralité fit beaucoup d'honneur à Scipion, surtout parmi les dames qui ne s'en turent pas, et dans une ville où, dit Polybe, on ne se dépouillait pas volontiers de son bien.

Il ne se fit pas moins admirer dans une autre occasion.

Il était obligé, en conséquence de la succession qui lui était échue par la mort de sa grand'mère, de payer en trois termes différents aux deux filles de Scipion son grand-père adoptif la moitié de leur dot qui montait à cinquante mille écus. A l'échéance du premier terme, Scipion fit remettre entre les mains du banquier la somme entière. Tibérius Gracchus et Scipion Nasica, qui avaient épousé ces deux sœurs, croyant que Scipion s'était trompé, allèrent le trouver et lui représentèrent que les lois lui laissaient l'espace de trois ans pour fournir cette somme en trois différents paiements. Le jeune Scipion répondit qu'il n'ignorait pas la disposition des lois; qu'on en pouvait suivre la rigueur avec des étrangers, mais qu'avec des proches et des amis il convenait d'en user avec plus de simplicité et de noblesse ; et il les pria d'agréer que la somme entière leur fût payée. Ils s'en retournèrent pleins d'admiration pour la générosité de leur parent, et se reprochant à eux-mêmes la bassesse de leurs sentiments par rapport à l'intérêt, quoiqu'ils fussent les premiers de la ville et les plus estimés. Cette libéralité leur paraissait d'autant plus admirable, dit Polybe, qu'à Rome, loin de vouloir payer cinquante mille écus avant l'échéance du terme, personne n'aurait voulu en payer mille avant le jour précis.

Ce fut par le même esprit que deux ans après, Paul Emile son père étant mort, il céda à son frère Fabius, qui était moins riche que lui, la part qu'il avait dans la succession de leur père, laquelle montait à plus de soixante-mille écus, afin de corriger ainsi l'inégalité de biens qui se trouvait entre les deux frères.

Ce même frère ayant dessein de donner un spectacle de gladiateurs après la mort de son père, pour honorer sa mémoire, comme c'était alors la coutume, et ne pouvant pas facilement soutenir cette dépense qui allait fort loin, Scipion donna quinze mille écus pour en porter du moins la moitié.

Les présents magnifiques que Scipion avait faits à sa mère Papiria lui revenaient de plein droit après sa mort ; et ses sœurs, selon l'usage de ce temps, n'y pouvaient rien prétendre. Mais il aurait cru se déshonorer, et rétracter ses dons, s'il les avait repris. Il laissa donc à ses sœurs tout ce qu'il avait donné à leur mère, ce qui montait à une somme fort considérable, et s'attira de nouveaux applaudissements par cette nouvelle preuve qu'il donna de sa grandeur d'âme et de sa tendre amitié pour sa famille.

Ces différentes largesses, qui réunies ensemble montaient à de très-grandes sommes, tiraient, ce semble, un nouveau prix de l'âge où il les faisait, car il était très-jeune, et encore plus des circonstances du temps où il plaçait ses dons et des manières gracieuses et obligeantes dont il savait les assaisonner.

Les faits que je viens de citer sont si éloignés de nos mœurs, qu'il y aurait lieu de craindre qu'on ne les regardât comme une exagération outrée d'un historien prévenu en faveur de son héros, si l'on ne savait que le caractère dominant de Polybe qui les rapporte était un grand amour de la vérité, et un extrême éloignement de toute flatterie. Dans l'endroit même d'où j'ai tiré ce récit, il a cru devoir prendre quelques précautions par rapport à ce qu'il dit des actions vertueuses et des rares qualités de Scipion ; il fait observer que ses écrits devant être lus par les Romains, qui étaient parfaitement instruits de tout ce qui regarde ce grand homme, il ne manquerait pas d'être démenti par eux, s'il osait avancer quelque chose qui fût contraire à la vérité : affront auquel il n'est pas vraisemblable qu'un auteur, qui a quelque soin de sa réputation, voulût s'exposer gratuitement.

Nous avons déjà remarqué que Scipion n'avait pris aucune part aux déréglements et aux débauches qui régnaient alors presque généralement parmi la jeunesse romaine. Il fut avantageusement dédommagé et récompensé de cette privation volontaire des plaisirs par la santé ferme et vigoureuse qu'elle lui procura pour le reste de toute sa vie, qui le mit en état de goûter des plaisirs bien plus purs, et de faire de ces grandes actions qui lui acquirent tant de gloire.

Les exercices de la chasse, auxquels il se plaisait extrèmement, contribuèrent aussi beaucoup à rendre son corps robuste et capable de soutenir de rudes fatigues. La Macédoine, où il suivit son père, lui fournit abondamment de quoi satisfaire son inclination, parce que la chasse qui y faisait le divertissement ordinaire des rois, ayant été suspendue depuis quelques années à cause de la guerre, il y trouva une quantité incroyable de gibier de toute espéce. Paul Emile, attentif à procurer à son fils d'honnêtes plaisirs, pour le dégoûter et le détourner de ceux que la raison lui interdisait, lui laissa goûter avec une pleine liberté celui de la chasse pendant tout le temps que les troupes romaines demeurèrent dans le pays, depuis la victoire qu'il avait remportée sur Persée. Le jeune homme employa son loisir à cet exercice si convenables à son âge et à son inclination, et il n'eut pas moins de succès dans cette guerre innocente qu'il déclara aux bêtes de Macédoine, que son père en avait eu dans celle qu'il avait faite contre les habitants de ce pays.

C'est au retour de ce voyage que Scipion trouva Polybe à Rome, et lia avec lui cette étroite amitié qui devint si utile à ce jeune Romain, et qui ne lui a guère moins fait d'honneur dans la postérité que toutes ses conquêtes. Il paraît que Polybe demeurait et mangeait avec les deux frères. Un jour que Scipion se trouva seul avec lui, il lui ouvrit son cœur avec une pleine effusion, et se plaignit, mais d'une manière douce et tendre, de ce que Polybe, dans les conversations qu'on avait à table, adressait toujours la parole à son frère Fabius et jamais à lui. « Je sens » bien, lui dit-il, que cette indifférence vient de la pensée » où vous êtes, comme tous nos citoyens, que je suis un » jeune homme inappliqué, et qui n'ai rien du goût qui » règne aujourd'hui dans Rome, parce que l'on ne voit » pas que je m'attache aux exercices du barreau, et que » je m'applique au talent de la parole. Mais comment le » ferai-je ? On me dit perpétuellement que ce n'est point » un orateur que l'on attend de la maison des Scipions, » mais un général d'armée. Je vous avoue, pardonnez- » moi la franchise avec laquelle je vous parle, que votre » indifférence pour moi me touche et m'afflige sensible- » ment. » Polybe, surpris de ce discours auquel il ne

s'attendait point, le consola du mieux qu'il put, et l'assura
que s'il adressait ordinairement la parole à son frère, ce
n'était point du tout faute d'estime pour lui, mais uniquement parce que Fabius était l'aîné, et que d'ailleurs sachant
que les deux frères pensaient de même, il avait cru que
parler à l'un c'était parler à l'autre. Qu'au reste il s'offrait de tout son cœur à son service, et qu'il pouvait disposer
absolument de sa personne. Que part rapport aux sciences,
pour lesquelles il lui voyait beaucoup de goût, il trouverait
les secours suffisants dans ce grand nombre de savants qui
venaient tous les jours de Grèce à Rome; mais que pour
le métier de la guerre, qui était proprement sa profession
aussi bien que sa passion, il pourrait lui être de quelque
utilité. Alors Scipion lui prenait les mains, et les serrant
avec les siennes : « Oh ! dit-il, quand verrai-je cet heureux
» jour, où libre de tout engagement, et vivant avec moi ,
» vous voudrez bien vous appliquer à me former l'esprit
» et le cœur ! C'est alors que je me croirai digne de mes
» ancêtres. » Depuis ce temps-là Polybe, charmé et atten-
dri de voir dans un jeune homme de si nobles sentiments,
s'attacha particulièrement au jeune Scipion, qui le respecta
toujours dans la suite comme son propre père.

La qualité d'historien n'était pas la seule que Scipion
estimât dans Polybe : il faisait bien plus de cas et d'usage
de celle de grand capitaine et de grand politique. Aussi il
le consultait en tout, et ne se conduisait que par ses avis ,
lors même qu'il fut à la tête des troupes, concertant en
secret avec lui toutes les opérations de la campagne, tous
les mouvements de l'armée, toutes les entreprises contre

l'ennemi, et toutes les mesures propres à les faire réussir. En un mot, l'opinion constante était que ce Romain n'avait rien fait de bon dont il n'eût l'obligation à Polybe, et qu'il ne faisait de fautes que lorsqu'il agissait sans le consulter.

Je prie le lecteur de me pardonner cette longue digression, qui peut paraître étrangère à mon sujet, puisque je ne traite point de l'histoire romaine, mais qui m'a paru si propre au dessein que je me propose en général dans cet ouvrage de la jeunesse, que je n'ai pu m'empêcher de l'insérer ici, quoique je sentisse bien que ce n'était pas tout à fait sa place. En effet, on y voit de quelle importance est la bonne éducation, et combien il est avantageux aux jeunes gens de se lier de bonne heure avec des personnes de mérite : car ce furent là les fondements de cette gloire et de cette réputation qui ont rendu le nom de Scipion si illustre. Mais surtout quel exemple pour notre siècle, où souvent les plus légers intérêts divisent les frères et les sœurs et troublent la paix des familles, que ce généreux désintéressement de Scipion, à qui les sommes les plus considérables ne coûtaient rien, quand il s'agissait d'obliger ses proches. Ce bel endroit de Polybe m'avait échappé , parce qu'il ne se trouve point dans l'édition *in folio* que nous en avons. Sa place naturelle était le lieu où traitant du goût de la solide gloire j'ai parlé du mépris et du noble usage que les anciens faisaient de l'argent. J'ai cru ne pouvoir me dispenser de rendre ici aux jeunes gens ce que j'avais lieu de me reprocher de leur avoir en quelque sorte alors dérobé.

HISTOIRE DE LA FAMILLE ET DE LA POSTÉRITÉ
DE MASSINISSA

J'ai promis, après que j'aurais achevé ce qui regarde la République dé Carthage, de revenir à la famille et à la postérité de Masinissa. Ce point d'histoire fait une partie considérable de celle d'Afrique, et par cette raison n'est pas tout à fait étranger à mon sujet.

Depuis que Masinissa, sous le premier Scipion, eût embrassé le parti des Romains, il était toujours demeuré dans cette honorable alliance avec un zèle et une fidélité qui ont peu d'exemples. Se voyant près de mourir, il écrivit au proconsul d'Afrique sous qui servait alors le jeune Scipion, pour le prier de vouloir bien le lui envoyer, ajoutant qu'il mourrait content s'il pouvait expirer entre ses bras après l'avoir rendu le dépositaire de ses dernières volontés. Mais sentant que sa fin approchait avant qu'il pût avoir cette consolation, il fit venir sa femme et ses enfants, et leur dit qu'il ne connaissait dans toute la terre que le seul peuple romain, et parmi ce peuple que la seule famille des Scipions ; qu'il laissait en mourant un pouvoir suprême à Scipion Emilien de disposer de ses biens et de partager son royaume entre ses enfants ; qu'il voulait que tout ce qu'il aurait décidé fût exécuté ponctuellement, comme si lui-même l'avait arrêté par son testament. Après leur avoir ainsi parlé, il mourut, âgé de plus de quatre-vingt-dix ans.

Ce prince, qui pendant sa jeunesse avait essuyé d'étranges malheurs, s'étant vu dépouillé de son royaume, obligé à fuir de province en province, et près mille fois de perdre la vie; soutenu, dit l'historien, par la protection divine, n'eut plus jusqu'à sa mort qu'une suite continuelle de prospérités, qui ne fut interrompue par aucun accident fâcheux. Non seulement il recouvra son royaume, mais il y ajouta celui de Syphax son ennemi; et maître de tout le pays depuis la Mauritanie jusqu'à Cyrène, il devint le prince le plus puissant de toute l'Afrique. Il conserva jusqu'à la fin de sa vie une santé très-robuste, qu'il dut sans doute et à l'extrême sobriété dont il usa toujours pour le boire et le manger, et au soin qu'il eut de s'endurcir sans relâche au travail et à la fatigue. Agé de quatre-vingt-dix ans, il faisait encore tous les exercices d'un jeune homme, et se tenait à cheval sans selle; et Polybe fait remarquer (c'est Plutarque qui nous a conservé cette remarque) que le lendemain d'une grande victoire remportée contre les Carthaginois, on l'avait trouvé devant sa tente faisant son repas d'un morceau de pain bis.

Il laissa en mourant cinquante-quatre fils, dont trois seulement étaient d'un mariage légitime, savoir Micipsa, Gulussa, et Mastanabal, Scipion partagea le royaume entre ces trois derniers, et donna aux autres des revenus considérables. Mais bientôt après Micipsa demeura seul possesseur de ces vastes États par la mort de ses deux frères.

Il eut deux fils, Adherbal et Hiempsal ; et il fit élever avec
eux dans son palais Jugurtha son neveu, fils de Mastanabal, et en prit autant de soin que de ses propres enfants.
Ce dernier avait des qualités excellentes, qui lui attirèrent
une estime générale. Bien fait de sa personne, beau de
visage, plein d'esprit et de sens, il ne donna point, comme
c'est l'ordinaire des jeunes gens, dans le luxe et le plaisir.
Il s'exerçait avec ceux de son âge à la course, à lancer le
javelot, à monter à cheval ; et, supérieur à tous, il savait
pourtant s'en faire aimer. La chasse était son unique plaisir, mais la chasse contre les lions et d'autres bêtes féroces.
Pour achever son éloge, il excellait en tout et parlait peu
de lui-même.

Un mérite si éclatant et si généralement approuvé commença à donner de l'inquiétude à Micipsa. Il se voyait
âgé, et ses enfants fort jeunes. Il savait de quoi l'ambition
est capable, quand il s'agit d'un trône, et qu'avec beaucoup
moins de talents que n'en avait Jugurtha, il est aisé de se
laisser entraîner à une tentation si délicate, surtout quand
elle est aidée de circonstances si favorables. Afin d'éloigner un compétiteur si dangereux pour ses enfants, il lui
donna le commandement des troupes qu'il envoyait au secours des Romains, occupés alors au siége de Numance
sous la conduite de Scipion. Il se flattait que Jugurtha,
brave comme il était, pourrait bien s'engager mal à propos
dans quelque action périlleuse et y laisser la vie. Mais il
se trompa. Ce jeune prince à un courage intrépide joignait
un grand sang-froid ; et, ce qui est fort rare à cet âge, il était
également éloigné et d'une prévoyance timide et d'une har-

diesse téméraire. Il gagna dans cette campagne l'estime et l'amitié de toute l'armée. Scipion le renvoya avec des lettres de recommandation pour son oncle et des témoignages fort avantageux, après lui avoir donné pourtant de sages avis sur la conduite qu'il devait tenir. Car, habile comme il était à connaître les hommes, il avait apparemment entrevu dans ce jeune prince une ambition dont il craignait les suites.

Micipsa, touché de tout le bien qu'on lui mandait de son neveu, changea de disposition à son égard, et ne songea plus qu'à le gagner à force de bienfaits. Il l'adopta, et par son testament le fit son héritier comme ses deux autres enfants. Se voyant près de mourir, il les manda tous trois ensemble, et les fit approcher de son lit. Là, en présence de toute la cour, il fit souvenir Jugurtha de tout ce qu'il avait fait en sa faveur, le conjurant, au nom des dieux, de défendre et de protéger toujours ses enfants ; qui de proches qu'ils lui étaient par le sang, étaient devenus ses frères par son bienfait.

Il lui représenta que ce n'était point les armes ni les trésors qui faisait la force d'un royaume, mais les amis, qui ne s'acquièrent ni par les armes, ni par l'or, mais par des services réels et par une fidélité inviolable. Or, peut-on trouver de meilleurs amis que des frères? et quel fond peut faire sur des étrangers quiconque devient ennemi de ses proches? Il exhorta ses enfants de ménager avec grand soin et de respecter Jugurtha, et de n'avoir d'autre dispute avec lui que pour tâcher de l'atteindre, et même s'il se pouvait, de le surpasser en mérite. Il finit en leur recommandant à tous de demeurer fidèlement attachés au peuple romain, et de le regarder toujours comme leur bienfaiteur, leur patron, leur maître. Micipsa mourut peu de jours après.

Jugurtha ne se contraignit pas longtemps. Il commença par se délivrer d'Hiempsal, qui lui avait parlé avec beaucoup de liberté, et le fit égorger. Adherbal vit par là ce qu'il avait à craindre pour lui-même. La Numidie se divise et prend parti entre les deux frères. On lève de part et d'autre de nombreuses troupes. Adherbal, après avoir perdu la plupart de ses places, est vaincu dans un combat, et obligé de se réfugier à Rome. Jugurtha n'en est pas fort effrayé. Il savait que presque tout y était vénal. Il y envoie donc des députés, avec ordre de corrompre à force de présents les principaux des Sénateurs. Dans la première audience qu'on leur donna, Adherbal exposa le malheureux état où il se trouvait réduit, les injustices et les violences de Jugurtha, le meurtre de son frère, la perte de presque toutes ses places; et il insista principalement sur les derniers ordres que son père en mourant lui avait donnés, de mettre uniquement sa confiance dans le peuple romain, dont l'amitié serait pour lui et pour son royaume un appui plus ferme et plus sûr que toutes les troupes et tous les trésors du monde. Son discours fut long et pathétique. Les députés de Jugurtha répondirent en peu de mots qu'Hiempsal avait été tué par les Numides à cause de sa cruauté, qu'Adherbal avait été l'agresseur, et qu'après avoir été vaincu, il venait se plaindre de n'avoir pas fait tout le mal qu'il aurait souhaité; que leur maître priait le Sénat de juger de sa conduite en Afrique par celle qu'il avait gardée à Numance, et de compter plus sur ses actions que sur les accusations de ses ennemis. Ils avaient employé en secret une éloquence plus efficace que celle des paroles; et elle eut tout son effet. A l'exception d'un petit nombre de Sénateurs qui conservaient encore quelques sentiments d'honneur et n'étaient pas vendus à l'injustice, tout le reste pencha du côté de Jugurtha. Il fut résolu qu'on enverrait sur les lieux des commissaires pour partager également les provinces entre les deux frères. On peut bien juger que Jugurtha n'éparpagna pas l'argent. Le partage fut fait entièrement à son avantage, en gardant néanmoins quelque apparence d'équité.

Ce premier succès enfla son courage et augmena sa hardiesse. Il attaqua son frère à force ouverte; et pendant que celui-ci s'amuse à envoyer vers les Romains, il enlève plusieurs de ses places, pousse toujours ses conquêtes, et après le gain d'une bataille, l'assiége lui-même dans Cirtha, capitale de son royaume. Cependant surviennent les députés de Rome, avec ordre de déclarer aux deux princes, de la part du Sénat et du peuple, qu'ils aient à mettre bas les armes et à faire cesser toute hostilité. Jugurtha, après avoir protesté de son profond respect et de sa parfaite soumission pour les ordres du peuple romain, ajouta qu'il ne croyait pas que son intention fût de l'empêcher de défendre sa propre vie contre les embûches de son frère; qu'au reste il enverrait au plus tôt à Rome, pour informer le Sénat de sa conduite. Par cette réponse vague il éluda les ordres du Sénat, et ne laissa pas même aux députés la liberté d'aller trouver Adherbal.

Quelque serré qu'il fût dans la place, il trouva le moyen d'écrire à Rome pour implorer le secours du peuple romain contre un frère qui le tenait assiégé depuis cinq mois, et qui en voulait à sa vie. Quelques Sénateurs étaient d'avis que sans perdre de temps on déclarât la guerre à Jugurtha ; mais son crédit l'emporta encore, et l'on se contenta d'ordonner une députation composée de Sénateurs de poids, du nombre desquels étaient Émilius Scaurus, homme puissant dans la noblesse, factieux, et qui cachait de grands vices sous une apparence de probité. Jugurtha fut d'abord effrayé, mais il sut éluder aussi leur demande, et les renvoya sans rien conclure. Alors Aderbal, n'ayant plus aucune ressource, se rendit à condition qu'il aurait la vie sauve ; mais il fut égorgé sur-le-champ, et un grand nombre de Numides avec lui.

Malgré l'horreur que cette nouvelle excita à Rome, l'argent de Jugurtha lui fit encore trouver des défenseurs dans le Sénat. Mais C. Memmius, tribun du peuple, homme vif, et ennemi de la noblesse, engagea le peuple à ne pas souffrir qu'un crime si horrible demeurât impuni. La guerre fut donc déclarée à Jugurtha. Le consul Calpurnius Bestia en fut chargé. Il avait d'excellentes qualités ; mais elles étaient gâtées et rendues inutiles par son avarice. Scaurus partit avec lui. Ils emportèrent d'abord plusieurs places ; mais l'argent de Jugurtha arrêta ces conquètes, et Scaurus même, qui jusque-là avait paru fort vif contre ce prince, ne put résister à une attaque si violente. On fit un traité, Jugurtha parut se rendre au peuple romain. Trente éléphants, quelques chevaux, et une somme d'argent fort médiocre, furent remis entre les mains du questeur.

L'indignation publique éclata pour lors à Rome. Le tribun Memmius échauffa les esprits par ses discours. Il fit nommer Cassius, qui était préteur, pour aller trouver Jugurtha et l'engager à venir à Rome sous la garantie du peuple romain, afin qu'en sa présence on examinât qui étaient ceux qui avaient reçu de l'argent. Il ne put se dispenser de s'y rendre. Sa vue ranima la colère du peuple; mais un tribun, corrompu à force de présents, traîna l'assemblée en longueur, et enfin la dissipa. Un prince numide, petit-fils de Masinissa, qui se nommait Massiva, et était pour lors à Rome, fut conseillé de demander le royaume de Jugurtha. Celui-ci le sut et le fit égorger au milieu de Rome. Le meurtrier fut arrêté et mis entre les mains de la justice; et Jugurtha eut ordre de se retirer de l'Italie. Ce fut pour lors que sortant de la ville, et tournant plusieurs fois ses regards de ce côté-là, il dit : « Que » Rome n'attendait pour se vendre qu'un acheteur, et » qu'elle périrait s'il s'en trouvait un. »

La guerre recommence, donc de nouveau. Elle réussit fort mal d'abord par la nonchalance, et peut-être par la connivence du consul Albinus; puis, lorsqu'il fut retourné à Rome pour y tenir les assemblées, par l'ignorance de son frère Aulus, qui ayant engagé l'armée dans un défilé d'où elle ne pouvait sortir, se rendit honteusement à l'ennemi, qui fit passer les Romains sous le joug et leur fit promettre qu'ils sortiraient de Numidie dans l'espace de dix jours.

Il est aisé de juger comment une paix si ignominieuse, conclue sans l'autorité du peuple, fut regardée à Rome. On n'y conçut de bonnes espérances pour le succès de cette guerre, que lorsque le soin en fut confié au consul L. Métellus. A toutes les autres vertus d'un excellent général, il joignait un parfait désintéressement, qualité la plus essentielle alors contre un ennemi tel que Jugurtha, qui jusque-là, pour vaincre, avait moins employé l'épée que l'argent. Il trouva Métellus invincible de ce côté-là comme de tout autre. Il fallut donc payer de sa personne et de son courage, au défaut de cette ressource qui commença à lui manquer. Aussi fit-il des efforts extraordinaires ; et tout ce qu'on peut attendre de la bravoure, de l'habileté, de l'attention d'un grand capitaine, à qui le désespoir fournit de nouvelles forces et de nouvelles lumières, il l'employa dans cette campagne, mais toujours sans succès, parce qu'il avait affaire à un consul à qui il n'échappait aucune faute, et qui ne manquait aucune occasion de prendre avantage sur son ennemi.

La grande peine de Jugurtha fut de se mettre à couvert du côté des traîtres. Depuis qu'il eût su que Bomilcar, en qui il avait une entière confiance, avait songé à attenter sur sa vie, il n'eut plus un moment de repos. Il ne trouvait nulle part de sûreté. Le jour, la nuit, le citoyen, l'étranger, tout lui était suspect, tout le faisait trembler. Il ne prenait le sommeil qu'à la dérobée, changeant même souvent de lit sans garder les bienséances de son rang. Quelquefois, s'éveillant en sursaut, il prenait des armes et jetait de grands cris, tant la crainte le troublait et l'agitait comme un forcené.

Marius servait en qualité de lieutenant sous Métellus. Dévoré d'ambition, il travailla d'abord secrètement à le décrier dans l'esprit des soldats; et, devenu bientôt l'ennemi déclaré et le calomniateur de son général, il vint à bout par ces voies indignes de supplanter et de se faire nommer en sa place pour terminer la guerre contre Jugurtha. Quelque force d'âme qu'eût d'ailleurs Métellus, il fut abattu par ce coup imprévu, qui lui arracha des armes et des discours peu dignes d'un grand homme comme lui. Il y avait en effet dans le procédé de Marius une noirceur affreuse, qui montre clairement ce que c'est que l'ambition, et comment elle est capable d'étouffer dans quiconque s'y livre tout sentiment d'honneur et de probité. Métellus, ayant pris soin d'éviter la rencontre d'un successeur dont la seule vue aurait été pour lui un cruel tourment, arriva à Rome, où il fut reçu avec un applaudissement général. L'honneur du triomphe lui fut accordé, et il prit le surnom de Numidicus.

J'ai cru devoir réserver pour l'histoire romaine le détail des actions particulières qui se sont passées en Afrique sous Métellus et sous Marius, dont Salluste nous a laissé un récit fort circonstancié dans son admirable histoire de Jugurtha. Je me hâte de venir à la fin de cette guerre.

Jugurtha, dans la déroute de ses affaires, avait eu recours à Bocchus roi des Maures, dont il avait épousé la fille. La Mauritanie est un pays qui s'étend depuis la Numidie jusque par delà les bords de la mer qui répondent à l'Espagne. A peine le nom du peuple romain y était-il connu; et cette nation, de son côté, était absolument inconnue aussi aux Romains. Jugurtha fit entendre à son beau-père que s'il laissait subjuguer la Numidie, son pays aurait sans doute le même sort, d'autant plus que les Romains, ennemis déclarés de la royauté, semblaient avoir juré la ruine de tous les trônes. Il engagea donc Bocchus à entrer en ligue avec lui contre eux, et il en reçut à différentes reprises des secours forts considérables.

Cette liaison qui de part et d'autre n'était fondée que sur l'intérêt, n'avait jamais été bien ferme entre eux. Une dernière défaite de Jugurtha acheva d'en rompre tous les nœuds. Bocchus conçut le noir dessein de livrer son gendre aux Romains. Dans cette vue il avait écrit à Marius de lui envoyer un homme de confiance. Sylla lui parut fort propre pour cette négociation. C'était un jeune officier d'un rare mérite, qui servait sous lui en qualité de questeur. Il ne craignit point de se mettre à la discrétion du barbare, et il y alla. Quand il fut arrivé, Bocchus, qui, selon le génie de sa nation, ne se piquait pas beaucoup de fidélité, et qui de moment à autre changeait de dessein, délibéra s'il ne le livrerait point lui-même à Jugurtha. Il demeura longtemps dans cette incertitude, combattu en lui-même par des pensées toutes contraires; et le changement subit qu'on voyait sur son visage, dans son air, dans tout son maintien, marquait assez ce qui se passait dans son esprit. Enfin, revenant à son premier dessein, il fit ses

conditions avec Sylla , et lui remit entre les mains Jugurtha, qui fut conduit aussitôt à Marius.

Sylla, dit Plutarque, se conduisit dans cette occasion en
jeune homme avide et altéré de gloire , dont il commence
tout récemment à goûter la douceur. Au lieu d'attribuer à
son général l'honneur de cet événement, comme son devoir
l'y obligeait, et comme ce doit être une règle inviolable , il
s'en réserva la plus grande partie , et fit faire un anneau
qu'il portait toujours , où il était représenté recevant
Jugurtha des mains de Bocchus, et il affecta dans la suite
de s'en servir toujours pour son cachet. Marius , piqué
jusqu'au vif de cette espèce d'insulte , ne lui pardonna
jamais. Et ce fut là l'origine et la semence de cette haine
implacable qui éclatata depuis entre ces deux Romains, et
qui coûta tant de sang à la République.

Marius entra en triomphe dans Rome , faisant voir aux
Romains un spectacle qu'ils avaient de la peine à croire ,
même en le voyant , Jugurtha captif : cet ennemi redouta-
ble, pendant la vie duquel on n'avait osé espérer de voir
la fin de cette guerre, tant son courage était mêlé de ruses
et de finesses , et son génie fertile en nouvelles ressources
au milieu des malheurs les plus désespérés. On dit que
dans la marche du triomphe il perdit l'esprit, qu'après la
cérémonie il fut mené en prison , et que les sergents se
hâtant d'avoir sa dépouille lui déchirèrent toute sa robe, et
lui arrachèrent les deux bouts des oreilles pour avoir les
pendants qu'il y portait. En ce état il fut jeté tout nu et
plein d'effroi dans une fosse profonde, où il passa six jours
entiers à lutter contre la faim et contre la crainte de la

mort, ayant toujours conservé jusqu'au dernier soupir un désir ardent de la vie : digne fin, ajoute Plutarque, digne récompense de ses forfaits, s'étant toujours cru tout permis pour assouvir son ambition, ingratitude, perfidie, noires trahisons, cruautés sanglantes et barbares.

Juba, roi de Mauritanie, a fait trop d'honneur aux lettres et aux sciences pour être entièrement omis dans l'histoire de la famille de Masinissa, dont son père, nommé aussi Juba, était arrière petit-fils et petit-fils de Gulussa. Juba le père se signala dans la guerre avec César et Pompée par son attachement inviolable au parti de ce dernier. Il se donna la mort après la bataille de Tapse, où ses troupes et celles de Scipion furent entièrement défaites. Juba son fils, encore enfant, fut livré au vainqueur, qui en fit un des principaux ornements de son triomphe. Il paraît qu'on prit grand soin de son éducation à Rome, où il acquit des lumières qui dans la suite l'égalèrent aux plus savants hommes qu'ait jamais eu la Grèce. Il ne quitta le séjour de cette ville que pour aller prendre possession des États de son père. Auguste les lui rendit, lorsque par la mort d'Antoine il se vit le maître absolu de disposer des provinces de l'empire. Juba, par la douceur de son règne, gagna le cœur de tous ses sujets. Sensibles à ses bienfaits, ils le mirent au nombre de leurs dieux. Pausanias parle d'une statue que les Athéniens lui avaient érigée. Il était bien juste qu'une ville de tout temps consacrée aux Muses, donnât des marques publiques de son estime à un roi qui tenait un rang illustre parmi les savants. Suidas attribue à ce prince plusieurs ouvrages, dont aujourd'hui il ne nous reste que des fragments. Il avait écrit de l'histoire d'Arabie des antiquités d'Assyrie, des antiquités romaines, de l'histoire des théâtres, de celle de la peinture et des peintres, de la nature et des propriétés de différents animaux, de la grammaire et d'autres matières semblables, dont on peut voir le dénombrement dans la petite dissertation de M. l'abbé Sevin sur la vie et sur les ouvrages de Juba le jeune, d'où j'ai tiré le peu que j'en ai dit ici.

FIN.

LIMOGES. — IMPRIMERIE DE CHARLES BARBOU.